### 지은이 옥한흠

제자훈련에 인생을 건 광인(狂人) 옥한흠. 그는 선교 단체의 전유물이던 제자훈련을 개혁주의 교회론에 입각하여 창의적으로 재해석하고 지역 교회에 적용한 교회 중심 제자훈련의 선구자다.

1978년 사랑의교회를 개척한 후, 줄곧 '한 사람' 목회철학으로 예수 그리스도를 닮은 평신도 지도자를 양성하는 데 사력을 다했다. 사랑의교회는 지역 교회에 제자훈련을 접목해 풍성한 열매를 거둔 첫 사례가 되었으며, 국내외 수많은 교회가 본받는 모델 교회로 자리매김했다. 1986년에 시작한 〈평신도를 깨운다 제자훈련 지도자 세미나〉(Called to Awaken the Laity, CAL세미나)는 제자훈련을 목회의 본질로 끌어안고 씨름하는 수많은 목회자에게 이론과 현장을 동시에 제공하는 탁월한 세미나로 인정받고 있다.

철저한 자기 절제가 빚어낸 그의 설교는 듣는 이의 영혼에 강한 울림을 주는 육화된 하나님의 말씀으로 나타났다. 50대 초반에 발병하여 72세의 일기로 생을 마감할 때까지 그를 괴롭힌 육체의 질병은 그로 하여금 더욱더 하나님 말씀에 천착하도록 이끌었다. 삶의 현장을 파고드는 다양한 이슈의 주제 설교와 더불어 성경 말씀을 심도 있게 다룬 강해 설교 시리즈를 통해 성도들에게 하나님 말씀을 이해하는 지평을 넓혀준 그는, 실로 우리 시대의 탁월한 성경 해석자요 강해 설교가였다.

설교 강단에서뿐만 아니라 삶의 자리에서도 신실하고자 애썼던 그는 한목협(한국기독교목회자협의회)과 교갱협(교회갱신을위한목회자협의회)을 통해 한국교회의 일치와 갱신에도 앞장섰다. 그리하여 보수 복음주의 진영은 물론 진보 진영으로부터도 존경받는, 보기 드문 목회자였다.

1938년 경남 거제에서 태어났으며 성균관대학교와 총신대학원을 졸업했다. 미국의 캘빈신학교(Th. M.)와 웨스트민스터신학교에서 공부했으며, 동(同) 신학교에서 평신도 지도자 훈련에 관한 논문으로 학위(D. Min.)를 취득했다. 제자훈련 사역으로 한국교회에 끼친 공로를 인정받아 웨스트민스터신학교에서 수여하는 명예신학박사 학위(D. D.)를 받았다. 2010년 9월 2일, 주님과 동행한 72년간의 은혜의 발걸음을 뒤로하고 하나님의 너른 품에 안겼다.

교회 중심의 제자훈련 교과서인 《평신도를 깨운다》를 비롯해 《길》, 《안아주심》, 《고통에는 뜻이 있다》, 성경 강해 시리즈인 《로마서 1, 2, 3》, 《요한이 전한 복음 1, 2, 3》 등 수많은 스테디셀러를 남겼으며, 그의 인생을 다룬 책으로는 《열정 40년》, 《광인》 등이 있다.

옥한흠 전집 주제 04

# 전도 프리칭

| 일러두기 |

본문의 성경은 《성경전서 개역개정판》을 주로 사용하였습니다.
이 책은 1982년부터 사랑의교회 대각성 전도집회의 전도 설교 중에서 선별하여 구성한 것입니다.
이 책의 본문 옆에 첨가된 팁은 당신만의 전도 프리칭을 만드는 데 섬세한 도움을 줄 것입니다.

# 전도 프리칭

옥한흠 지음

국제제자훈련원

# 들어가며

"문제는 헝그리 정신이다"

영국 학술원 회장을 지낸 경제학자 찰스 핸디(Charles Handy)는 현대의 문제는 부(富)가 아닌 정신의 빈곤, 희망의 부재라고 그의 책《헝그리 정신》(The Hungry Spirit)에서 지적했습니다. 그는 세계 자본주의가 직면한 어려움은 생존과 출세만을 가치로 인정하는 가치관의 전도(顚倒)에서 비롯된 것이기에, 물질적 성공만이 절대진리가 아님을 깨닫고 남과 더불어 사는 '올바른 이기주의'(proper selfishness)를 배우는 지혜로 고쳐질 수 있다고 간파했습니다. 나는 그가 세계 경제를 염려하며 전하는 말에서 웬일인지 한국 교회와 기독 사회의 문제를 읽을 수 있었습니다.

한국 교회와 교계는 지금 중한 외형중시병에 걸려 있습니다. 예배를 드리도록 도와주는 도구인 주보는 본연의 목적과는 상관없이 통계청 통계월보처럼 온갖 숫자로 가득 차 있습니다. 가만히 보니 이 숫자들과 전면에 들어간 멋진 건물 사진으로 교회의 내실이 측정되는 눈치입니다. 사회체육센터 혹은 구민회관을 떠올리게 하듯 교회에는 별

목적의식도 없는 온갖 세미나, 학교, 교실이 즐비하게 열리고 닫힙니다. 넘쳐나는 이벤트와 수시로 기획되는 대규모 집회, 유명 연사 초청 강연회의 빠른 유행 속에 교계의 하루 해는 뜨고 집니다.

우리는 지금 "너희는 가서 모든 민족을 제자로 삼아 아버지와 아들과 성령의 이름으로 세례를 베풀고"(마 28:19)라고 하신 주님의 마지막 명령들을 준행하기는커녕 그 명령의 신학적 의미를 논하는 말잔치만 너무나 성대하게 벌이고 있으며, 순진한 교인들은 이 잔치에 등장하는 가수와 희극인을 보기 위해 모빌라이제이션(mobilization, 인구 이동)을 일으키고 있습니다. 이에 부응이라도 하듯이 교계에는 새로운 프로그램과 시스템이 왕성하게 도입되고 새 얼굴의 스타가 끊임없이 제조됩니다. 이런 속사정도 모르고 성장신화의 고로(高爐)에 다시 한번 불을 붙이자며 한물간 새마을 노래를 부르는 부류도 있습니다.

하지만 성대한 축제 뒤에 예수를 잃어버린 요셉과 마리아처럼 한국 교회는 지금 뭔가를 잃고 있습니다. 그것은 바로 영혼에 대한 헝그리 정신입니다. 나부터도 분석하고 기획하며 사역을 확장시키는 일에 바쁜 나머지 구원의 감격에 겨워 울었던 그 맑던 초심(初心)을 잊고 살아온 것은 아닌지 두렵습니다.

외판원이라는 오해를 받으면서 성경책 한 권과 사영리(四靈理) 몇 권을 넣은 가방 보퉁이를 들고 남산 오솔길, 회현동 골목골목, 그리고 서초동 아파트촌을 누비던 열정이 식지 않았나 뒤를 돌아보게 됩니다. 이 영혼의 헤드 헌팅(head-hunting)을 통해 제자 하나를 얻으면 그게 기뻐서 잠이 안 오고, 순장과 순원들을 붙들고 자랑을 늘어놓던 헝그리 정신에 매너리즘의 더께가 앉지는 않았는지 송구스럽습니다.

사랑의교회는 제자훈련으로 유명해졌습니다. 제자훈련의 정신과 철학을 배우기 위해 국내외의 많은 교역자들과 평신도 지도자들이 사랑의교회를 찾아 주었습니다. 하지만 분명히 밝힙니다. 사랑의교회 제자훈련은 이미 믿은 신자들이 영혼을 잉태하고 출산하는 영적 산고를 통해 각성되고 깜짝 세일식 전도로 그치는 것이 아니라 책임 있는 양육으로 이어지는 지속적인 전도 활동, 즉 대각성 전도집회가 없었다면 울리는 꽹과리에 불과했을 것입니다. 오늘도 영혼 하나를 건지기 위해 말 한마디, 행동 하나하나를 주께 하듯 하며 사는 사랑의교회의 신령한 소심증 환자들, 그들의 각오와 헌신이 제자훈련이지 별천지 비법 공개가 제자훈련이 아닙니다.

이를 위해 지난 1982년부터 사랑의교회 대각성 전도집회에서 행한 전도 설교 가운데 몇 편을 골라 선보입니다. 다른 사람들에게 보여 줄 만큼 잘하는 설교도 아니지만 그야말로 누구에게 설교하기 위해 이 책을 꾸미지는 않았습니다. 이 책은 나와 내 사랑하는 평신도 동역자들에게 헝그리 정신으로 복귀하기를 촉구하기 위해 내놓은 것입니다. 하나님 나라의 거룩한 염탐꾼들에게 우리 이웃의 영혼을 훔쳐 내자고 권계하기 위해 이 책을 엮습니다.

아울러 이 책을 읽고 전도 설교의 특성을 좀 더 잘 이해하며 심령 및 골수를 쪼개는 전도의 말씀을 더 힘 있게 외칠 수 있게 된다면 그것은 전적으로 긍휼과 은혜 베풀기를 기뻐하시는 주님의 역사임을 여기 큰 글자로 적어 밝힙니다.

헝그리 정신의 회복을 고대하며

**옥한흠**

# 차례

# Part 03

꽉 찬 삶으로의 초대

# Part
# 01

지존의 후손이 돼라

누가 죄인입니까? 죄 이야기가 껄끄러운 당신이 바로 죄인입니다.
그래서 당신은 영원히 불타지 않는 몸을 가지고 지옥에 들어가게 됩니다.
지금이 신분탈피의 기회입니다.

# I

# 신분
# 혁파

죄인이니까 회개해야 하고 회개하지 않으면 죽는다는데,
사람들은 이 말을 듣기 싫어합니다.
그러나 우리를 만드신 하나님의 진단을 부인할 수는 없습니다.

로마서 1:21-32

21 하나님을 알되 하나님을 영화롭게도 아니하며 감사하지도 아니하고 오히려 그 생각이 허망하여지며 미련한 마음이 어두워졌나니 22 스스로 지혜 있다 하나 어리석게 되어 23 썩어지지 아니하는 하나님의 영광을 썩어질 사람과 새와 짐승과 기어다니는 동물 모양의 우상으로 바꾸었느니라 24 그러므로 하나님께서 그들을 마음의 정욕대로 더러움에 내버려 두사 그들의 몸을 서로 욕되게 하게 하셨으니 25 이는 그들이 하나님의 진리를 거짓 것으로 바꾸어 피조물을 조물주보다 더 경배하고 섬김이라 주는 곧 영원히 찬송할 이시로다 아멘 26 이 때문에 하나님께서 그들을 부끄러운 욕심에 내버려 두셨으니 곧 그들의 여자들도 순리대로 쓸 것을 바꾸어 역리로 쓰며 27 그와 같이 남자들도 순리대로 여자 쓰기를 버리고 서로 향하여 음욕이 불 일듯 하매 남자가 남자와 더불어 부끄러운 일을 행하여 그들의 그릇됨에 상당한 보응을 그들 자신이 받았느니라 28 또한 그들이 마음에 하나님 두기를 싫어하매 하나님께서 그들을 그 상실한 마음대로 내버려 두사 합당하지 못한 일을 하게 하셨으니 29 곧 모든 불의, 추악, 탐욕, 악의가 가득한 자요 시기, 살인, 분쟁, 사기, 악독이 가득한 자요 수군수군하는 자요 30 비방하는 자요 하나님께서 미워하시는 자요 능욕하는 자요 교만한 자요 자랑하는 자요 악을 도모하는 자요 부모를 거역하는 자요 31 우매한 자요 배약하는 자요 무정한 자요 무자비한 자라 32 그들이 이같은 일을 행하는 자는 사형에 해당한다고 하나님께서 정하심을 알고도 자기들만 행할 뿐 아니라 또한 그런 일을 행하는 자들을 옳다 하느니라

# 신분
# 혁파

내가 제일 싫어하는 것 중의 하나가 병원에 가는 것입니다. 의사 앞에 가서 내가 어디가 안 좋으니 좀 봐 주십시오 하며 진찰 받고 사진 찍고 하는 것을 정말로 싫어합니다. 그런데 이렇게 싫어하면서도 자주 가는 편은 아니지만 안 가는 편도 아닙니다. 병원을 좀 다닌 사람입니다. 진단받는 것이 어쩌면 그렇게 싫은지요. 여러분도 아마 마찬가지일 겁니다.

제가 알고 있는 어느 장로님 한 분은 일평생 병원을 한 번도 가지 않으셨답니다. 그때 연세가 78세여서 정말 복을 많이 받은 사람이구나 했는데, 저는 아직 그런 복은 없습니다. 그렇지만 자기 몸에 약간 이상이 있으면 그렇게 가기 싫은 병원을 가야 하고 그렇게 만나기 싫은 의사를 얼굴을 맞대고 쳐다보

전도설교는 불신자인 청중과 메시지 사이에 접촉점을 놓는 것으로 출발한다. 복음에 대해 부정적인 불신자들의 심리적 저항선을 무너뜨리기 위해서는 그들의 편에서 그들을 이해하는 파격적인 청중 이해가 필요하다.

전도설교에서 예증(illustration)은 설교의 사활을 좌우할 정도로 중요하다. 설교자는 병원 신세를 많이 지는 자신조차 얼마나 의사에게 가기를 두려워하고 자존심 상해하는지 드러냄으로써 아프다는 말을 듣기 싫어하는 인간 심리와 인간이 죄인이라는 하나님의 선언을 자연스럽게 연결시키고 있다. 이 예증은 자기 폭로를 담고 있어 그 효과가 배가되고 있다.

아야 합니다. 부인들이 남 앞에 몸 내놓기를 그렇게 부끄러워하면서도 살기 위해서는 의사 앞에 가서 마음대로 하시오 하며 내놓는 것을 봅니다. 부인들도 살기 위해서는 염치고 부끄러움이고 내버릴 수밖에 없는 것입니다.

그만큼 산다는 것은 우리에게 중요한 것이고 생명과도 같은 것입니다. 그래서 우리는 가장 신뢰할 만한 의사를 찾아갑니다. 사람이 타인에게 진단받는 것을 가장 싫어한다는 사실을 다르게 말하면, 하나님 앞에 찾아가는 것을 사람들이 가장 싫어한다고도 말할 수 있습니다. 하나님 앞에 가서 내가 어떤 사람인가 진단받는 것을 죽어도 싫어한다는 것입니다. 그래서 예수님은 빛이 세상에 왔으되 사람들은 빛보다 어둠을 더 사랑해서 빛 앞으로 나오지 않는다고 말씀하셨습니다(요 3:19-20 참조).

## 창조자 하나님 앞에 나오기 싫은 이유

내가 만약 완전무결한 건강을 가지고 있어서 전혀 흠잡힐 데가 없다는 자신만 있다면 병원에 가는 걸 싫어하지 않을 것이고, 의사도 절대 싫어하지 않을 것입니다. 그러나 내가 병원에 가길 싫어하는 이유는 무엇입니까? 행여

> 설교자는 불신자들이 기독교의 죄관에 가지고 있는 선입견에 대해 알고 있어야 한다. 일반적으로 불신자들은 기독교의 죄관에 대해 '불쾌하다. 무슨 하등 원시종교에서나 하는 얘기 같다. 현대인들에게는 맞지 않는다' 등의 반응을 보인다.

무언가 좋지 않은 병에라도 걸렸으면 어쩌나 하는 불안감 때문입니다. 사람들이 왜 하나님 앞에 나아가는 것을 싫어할까요? 완전무결한 사람 같으면 절대 싫어하지 않을 것입니다. 자신이 있으니까요. 그러나 왜 싫어합니까? 자신이 없기 때문입니다. 그래서 인간에게는 하나님을 만나기 싫어하는 근본적인 본능이 깔려 있습니다.

그러나 살기 위해서는 하나님을 찾아가야 합니다. 별 도리가 없습니다. 안 찾아가면 죽습니다. 하나님만이 나를 완전하게 진단해 주실 수 있는 권위자요 전능자입니다. 인간은 인간의 한 길 마음을 모릅니다. 사람을 진단하지 못합니다. 부부가 함께 2, 30년을 살아도 남편 마음도 잘 모르고 아내 마음도 잘 모릅니다. 오리무중입니다. 그래서 동상이몽을 천 번을 해도 모릅니다. 사람이 사람을 진단하지 못합니다. 그러므로 권위자에게 가야 하는데 우리 인간을 진단할 수 있는 최고의 권위자는 한 분뿐입니다. 우리를 만드신 하나님 아버지입니다. 그분만이 내가 누군지를 정확하게 보십니다.

1900년 초에 자동차가 갓 나왔을 때 자동차를 산 어떤 돈 많은 사람이 미시간의 한 벌판에서 자동차를 몰고 가다가 그만 고장이 나 버렸습니다. 아무리 살펴보고 뜯어보고 해도 어디가 고장이 났는지 도대체 찾을 수가 없었습니다. 그런데 얼마 있으니까 차가 한 대 오더니 고장 난 차가 있는 곳에 섰습니다. 그리고 그 차에서 한 사람이 내려서는 고장 난 차를 고치는 모습을 한참 쳐다보더니 "젊은이, 잠깐만요. 내가 봐 줄게" 하고는 뭘 하나 살짝 만지니까 시동이 걸리는 것입니다. 그래서 그 젊은이가 너무 신기해서 그 사람에게 "선생님, 언제 그런 기술을 익혔습니까? 감사합니다"라고 했습니다. 그러니까 이 사람이 하는 말이, "내가 이 자동차를 만든 헨리 포드(Henry Ford, 자동차 왕)입니다"라고 하는 것입니다. 자기가 만든 것이니 얼마나 정확하게 알겠습니까? 어디가 문제인지 금방 알아냅니다.

하나님은 우리의 창조자이십니다. 모든 인간을 만드신 분입니다. 특별히 제가 하나님께 감사하는 것은 여성들을 너무 아름답게 만드셨다는 것입니다. 외국에 나가 보면 특별히 인물이 좋은 민족들이 있습니다. 중동의 여성들이 참 아름답습니다. 또 미국 여성들 가운데서도 특별히 아름다운 계열이 있습니다. 한국 여성들을 전체로 놓고 보면 미국 여성들보다 좀 못한 것 같은데, 한 사람 한 사람씩 이야기하는 것을 쳐다보면 그렇게 예쁠 수가 없습니다. 참 우아하게 생겼어요. 여성들을 이렇게 만드신 분이 누구입니까? 하나님입니다. 남성들을 가만히 보면 남성들은 여성보다는 좀 못한 것 같습니다. 하지만 또 하나하나 따져 보면 여자보다 훨씬 멋있게 생겼습니다. 하나님이 참 기가 막히게 만드신 것입니다.

고등교육을 받고 소위 진화론적 세계관으로 단단히 무장된 불신자들에게 불쑥 창조주 하나님을 소개하기란 어려운 일일뿐더러 애써 만들어 놓은 접촉점을 깨뜨리는 우를 범할 수도 있다. 설교자는 중동 여자, 미국 여자, 한국 여자의 미모에 대해 평을 하는 듯하면서 사실은 창조 사상을 설파하고 있다. 태양계를 지으신 하나님이라고 하면 납득하지 않을 불신자들도 '예쁜 중동 여자'를 지으신 하나님이라는 페이소스(pathos) 앞에서는 절로 웃음을 머금으며 아무 생각 없이 "그렇지"를 연발할 수 있을 것이다.

## 죄를 진단하는 하나님, 반발하는 인간

그렇게 우리를 만드시고 우리의 내부를 깊이 알고 계시는 분은 하나님 한 분밖에 없습니다. 그러므로 우리는 하나님 앞에 나아가야만 내가 누구인지를 알 수 있습니다. 하나님 앞에 나아가니까 하나님이 어떻게 진단하십니까? 시편 51편 5절을 보면 "내가 죄악 중에서 출생하였음이여 어머니가 죄 중에서 나를 잉태하였나이다"라고 합니다. 넌센스입니다. 여러분이 성경을 읽을 때 이것은 진리이구나 하고 받아들였다면 여러분은 이미 천당에 들어간 사람입니다. 그러나 아무리 읽어 봐도 이상한 이야기입니다.

이게 누가 이야기한 것입니까? 다윗이 한 이야기입니다. 무식한 사람이 이런 이야기를 했다면 이 사람 약간 정신이 돌았구나 하고 생각할 수 있겠지만, 다윗은 왕의 자리에 앉아 있으면서 이런 이야기를 했습니다. 그는 이스라엘의 일인자이자 모든 면에서 일인자였습니다.

그 일인자가 이런 말을 한 것입니다. 그러면 이 말이 다윗의 의견입니까? 아닙니다. 하나님께서 다윗의 마음을 움직여서 하나님이 하시고 싶은 말씀을 다윗의 표현으로 전하신 것뿐입니다.

이 말씀을 바꾸어 이렇게 말할 수 있습니다. "내가 죄악 중에 출생하였음이여"란, '너는 죄악 속에서 태어났다'라는 말입니다. 또 "어머니가 죄 중에서 나를 잉태하였나이다"는 '너의 엄마가 너를 갖고 있을 때 죄 속에 있었다. 그러니 넌 죄인의 씨다'라는 것입니다. 누가 이야기하는 것입니까? 하나님이 다윗의 입을 통해 인간이 어떤 존재인가를 근본적으로 진단하시는 말씀입니다. "너는 죄 속에서 잉태됐고 태어날 때도 의인의 집안이 아니라 죄인의 집에서 났다. 그러니 너는 한마디로 죄인이다."

이 말씀에 얼마나 많은 사람들이 반발을 했습니까? 교회에 나왔다가 이 말씀만 들으면 얼굴이 파래져서 나가는 사람이 있습니다. 그저 "하나님은 사랑이시다"만 하면 좋겠는데 지나가다가 한 번씩 기분 나쁜 소리를 섞는단 말입니다. 죄인이니까 회개해야 하고 회개하지 않으면 죽는다는데, 사람들은 이 말을 듣기 싫어합니다. 그러나 우리를 만드신 하나님의 진단을 부인할 수는 없습니다. 의사에게 갔는데 "당신 아무래도 장기 치료를 해야 되겠습니다" 하면 듣기 싫은 말이지만 수긍해야 하지 않습니까? 의사의 권위 때문에 수긍을 합니다.

마찬가지로 하나님이 우리를 죄인이라고 진단하실 때, 우리를 만드신 분이기 때문에 그분의 말을 수긍해야 합니다.

"저는 이제까지 성선설(性善說)을 믿어 왔어요, 하나님. 저는 본래 인간은 선하다고 믿었는데요."

"누가 그러더냐?"

"글쎄, 장자(莊子)인지 노자(老子)인지 하는 사람이 성선설을 이야기해서 전 그렇게 믿고 있었습니다."

"자신 있느냐? 나와 토론해 볼까?"

"아뇨, 자신은 없어요. 믿었다는 것뿐이에요."

"그러면 이제 내 말을 들어야지. 성악설(性惡說)을 믿어야 돼. 인간은 본래부터 악한 존재야."

한번 생각해 보십시오. 잘 듣고 보면 그런 것 같습니다. 내 마음에는 왜 이리 악한 생각이 많이 납니까? 내가 질이 안 좋아서 그런 것입니까? 여러분의 마음속에 나타나는 악한 생각을 종이 위에 한 번 적어 보겠습니까? 목사도 이렇게 나쁜 생각이 많이 일어나는데 목사 아닌 사람이 오죽하겠습니까? 가만히 있어도 밑에서 올라오는 감정들과 생각들을 한번 체크해 보십시오. 선한 것이 몇 개나 됩니까?

조금만 불편해도 불평이 나오고 미움이 생기며, 자기에게 조금만 손해가 되는 것 같으면 참을 수 없는 고통이 마음속에서 무럭무럭 피어오릅니다. 무엇인가 질이 나쁜 겁니다. 자기를 낳은 부모를 미워하는 것도 시간 문제고, 몸을 섞어가며 일생 동안 살겠다고 약속한 부부도 자기 마음에 맞지 않으면 원수가 될 수 있는 것이 우리 인간의 본능 아닙니까? 이런 본능을 두고 자신이 선하다고 감히 누가 말할 수 있겠습니까? 하나님이 잘못하셨나요? 하나님의 진단이 오진인가요?

○ ○ ○ ○ ○ ○ ○ ○ ○ ○ ○ ○ ○
## 절에 가는 것도 신을 믿기 때문

우리 인간은 바탕이 악합니다. 나쁘죠. 10평짜리 아파트에 살 때는 40평 아파트에만 살 수 있으면 정말 소원이 없겠다고 해 놓고, 40평짜리 아파트에 가면 또 다른 욕심이 생깁니다. 자동차가 없을 때는 자동차만 하나 있었으면 좋겠다 해 놓고 일단 차가 생기면 한두 달 싱

글벙글하며 타다가 조금 시간이 지나면 이것도 시들해집니다. 어떻습니까? 자동차만 생기면 악이 없어지나요? 인간은 별 게 아닙니다. 잘살면 잘살수록 악은 더 발달하고 생각은 더 간교해집니다. 욕심은 채워지면 채워질수록 더 크게 입을 벌립니다. 이렇게 간사한 것이 인간입니다.

하나님께서 "너는 죄 속에서 태어났다. 너의 엄마가 너를 잉태했을 때도 죄 속에서 잉태했다. 그러니 너는 죄인이다"라고 말씀하실 때, 우리는 "하나님, 정말 그렇습니다. 제가 봐도 죄인이라는 것이 확실합니다"라고 고백해야 합니다. 하나님 앞에 가서 물어보세요. "하나님, 별로 걱정스러운 것도 없는데 왜 이리 불안합니까?" 그러면 하나님이 뭐라고 말씀하시겠습니까? "네 속에 죄가 있기 때문에 그래"라고 하실 겁니다. "하나님, 가을이 되니 마음에 허무감이 많이 느껴지네요. 하나님도 그러시나요?" 하면 하나님은 뭐라고 그러실까요? 아마 이렇게 대답하실 것입니다. "야, 건방진 소리 하지 마. 허무감은 왜 오는지 아니? 네 속에 있는 죄 때문에 그렇단다. 네 마음에 진정한 평안이 없기 때문에 허무감이 오고 인생의 의미를 모르기 때문에 허무감이 오는 거야."

모든 근본이 잘못되어 있습니다. 이것이 하나님의 진단입니다. 그래서 인간은 유전적으로 죄인이요, 유전적으로 악하게 태어난 사람입니다. 만약 여러분이 기분이 좋든 싫든 거부감이 생기든지 간에 이 사실을 시인하지 않는다면 참 한심합니다. 뭐가 그리 선해서 안 받아들입니까? 자기를 기만하지 마십시오. 하나님 앞에서 자신이 선하면 얼마나 선하겠습니까? 이렇게 본질이 악하니까 발병하는 겁니다. 증세가 악하니까 나타나는 것입니다.

하나님을 알되 하나님을 영화롭게도 아니하며 감사하지도 아니하고 오히려 그 생각이 허망하여지며 미련한 마음이 어두워졌나니

_롬 1:21

하나님이 있다는 것은 누구나 압니다. 사람들이 절에 가는 것도 신이 있다고 믿기 때문에 가는 것 아닙니까? 본능적으로 하나님이 계시는 것 같다고 느낍니다. 아는 것이 있어요. 이것까지 부인하지는 못합니다. 하나님이 오죽 잘 알고 이렇게 말씀하시겠습니까? '너희들이 마음속에 내가 있다는 것을 알고는 있지만…'이라고 말씀하십니다. 그런데 그렇게 알면서도 어떻다고 했습니까? 하나님을 영화롭게도 하지 않고 감사하지도 않는다고 했습니다.

아직 예수님을 믿지 않는 분들, 그리고 과거에 믿었어도 신앙생활을 전혀 하지 않았던 분들은 한번 생각해 보십시오. 여러분의 마음속에 하나님이 계시는데 이 하나님을 내가 어떻게 모실까 해서 '하나님 앞에 진정한 예배를 드리자, 하나님 은혜에 감사하자' 하고 하나님을 정말 하나님으로 대우해 드린 사람이 있나요? 기껏해야 답답할 때 가서 뭐 해 주세요, 뭐 들어주세요 하고 요구하고 이게 어떻게 되겠냐고 묻기나 했지 하나님을 하나님으로 대우한 사람이 없습니다. 왜 그렇습니까? 바탕이 죄인이기 때문에 그렇습니다. 모두가 하나님을 영화롭게도 하지 않고 감사하지도 않고 마음이 허망하여 어두워졌습니다.

◦ ◦ ◦ ◦ ◦ ◦ ◦ ◦ ◦ ◦
**어두운 데서 얼굴 화장하기**

또 하나 재미있는 것은 자기는 지혜가 있다고 생각하는 것입니다. 자신이 스스로를 바보라고 생각하지는 않습니다. 그러나 하나님이 보시

전도 프리칭

●

기에는 '자칭 지혜 있는 자'일 뿐입니다. 우리는 우둔한 사람이어서 기껏 한다는 짓이 하나님의 모습, 하나님의 영광을 사람과 금수와 버러지 형상의 우상으로 바꾸었습니다. 인간이 원래 죄인이기 때문에 하나님을 찾는다고 하면서 하나님의 존재를 격하시켜 버렸습니다. 하나님을 끌어내렸습니다. 끌어내려서 돌멩이를 가지고 자기가 원하는 형상을 만들어 세워 놓든지 아니면 자기 생각에 하나님이겠다 싶은 것을 자기네들 스타일로 만들어서 앞에 놓고 절을 하는 꼴이 되었습니다.

하나님을 무시하고 하나님을 격하시켜 버렸습니다. 우상숭배입니다. 불교를 믿는 사람들은 무슨 맛으로 절을 합니까? 아마 불상 뒤에 가면 그것을 만든 사람의 사인이 있을지도 모릅니다. 이 작품은 누구의 작품이라고 말입니다. 아니, 도대체 거기에 왜 절을 하는 겁니까? 거기서 복이 나온다고 믿는 믿음은 무슨 마음입니까? 한번 생각해 보십시오. 왜 그와 같이 어리석은 짓을 하는 것일까요? 인간의 바탕이 원래 악하기 때문입니다. 하나님을 하나님으로 대우해 드리기를 싫어합니다. 그래서 제 마음대로 하나님을 만들어 놓고 우상숭배를 하는 겁니다. 이것은 인간이 악하다는 사실에서 나오는 하나의 발병 증세입니다.

> 또한 그들이 마음에 하나님 두기를 싫어하매 하나님께서 그들을 그
> 상실한 마음대로 내버려 두사 합당하지 못한 일을 하게 하셨으니
> _롬 1:28

인간치고 어느 누구도 마음에 하나님 두기를 싫어하지 않는 사람이 없습니다. 얼마나 거부감을 갖고 있는지 모릅니다. 그래서 하나님이 그들을 내버려 두고 "너희들이 해 보고 싶은 대로 실컷 해 봐라" 했더

니 그들이 한 짓이 무엇입니까? 29절에 보면 모든 불의, 추악, 탐욕, 악의가 가득하고, 시기, 살인, 분쟁, 사기, 악독이 가득합니다. 또 수군수군하고, 비방하고, 그것이 발전해서 하나님께서 미워하고, 능욕하고, 교만하고, 자랑하고, 악을 도모하고, 부모를 거역하고, 우매하고, 배약하고, 무정하고, 무자비합니다. 전부 몇 가지입니까? 21가지입니다.

이것도 전부가 아닙니다. 중요한 것만 뽑아 놓은 것입니다. 연필을 들고 이 가운데 나와는 관계없는 것을 한번 뽑아 보십시오. 하나님 앞에 나와서 성경을 펴놓고 나를 봐야 정확하게 나를 볼 수 있는 겁니다. 여러분이 하나님 앞에 안 나오니까 모두가 의인인 것처럼 보이는 것입니다. 등불도 끄고 햇빛도 들어오지 않는 곳에서 화장을 한번 해 보십시오. 얼마나 잘 할 수 있습니까? 어둠 속에서 화장을 다 하고서 자신이 굉장히 예쁘고 아름답다고 생각할 수 있습니다. 어둠 속에서는 자기 마음대로 화장을 하고 자기 스스로 만족합니다. 그러나 불을 켜고 자신을 보십시오. 하나님 앞에 나오기 전에 우리는 너무 잘났습니다. 의롭고 선합니다. 그러나 하나님의 빛 앞에 나아와 당신의 모습을 주의 깊게 보십시오. 누가 감히 얼굴을 들 수 있습니까?

'아' 다르고 '어' 다르다는 속담이 있듯이 될 수 있으면 설교자는 청중의 감정을 자극하지 않는 친근한 용어를 사용할 필요가 있다. 설교자는 엉망이 된 화장과 같은 블랙유머를 사용함으로써 웅변가처럼 소리치지 않아도 인간의 어리석음을 얼마든지 고발할 수 있음을 보여 주고 있다. 전도설교는 메타포(metaphor : 은유)의 교직이 잘 돼야 성공이다. 설교자는 '화장'이라는 보편적인 현상을 끄집어내서 어둠 속에서 화장하는 일과 죄 속에 살면서 스스로 괜찮은 사람이라고 보는 인간의 어리석음을 은유적으로 쏘아댄다.

29절 이하를 보면, 21가지의 합당치 못한 일이 나오고 나서 또 가소로운 행위가 나옵니다.

그들이 이같은 일을 행하는 자는 사형에 해당한다고 하나님께서 정

하심을 알고도 자기들만 행할 뿐 아니라 또한 그런 일을 행하는 자

들을 옳다 하느니라_롬 1:32

그들은 이런 죄를 범하면 당연히 죽어야 된다고 속으로 생각하고, 또 그렇게 정하신 하나님의 정하심을 알면서도 자기들만 행할 뿐 아니라 함부로 그 일을 하고 또 그런 일을 하는 자를 당연하게 받아들입니다. 그러나 이런 죄인의 결국은 무엇입니까? 하나님이 진단하십니다. 로마서 3장 23절을 보면 "모든 사람이 죄를 범하였으매 하나님의 영광에 이르지 못하더니"라고 말씀하십니다.

## 돌아 나오지 못하는 두 길

이 세상에서야 적당히 살 수 있습니다. 잘하면 80살까지도 살고 100살까지도 살 수 있습니다. 그러나 죄 문제, 이것을 근본적으로 해결하지 못하면 하나님 앞에 가지 못합니다. 하나님 앞에 가지 못하면 갈 데가 한 군데밖에 없습니다. "한번 죽는 것은 사람에게 정해진 것이요 그 후에는 심판이 있으리니"(히 9:27)라고 했습니다. 즉, 심판받는 자리로 갑니다. 성경은 그곳을 지옥이라고도 합니다. 영원한 죽음이 기다리고 있습니다.

마음이 답답할 때 나와서 예수 믿으라고 하는 것은 한 부분에 지나지 않습니다. 예수 믿고 나서 생기는 마음의 기쁨과 평안은 하나님이 자연히 주시는 선물입니다. 예수 믿으면 하나님이 그냥 주시는 것입니다. 그러나 그것 때문에 예수님 앞에 나아오는 것은 아닙니다. 누가 꼭 50% 세일 가격에 어떤 물건을 사려고 백화점을 곳곳마다 돌아다니겠습니까? 어쩌다가 세일하는 곳을 만나 싼값에 얻는 것이죠. 마음이

평안하고, 어떤 경우는 하나님의 복도 받고, 자녀가 잘되고, 병이 낫고 하는 것은 예수 믿고 죄 문제를 해결받았을 때 하나님이 세일로 주시는 것입니다.

예수님을 믿으라고 하는 근본적인 이유는 다른 데 있습니다. 당신이 만약 오늘 밤 죽으면 갈 길이 두 길밖에 없습니다. 하나님 앞으로 가든지 하나님이 심판하시는 길로 가든지 둘 중의 하나입니다. 당신의 목숨이 끊어질 때 하나님이 당신에게 어느 길로 가라고 할지는 아무도 모릅니다.

제 말이 거짓말이라고 반박할 자신이 있습니까? 저는 하나님의 말씀인 성경을 기준으로 말하는 것입니다. 무엇을 의존해서 반박합니까? 두 길이 있습니다. 여기는 한번 들어가면 영원히 나오지 못합니다. 하나님 앞에 가면 하나님 앞에서 영원히 살아야 하고, 심판하시는 자 앞에 가면 거기서 영원히 살아야 합니다. 그 길은 돌아 나오지 못합니다. 한번 들어가면 다시는 뒷걸음질하지 못합니다.

이 두 길이 우리 앞에 있기 때문에 하나님이 우리에게 "너희는 근본이 죄인이니까 그 문제를 해결해야만 내 앞에 올 수 있다. 이 문제를 해결하지 않으면 너는 심판의 자리로 돌아갈 수밖에 없다"고 말씀하시는 것입니다. 그러니 어떻게 하면 좋겠습니까? 죄 문제를 해결해야 합니다. 그럼 어떻게 죄 문제를 해결합니까? 하나님의 처방을 한번 봅시다. 하나님이 특효약을 하나 주셨습니다.

> "현실에서 예증되지 않는 복음은 복음이 아니다." 이것은 전도설교에서 만큼은 절대적이다. 불신자인 청중들은 자신의 기준으로 메시지를 듣는다. 그들이 이해할 수 있는 눈높이에서 복음이 제시되어야 한다. 복음 제시 부분이 철저하게 성경적이면서도 성경 구절만 던져 놓고 "결단할 거면 하고, 말 거면 말라"는 식이 되어서는 안 된다.

> 율법을 따라 거의 모든 물건이 피로써 정결하게 되나니 피 흘림이 없은즉 사함이 없느니라_히 9:22

이 말씀은 피를 대신 흘리지 않으면 우리의 근본적인 모든 죄를 용서받을 수 없다는 것입니다. 왜냐하면 하나님이 성경에 육체의 생명은 피에 있기 때문에 피를 가지고서야 죄를 사할 수 있다고 말씀하셨기 때문입니다.

## 누가 날 위해 피 흘려주나

죄를 짓는 사람의 결과가 무엇이라고 했습니까? 죽음이라고 했습니다. 죄 문제를 해결하려면 생명과 동등한 위치를 가진 피가 흐르지 않으면 안 됩니다. 그러나 어떤 피입니까? 죄가 없는 피라야 합니다. 당신이 죄인이란 것을 알았을 때, 죄가 없는 피만이 우리의 죄 문제를 해결할 수 있다는 것을 알았을 때 당신은 어디에 가서 이 피를 구할 수 있습니까? 남편에게 가서 "여보, 내가 용서받으려면 피가 필요하다는데 당신 피 좀 줄래요?"라고 하겠습니까? 또 이렇게 말한다 해도 들어줄 남편이 어디 있고 들어줄 아내가 어디 있겠습니까? 설혹 들어준다고 해도 이 피는 아무 의미가 없습니다. 죄 속에서 태어난 죄인의 피이기 때문에 죄인의 문제를 해결할 수 없는 것입니다.

사랑도, 그 어떤 것도 별수가 없습니다. 결혼하기 전의 사랑은 기가 막힐 정도의 뜨거운 사랑 아닙니까? 암에 걸린 어떤 형제가 병원에서 1년 동안 치료를 받는데, 이제 마지막 고비에 들어섰습니다. 어떻게 될지 아무도 모릅니다. 주사를 맞고 치료를 받다 보니 머리도 빠지고 해서 모자를 쓰고 있습니다. 그런데 그 형제가 사랑한 여자가 있었습니다. 그 여자가 와서 마지막으로 봉사를 합니다. 24시간 동안 꼼짝도 않고 합니다. 결혼하기 전인데도 이 남자의 대소변 수발까지 다 합니다. 제가 지켜보았습니다.

남자가 여자보고 "너 내가 죽으면 나랑 같이 죽을래? 죽기 전에 나랑 결혼하자"고 합니다. 제가 가만히 그 여자의 얼굴을 보고, 또 그렇게 봉사하는 것을 보니 정말 무덤에 같이 들어갈 것 같았습니다. 그러나 장례 치르는 날

본문에서 설교자는 말기 암 환자의 한계 상황과 그를 간병하는 애인의 애절함, 그리고 애인과 사별 후 단 한 번도 그를 찾지 않았다는 이야기를 통해 불신자들의 시선을 하늘, 인간의 외부, 세상 너머로 향하게 하고 있다.

한 번 기절한 것 외에는 그 뒤로 한 번도 소식이 없습니다. 인간이라는 게 별게 아닙니다. 누가 나를 위해 피를 흘려줍니까? 그런데 우리는 하나님 앞에 감사해야 할 일이 하나 있습니다.

우리가 아직 죄인 되었을 때에 그리스도께서 우리를 위하여 죽으심으로 하나님께서 우리에 대한 자기의 사랑을 확증하셨느니라 그러면 이제 우리가 그의 피로 말미암아 의롭다 하심을 받았으니 더욱 그로 말미암아 진노하심에서 구원을 받을 것이니_롬 5:8-9

하나님이 얼마나 나를 사랑하셨던지 나를 심판받는 자리에 보내지 않기 위해서, 하나님 앞에 돌아오도록 하기 위해서, 죄를 씻는 의인의 피가 필요한 나를 위해서 자기 아들을 대신 피 흘리는 자리에 내어놓고 나를 살려 주신 것입니다. 예수님의 피로 내 모든 죄를 깨끗하게 씻어 주기로 약속하신 것입니다. 그리고 누구든지 이 예수만 믿으면 자기의 모든 죄, 어머니가 나를 뱃속에 잉태할 때부터 나에게 심어 준 무서운 죄악의 씨까지 전부 다 하나님이 용서하기로 작정하셨습니다.

예수님을 믿으면, 십자가에서 나 대신 의인의 피를 흘려주신 예수를 믿기만 하면 나의 모든 죄를 한순간에 다 용서받고 하나님 앞에 나아갈 수 있는 길을 열어 놓으신 것입니다. 제가 전하려는 것은 이것입니다. 제 기분은 지금 이렇습니다. 믿든지 말든지 마음대로 하십시

오. 그러나 하나님의 기분은 어떤지 아십니까?

저는 지옥이 어떤 곳인지 모릅니다. 그러나 하나님은 지옥이라는, 죄인들이 가는 심판받는 자리인 그곳이 얼마나 무서운 곳인지 너무나 잘 아시기 때문에 여러분이 그곳에 가지 않도록 하기 위해 어서 돌아와서 예수 믿고 죄 용서받기를 간절히 원하십니다. 오늘도 우리 하나님은 기다리고 계십니다. 하나님은 사랑이십니다. 여러분, 사랑의 아버지 품에 안기고 싶지 않습니까?

전도설교에는 청중의 심중에 강하게 남는 도전이 있어야 한다. "십리도 못 가서 발병 난다"가 변심한 애인을 향한 저주와 독설이 아니라 "제발 돌아와 주오"라는 뜻의 애원이듯이, "믿든지 말든지 마음대로 하세요"는 "믿든 안 믿든 내 알 바 아니다"라는 유기(遺棄)가 아니다. 이 말은 '하나님의 기분'과 연결돼서 설교자의 애절함을 증폭시킨다. 믿든 말든 알아서 하라는 이 대담한 선언에 불신자들은 반어법적인 긴장을 느낄 것이다. 하지만 아무 때나 아무나 강한 도전을 할 수 있는 것은 아니다. 우선 불신자의 심리 이해와 동질성 형성이 구축된 후에야 가능하다. 든든한 접촉점을 놓은 이후에 차근차근 쌓은 신뢰를 기반으로 할 때만 인상에 남는 강한 도전을 할 수 있다.

# 2

## 선생님도
## 변화될 수
## 있습니다

나 자신의 힘으로 하는 것 같고, 내가 생각하고, 내가 느끼고,
내가 결단하는 것 같지만 내 마음의 배후에는 엄청나게 큰 손이 일을 하고 있습니다.

요한복음 4:11-18, 28-30

11 여자가 이르되 주여 물 길을 그릇도 없고 이 우물은 깊은데 어디서 당신이 그 생수를 얻겠사옵나이까 12 우리 조상 야곱이 이 우물을 우리에게 주셨고 또 여기서 자기와 자기 아들들과 짐승이 다 마셨는데 당신이 야곱보다 더 크니이까 13 예수께서 대답하여 이르시되 이 물을 마시는 자마다 다시 목마르려니와 14 내가 주는 물을 마시는 자는 영원히 목마르지 아니하리니 내가 주는 물은 그 속에서 영생하도록 솟아나는 샘물이 되리라 15 여자가 이르되 주여 그런 물을 내게 주사 목마르지도 않고 또 여기 물 길으러 오지도 않게 하옵소서 16 이르시되 가서 네 남편을 불러 오라 17 여자가 대답하여 이르되 나는 남편이 없나이다 예수께서 이르시되 네가 남편이 없다 하는 말이 옳도다 18 너에게 남편 다섯이 있었고 지금 있는 자도 네 남편이 아니니 네 말이 참되도다 28 여자가 물동이를 버려 두고 동네로 들어가서 사람들에게 이르되 29 내가 행한 모든 일을 내게 말한 사람을 와서 보라 이는 그리스도가 아니냐 하니 30 그들이 동네에서 나와 예수께로 오더라

# 선생님도
# 변화될 수 있습니다

성경은 자그마치 1,500여 년에 걸쳐 여러 계층의 사람들에 의해 여러 시대의 갖가지 사건들이 기록되어 있는 책입니다. 이만한 분량에 이렇게 많은 사람과 사건들이 등장하는 책도 없을 겁니다. 그래서 성경에는 여러 가지 사건과 대화의 내용들이 담겨 있지만, 주로 인간이 진리를 깨닫고 구원을 받는 데 필요한 내용이 되는 주요 골자만 기록되어 있습니다.

이 장의 본문도 마찬가지입니다. 예수님께서 한 마을의 여인과 생수에 관해 말씀하시는 과정에서도 예수님과 여자 사이에 이뤄진 모든 대화가 빠짐없이 다 기록된 것은 아닙니다. 그러나 오늘 우리에게 전달되어야 할 진리는 분명하게 제시되었습니다.

전도설교의 도입 부분은 부드럽게 시작하는 것이 좋다. 처음부터 설득하는 인상을 강하게 줄 경우 불신자인 청중은 '역시나! 그렇지. 예수쟁이들은 별 수 없어' 식의 부정적인 느낌을 갖고 마음의 문을 굳게 닫아 버릴 수도 있다. 본문에서 설교자는 "성경은 하나님의 말씀이다"라고 선언하는 대신 청중들이 쉽게 동의할 수 있는 객관적인 사실들을 나열하면서 성경과 성경의 메시지에 대해 청중들이 긍정적으로 반응하도록 유도하고 있다.

## 첫 만남의 기대

사마리아 우물가의 이 여인과 예수님의 대화를 잘 살펴보십시오. 이 여인은 자기의 부끄러운 죄들을 숨기고 남몰래 고민하며 살아가는 오늘 우리 현대인들의 전형입니다. 우물가에 물 길으러 나온 이 여인에게 예수님이 다가와 물을 좀 달라고 하시며 대화를 시도합니다. 처음엔 단순히 우물물을 놓고 이야기하다가 영원히 목마르지 않는 생수에 대한 이야기로 초점이 옮겨가자 이 여인이 뭐라고 합니까? "주여! 이 생수를 내게도 주소서"라고 하면서 바짝 달라붙었습니다. "다시는 내가 목마르지도 않고, 또 여기 물 길으러 오지도 않게 해 주옵소서."

물론 이 여인이 예수님이 말씀하시는 생수의 의미를 정확하게 깨달은 것은 아닙니다. 그러나 주님은 그것을 나무라지 않으셨습니다. 여기에도 주님의 참 놀라운 지혜가 있다고 봅니다. 예수님을 처음 믿으려고 하는 사람이나 교회 처음 나온 사람이 성경을 다 깨달을 수는 없습니다. 어떤 부분은 잘못 알고 있을 수도 있고, 어떤 면에서는 겉핥기 식으로 약간 알고 있을 수도 있습니다. 그러나 주님은 그들을 나무라시지 않습니다. 왜냐하면 무엇이든지 조금씩 조금씩 시작되는 것이 하나님이 주신 원리이기 때문입니다.

> 불신자들이 영적으로 무지한 것은 당연하다. 설교자는 영적으로 무지한 청중이 당황하거나 어색해 하지 않도록 친절하면서도 민감하게 반응해야 한다.

처음에는 모르면서도 아는 것 같고 아는 것 같으면서도 모르겠고, 이렇게 불확실하게 시작하는 것 같지만 주님은 그것을 탓하지 않습니다. 여인도 마찬가지입니다. 여인은 생수의 의미를 잘 몰랐습니다. 그러나 "주여, 내가 그것을 좀 마시게 해 주시옵소서" 하고 말한 것

> 본문에서 설교자는 모르는 것을 탓하지 않겠다는 말을 통해 불신자들을 일단 안심시키고 있다. 동시에 '세상에, 아는 게 힘이라고 어디서든 모르면 기죽고 살아야 했는데 예수는 누구이기에 몰라도 탓하지 않는다는 거지?' 하는 궁금증이 유발되도록 관심을 유도하고 있다.

처럼, 예수님 앞에 나올 때 이미 마음에 기대감이 있다면 그 사람은 희망이 있는 것입니다.

이 설교를 들으면서 마음속에 이러한 기대감이 일어나는가를 한번 검토해 보십시오. '예수 믿고 싶다. 나도 한번 믿어 봤으면 좋겠다.

불신자들은 일반적으로 교회 문화에 대한 반감을 가지고 있다. 설교자는 청중들의 이런 상황을 충분히 고려하고 지혜롭게 대처해야 한다.

예수님 믿고 간증하는 사람들처럼 나도 저렇게 변화 좀 받아봤으면 좋겠다' 하는 기대감이 있습니까? 이미 믿은 사람들이라면 '내가 지금까지 예수를 믿었는데 왜 나는 참다운 구원의 기쁨이 없을까? 왜 감격이 없을까? 나도 좀 기쁨과 감격을 맛보았으면 좋겠다' 하는 기대감이, 예수님을 모르는 분들이라면 '나도 예수 믿고 구원 좀 받자. 하나님 나라가 있으면 나도 좀 들어가자' 하는 기대감이 마음속에 부풀어오를 때 이미 그에게는 이 일이 시작된 것입니다.

여러분 마음속에서 누가 일을 시작하시는 건지 아시죠? 보이지 않는 성령님께서 여러분의 마음을 주장하십니다. 자신의 마음을 자신이 마음대로 주무른다고 생각하지 마십시오. 참 바보 같은 생각입니다. 나 자신의 힘으로 하는 것 같고, 내가 생각하고, 내가 느끼고, 내가 결단하는 것 같지만 내 마음의 배후에는 엄청나게 큰 손이 일을 하고 있습니다.

여러분 마음에 기대감이 있나요? 여러분이 이 메시지를 듣고 있는 것만 해도 하나님께서 상당히 많은 일을 하신 것입니다. 여러분이 이 메시지를 귀담아들을 때 여러분 마음속에 이미 성령님이 기대감을 불러일으켜 주시는 것을 나는 분명히 믿습니다. 아멘입니까?

교회 하면 '할렐루야'나 '아멘'이란 이상한 말을 수시로 내뱉는 사람들의 모임이라고 생각해 온 불신자들에게 '아멘'의 의미를 설명하는데, 마치 잊어버리고 지나갈 뻔했다는 듯이 언급함으로써 청중의 반감(反感)을 반감(半減)시키고 있다.

교회 처음 나오신 분들은 아멘이 무엇인지 모르죠? 아멘이란, '진짜다'라는 말입니다. 아이들이 무슨 이야기를 주고받다가 "이 말은 진짜야. 진짜"라고 할 때처럼 참말이라는 의미인데, 이것은 히브리어지만 세계 공통어입니다. "아멘!" 하면 '주님, 그렇습니다. 정말 그렇습니다. 나는 그렇게 생각합니다. 진실로 고백합니다'라는 의미입니다.

성도들 중에는 예수를 10년 믿었는데도 아멘이 무엇인지 모르고 항상 궁금해하는 분들도 있더군요. 10년 동안 뜻도 모르고 아멘을 했으니 몇천 번은 했을 거 아닙니까? 그래도 예수님이 참사랑하셔서 "오냐, 그래! 네가 모르고도 아멘을 하는구나. 귀엽다"고 하십니다. 우리 주님은 그렇게 까탈스러운 분이 아닙니다. 우리 마음을 다 아시니까 우리를 그렇게 나무라지 않으십니다. 하지만 모르는 본인은 오죽 답답하겠습니까?

본문에서 설교자는 친근한 언어(까탈, 나무라다)를 사용하여 자칫 현학적으로 흐를 수 있는 분위기를 막고 "오죽 답답하겠어요?"라는 포용적 입장을 취하여 긴장을 풀어주고 있다.

○ ○ ○ ○ ○ ○
## 내가 너를 안다

하나님께서는 분명히 우리 마음에 기대감을 불러일으켜 주십니다. 그런데 사마리아 여자의 이러한 말에 주님께서 갑자기 찬물을 끼얹는 다른 말씀을 하십니다. 이것이 오늘 우리에게 중요한 주제입니다. 갑자기 대화가 차단됩니다. "네 남편을 불러 오라"(16절). 이해할 수 없는 대화입니다. 한번 생각해 보십시오. 여러분이 길을 가다가 어떤 남자를 만났다든지 아니면 여행을 하다가 옆에 있는 남자와 함께 대화를 나누게 됐다든지 할 때, 그 남자가 갑자기 "당신 남편이 누구요? 이야기 좀 해 주십시오"라고 한다든지 괜히 남의 프라이버시를 가지고 참견을 하기 시작한다면 여러분은 그를 정상으로 받아들일 수 있겠습니까? 더구나 물 길으러 온 여자보고 남편을 데리고 오라는 말은 도대체 이해가 안 되는 요구입니다.

그러나 왜 예수님께서 남편을 데려오라고 했는지 그 이유를 알아야 합니다. 예수님은 이 여자를 알고 있습니다. 예수님은 사마리아에 오시기 전부터 알고 있었다고 했습니다. 멀리 계셔도 안다고 하셨습니다. 내가 아무리 골방에 혼자 들어가 있어도 주님은 나를 아시고, 내가 독수리의 날개를 달고 저 하늘 창공으로 날아가도 주님은 계셔서 나를 알고, 내가 조용히 아무도 모르게 은밀한 일을 해도 그곳에서도 주님은 나를 알고 계십니다. 주님은 다 아십니다.

이 사마리아 여자는 절대 좋은 신분의 사람이 아닙니다. 한번 생각해 보십시오. 남자 팔자도 여자 잘못 만나면 기가 막힌 팔자지만 여자 팔자도 남자 잘못 만나면 기가 막힙니다.

> '팔자'라는 단어는 흔하게 사용되지만 교회 안에서는 사용을 자제하는 것이 사실이다. 하지만 본문에서 설교자는 청중들에게 익숙한 이 단어를 사용해 메시지를 전달하고 있다.

그래서 이 세상에서는 만남이라는 것이 가장 중요합니다. 이 여자가 왜 이렇게 되었는지 정확히는 모르지만 아마도 첫 번째 결혼에 실패하지 않았나 생각합니다. 요즘처럼 상부상조할 수 있는 조직사회 같으면 뭐 약간 실패해도 주변에 살 길이 열리고 서로가 도와주는 사회제도가 되어 있지만, 지금으로부터 1,900년 전의 사회는 그야말로 너무나 살벌한 사회입니다.

혈족 관계에서 끊어져 버리고 나면 어디에 가서도 손 벌릴 데가 없습니다. 여자가 가정생활에 실패를 한다든지 어떤 잘못 때문에 사

> 모든 설교가 그렇지만 특히 전도설교는 시장 언어라고 불리는 일상의 용어를 통해 메시지를 전달해야 한다.

람들 눈에 나고 버림을 받으면, 이 여자는 막바지 길로 가야 합니다. 자기 생계를 유지할 수가 없기 때문입니다. 이렇게 되면 여자들이 가는 길이 어딘지 뻔합니다. 힘이 있어 보이는 남자에게 의지하려고 하다가 한 번 속고 두 번 속고, 결국은 살기 위해서 몸을 바치고, 그러다

보면 마음속에 무서운 고통이 짓누르며 수치감과 모욕감이 항상 그를 사로잡게 됩니다. 그러면 사람들을 대하기 싫어지고 결국은 사회와 단절된 상태 속에서 인생을 살게 되며, 흔히 말하는 폐인이 되어 버립니다.

이 여자의 입장도 그렇지 않았을까 생각됩니다. 왜냐하면 주님께서 그녀의 남편이 다섯이 있었다고 지적하시기 때문입니다. 한 여자가 남자 다섯을 거쳤다고 생각하면 세상에서 참으로 괴로운 신분입니다. 사실 여자가 한 남자 섬기기도 힘들지 않습니까? 그렇게 힘들 줄 알았으면 결혼 안 하고 혼자 살 텐데 말이죠. 그래서 한국에서 서로 간에 좀 불만이 있던 부부들이 이민을 가면 얼마 안 가서 산산조각이 납니다. 그래서 여자는 여자대로 남자는 남자대로 각자 독신주의로 살아갑니다.

옛날에는 독신주의라고 하면 결혼을 안 한 순수한 처녀와 총각을 말했습니다만, 요즘 미국 사회에서는 가정생활이라는 굴레 속에서 시달리기가 싫어져서 혼자 사는 사람, 즉 이혼을 했든 별거를 했든 어떤 상황에서든지 혼자 사는 사람을 독신자, 독신녀라 합니다. 이 사람들의 생활은 물을 필요도 없습니다. 각자가 자기 마음대로 삽니다. 이런 사람들이 수두룩합니다.

미국에서 사역하던 제 친구 목사가 귀국해서 탄식하는 이유가 그것입니다. 한국 사회에도 독신자들이 너무 많아졌답니다. 여자가 "왜 내가 당신 때문에 이렇게 얽매여서 살아야 돼?" 하면 남자도 화가 나니까 "누가 얽매여서 살라고 그랬어? 네 마음대로 살아. 나도 내 마음대로 살 테니까" 하고서 갈라섭니다. 서로가 직업을 갖고 있으니까 한국의 전통윤리가 강조하는 아름다운 부부 윤리가 더 쉽게 깨져 버리는 겁니다. 한 남자를 섬기는 것도 얼마나 힘이 듭니까? 그런데 다섯 남자를 거쳤으니 얼마나 기구한 인생입니까?

주님이 그것을 알고 계셨습니다. 그러나 하나님이 보실 때 분명한
것은 그녀가 죄를 지은 여성이라는 것입니다. 죄에 빠져 있는 사람입
니다. 동시에 그 마음속에는 무거운 죄의 짐이 양심을 찌르고 짓누르
며 산산조각 내고 있어 불쌍한 생활을 하고 있는 사람입니다. 그 웃음
에는 항상 슬픔이 있고, 그 눈동자에는 항상 우수가 깔려 있고, 눈을
뜨나 감으나 언제나 밝은 것이 전혀 없는 어둠의 세계를 헤매고 또 헤
매는 불쌍한 여자입니다. 주님은 이 여자를 보시고 바로 이러한 문제
가 해결되어야 한다는 것을 아셨습니다.

○ ○ ○ ○ ○ ○ ○
## 죄 보따리를 풀라

우리가 예수님이 주시는 새 생명을 얻기 위해서는 죄의식에서 해방되
어야 합니다. 죄의식이 무엇인지 압니까? 믿지 않는 자들 중에는 두
부류의 사람들이 있습니다. 한 부류는 죄의식이 없는 불신자들이고,
또 다른 부류는 죄의식을 무섭게 가지고 있는 불신자입니다.

죄의식을 무섭게 가지고 있는 불신자는 어떤 사람인가 하면, 자기
만이 아는 어떤 죄를 가지고 있는 사람들입니다. 이 사람들은 남에게
는 절대 말하지 않지만 마음속으로는 공포를 안고 있습니다. 가책을
받고 있습니다. 가정에 무슨 일만 일어나도 '내가 잘못해서 받는 죗값
이 아닐까?' 하는 생각이 마음속에 강하게 일어납니다. 그러나 한편
죄의식이 없는 사람들은 어릴 때부터 비교적 나쁜 일을 많이 하지 않
고 그저 순탄하게 자라서 은근히 자기 결벽증을 갖고 있는 사람들입
니다.

그러나 이 두 가지가 다 죄입니다. 가책도 죄고 결벽증도 죄입니

다. 결벽증이 왜 죄냐고 할 사람도 있을 겁니다. 그러나 하나님께서 어떤 면에서 제일 미워하는 게 '나는 죄가 없다. 내가 무슨 죄를 범했나?' 하는 결벽증입니다. 왜냐하면 그 사람들은 예수님이 필요하다고 전혀 느끼지 못하는 사람들이기 때문입니다.

그러면 그들이 죄가 없어서 느끼지 못하는 걸까요? 아닙니다. 자기 교만이 눈을 가리고 있는 것입니다. 그래도 '나는 이만큼 양심적으로 살았고, 남에게 욕먹을 짓 하지 않고 깨끗하게 살았는데 내가 왜 죄인이냐?' 하는 생각을 항상 갖고 있기 때문에 늘 남을 내려다봅니다. 그리고 자기 기준에서 남을 비판합니다. 심지어 성경을 보면서도 비판적인 마음으로 뒤적뒤적 하면서 봅니다. '성경이 말하는 이런 죄인하고 나는 관계가 없어' 하는 바리새인적인 사고방식입니다. 하나님은 이러한 교만을 미워하십니다. 이것도 죄입니다.

그런데 본문의 사마리아 여자의 경우에는 큰 죄책감과 죄의식을 갖고 있습니다. 죄의식을 가지고 있으면 시원한 생수의 맛을 전혀 느끼지 못합니다. 예수를 믿고 죄의식에서 해방된 큰 기쁨을 갖고 있는 사람은 죄를 다스릴 줄 아는 사람입니다. 구원의 맛을 본 사람입니다. 그러나 예수를 오래 믿어도 항상 죄에 짓눌려서 공포감을 갖고 사는 사람들이 있습니다. 이 사람들은 어떤 면에서는 생수의 맛을 모르는 사람들입니다. 예수 믿고 구원받은 시원함을 모르는 사람들입니다.

주님께서는 시원한 생수의 맛을 이 여자에게 보여 주기 위해서 남편 문제를 들고 나왔습니다. 그 문제가 해결 안 되면 이 여자의 마음에 진정한 생수가 터지지 않기 때문입니다. 남편 문제에 대한 여자의 공포증, 양심의 가책과 마음의 불안, 이것이 씻기지 않는 이상 죄의식에서 벗어날 수 없습니다. 주님이 그것을 아십니다.

지금 이 시간에도 주님께서 여러분 개개인을 보고 계십니다. "너는 이런 문제가 해결되어야 해. 그렇지 않으면 나를 만날 수 없어"라고 하시며 "네 남편을 데려와라. 네 아내를 데려와라. 네 재산이 얼마냐? 네가 지금까지 어떻게 살았느냐?" 하고 주님이 하나하나 다 물으십니다. 왜냐하면 우리를 너무나 잘 알고 계시기 때문입니다. 죄의식이라는 것은 참으로 무서운 것입니다.

○ ○ ○ ○ ○ ○ ○ ○
## 완전한 용서의 확신

예를 하나 들어 볼까요? 제가 이전에 서울의 조그만 교회에서 일하고 있을 때 아주 모범적인 신앙생활을 하고 주일학교 교사와 성가대로 봉사를 열심히 하는 아주 참한 아가씨가 한 명 있었습니다. 그 아가씨가 어느 날 한밤중에 저를 찾아왔습니다. 그런데 얼굴이 아주 어둡고 굳어 있었습니다.

그때는 저도 상당히 젊은 나이였습니다. 솔직히 말해서 아무것도 몰랐죠. 그래서 "어떻게 오셨습니까?" 했더니 "꼭 전도사님에게 이야기하고 해결해야 될 문제가 있습니다"라고 하는 겁니다. 그때 제 아내는 시골에 있었고 서울에는 저 혼자 있었기 때문에 이 여 선생님이 전혀 부담 없어 했습니다. 그래서 이야기를 해 보라고 했더니 며칠 후에 약혼을 하는데, 마음에 견디지 못할 죄의식이 하나 있다는 것입니다. 아무리 기도해도 풀리지 않는다고 하면서 저에게 털어놓았습니다.

"전도사님, 저는 몇 해 전 집이 한창 힘들고 어려울 때 고등학교를 다니고 있었는데 너무나 사정이 어려워지니까 저도 모르게 제 마음대로 살아버렸어요. 그러다가 어떤 남자를 알게 되었고 동거까지 하게 되었습니다. 그 뒤로 예수님을 믿고 모든 어두운 생활을 청산했지만 이제 막상 저의 과거를 전혀 모르는 남자와 약혼을 하려니까 마음이 너무 괴롭습니다. 이 남자에게 고백을 해야 합니까, 아니면 가만히 모른 체하고 약혼을 해야 합니까? 어떻게 하면 좋죠? 정말 예수님이 저의 모든 것을 용서해 주셨나요? 저는 아무리 기도해도 용서해 주시지 않은 것 같고, 용서받은 것 같지도 않아요. 밤낮없이 무섭고 괴로워요. 결혼했다가 나중에 이 사실이 알려지면 또 파경을 맞을지 모르는데 어떻게 해요?"

이제 갓 서른 넘은 전도사가 이 엄청난 이야기에 무슨 대답을 해 줄 수 있겠습니까? 저의 말 한마디에 사람이 죽고 사는 문제가 결정되는 것입니다. 제가 대답을 어떻게 하느냐에 따라서 한 여자의 생이 결정된다고도 볼 수 있는 중요한 기로에 선 것입니다. 아직도 그때를 생생하게 기억하는데, 저는 그때 멍청하게 한숨만 푹푹 쉬고 가만히 있었습니다. 세상에 이런 전도사가 어디 있습니까? 그러니까 앞에 있는 여선생님은 송구스러워서 어쩔 줄을 모릅니다. 이제는 자기의 삶이 다 들통 나 버렸으니까 앞에 있는 전도사가 자기를 어떻게 볼까 하는 생각까지 겹쳐서 안절부절못합니다.

그런데도 저는 무슨 말을 해야 할지 몰라서 여전히 한숨만 푹푹 쉬고 가만히 앉아 있었습니다. 그러다가 결국 "제가 존경하는 스승이 계시니까 그 신학교 스승님께 내일 아침에 가서 의논을 좀 해 보고 말씀드리겠습니다. 선생님의 이름이나 신상은 밝히지 않고 절대 비밀을 지킬 테니 걱정 마십시오"라고 말했습니다. 그러고 나서 그다음 날 새벽에 택시를 타고 스승님을 찾아갔습니다. 참 요즘 생각하면 순진하기도 하고 어리기도 한 이 사람이 교회의 지도자 노릇을 했으니 답답하고 우습기도 하지요. 그만큼 어떤 면에서는 나 자신이 용서받는 문제, 죄책감에 대한 성경의 해답을 놓고 확신이 없었는지도 모릅니다. 그러니까 그렇게 어설프게 상담을 하죠.

그 길로 교수님께 가서 사실대로 이야기를 다 하고 "어떻게 대답을 할까요?" 했더니 그 교수님은 거꾸로 "옥 전도사는 어떻게 생각하나?" 하고 물으십니다. 그때는 저도 대답을 할 수 있었습니다. 그래서 저는 "하나님이 용서하셨다고 생각합니다. 믿음이 정말 큰 아가씨입니다. 하나님이 용서하셨다고 생각합니다. 그래서 그 문제에 대해서는 개의치 말고 약혼하라고 말하고 싶습니다. 교수님, 그렇게 대답해도 되나요?"라고 했습니다. 그러자 교수님은 "나도 그렇게 생각하네"라고 말씀하셨습니다.

　　얼마나 신이 나던지 저는 택시를 타고 돌아오면서 '성경 말씀 어느 구절을 이야기해 줄까? 어디에 하나님께서 완전히 용서하셨다는 말씀을 하셨지? 하나님 말씀으로 하지 않고 내 생각으로만 이야기하면 권위도 없을 뿐만 아니라 잘못하면 하나님의 뜻을 어길 위험도 있으니까 성경을 가지고 대답해야지' 생각하며 성경 한 구절을 찾았습니다. 그리고 그 자매를 다시 만났습니다.

　　약혼하기 3일 전인데 내가 이야기해 주기까지 이 아가씨가 얼마나 불안했겠습니까? 내가 가서 성경을 얘기해 주면서 "교수님이나 제가 똑같은 확신을 가지고 있었는데, 주님이 이미 당신을 용서하셨습니다. 그러므로 주님이 용서하신 문제를 가지고 더 이상 염려하지 마십시오. 남편에게도 고백할 필요가 없습니다"라고 했습니다. 그러자 그 자매 얼굴이 얼마나 밝아지는지 금세 판판으로 생기가 돌아요. 그래서 저도 어떻게나 기쁘던지 용서받는다는 것, 죄의식에서 해방된다는 것, 하나님이 나를 용서하셨다는 확신을 갖는다는 것이 얼마나 귀한 것인가를 새삼 깨닫게 되었습니다. 그후 그 자매는 약혼하고 결혼해서 지금까지 얼마나 잘 사는지 모릅니다.

○ ○ ○ ○ ○ ○ ○ ○ ○
## 생수를 맛보기 원한다면

아직까지 교회 안에서도 많은 사람들이 이와 같은 죄책감에서 벗어나지 못하고 있는데 하물며 예수 안 믿는 사람의 세계야 오죽하겠습니까? 자신의 낯뜨거운 부끄러움을 밑바닥까지 모두 다 남편이나 아내에게 말한 사람이 있습니까? 아무도 없습니다. 다 자기 비밀이 있기 마련입니다. 죄책감으로 남몰래 고민하는 문제들이 있기 마련입니다. 주님은 지금 그 부분을 언급하시는 것입니다. 그 문제에서 해방되지 않으면 생수를 마신 사람이 아니기 때문입니다.

아무리 예수님을 믿는다고 큰소리쳐도 그 마음에는 기쁨이 없습니다. 아무리 주님이 나를 위해 십자가에 못 박혀 돌아가셨다고 해도 내 마음속에 있는 죄 문제를 그분이 모두 다 옮겨 주셨다는 기쁨이 없습니다.

주님은 이 사마리아 여자에게 생수를 주시기 원합니다. 그래서 주님이 남편을 데려오라고 하십니다. 그런데 이 여자는 "나는 남편이 없나이다" 하고 대답합니다. 아마 이 대답이 얼른 안 나왔을 겁니다. 예수님이 남편을 데려오라고 하니까 처음에는 의아해서 '무슨 이런 남자가 다 있나' 하고 생각했다가 예수님의 그 보이지 않는 권위, 예수님의 온화한 눈길을 통해 예수님께서 뭔가를 주시기 위해 자기에게 요구하는 것이 있음을 알았을 것입니다. 자신의 가장 아픈 곳을 콕 찌르는 주님의 예리한 눈길 앞에 그녀는 고개를 숙이고 말았을 것입니다.

그리고 생각했을 것입니다. '어떻게 대답할까?' 지금 살고 있는 남자가 있으니까 남편이 있다고 해도 안 될 것이 없습니다. 그런데 이 여자는 남편이 없다고 대답했습니다. 예수님은 그 대답을 참 기쁘게 받으셨습니다. "네 말이 옳다. 너는 남편이 없는 여자다. 너는 지금 남자와 살지만 그 남자는 네 남편이 아니다. 너는 벌써 다섯 남자를 거친 여자다. 남편이 없는 여자인 것이 맞다"고 하셨습니다.

그러면 주님이 왜 남편이 없다는 여자의 말을 기쁘게 받아들였을까요? 남자하고 살기는 살아도 자기는 정상적인 삶을 살고 있다고 생각하지 않았기 때문입니다. 이것이 회개하는 마음입니다. 자기 죄에 대한 시인입니다. '나는 떳떳하게 남편하고 산다고 말할 수 없어. 나는 지금 창녀야. 누군지는 모르지만 거룩한 이 사람 앞에서 나는 내가 정상적인 사람이라고 말할 수 없어. 참 부끄럽지만 난 남편이 없어요' 하고 여자가 자기 죄를 시인한 것입니다. 이러한 자기 죄의 시인을 통해 이 여자는 주님의 마음을 기쁘게 했습니다.

여기서 중요한 한 가지 영적 원리는 우리가 예수 그리스도를 통해 시원한 생수를 마시기 원한다면, 즉 새 생명과 구원의 기쁨을 얻고 그리스도의 사람으로서 변화된 삶을 맛보기를 원한다면 예수님 앞에 자기 자신을 시인해야 한다는 것입니다. 자신의 죄를 고백해야 합니다. 그러나 사람에게는 자기의 프라이버시를 얘기하지 않아도 됩니다. 아무런 유익도 없는 과거 이야기를 남편이나 아내에게 밝힐 필요가 없습니다.

그러나 주님에게는 말할 수 있어야 합니다. "주님, 전 죄인이에요. 전 이런 면에서 항상 죄의식을 갖고 있어요. 주님, 주님만이 이 문제를 해결해 주실 수 있어요. 용서해 주세요." 이것이 자기 시인이고 자기 고백입니다. 이것을 주님께서 얼마나 기쁘게 생각하는지 모릅니다.

이렇게 자기 시인을 바로 할 때 우리 주님께서 어떠한 태도로 그녀를 대하시는지를 보십시오. 남편을 다섯이나 거친 여자를 보고 주님이 꾸짖으셨습니까? "야, 너 팔자도 참 대단히 나쁘구나. 어쩌면 그리 엉망으로 살았니? 너 왜 그리 저질적인 인생을 살았니?" 하고 꾸짖으

섰나요? 한마디도 꾸짖는 흔적이 없습니다. 주님은 고개를 끄떡이며 다 받아 주십니다. 왜냐하면 너무나 잘 아시기 때문입니다.

또 주님께서 시시콜콜하게 여자의 과거 생활에 대해 질문을 하셨습니까? "야, 첫 번째 남자가 누구야? 두 번째 남자와는 얼마나 살았어? 지금 남자와는 어디서 만났니?" 하고 과거를 하나하나 캐물어 가며 물으십니까? 아닙니다. 하나도 그런 질문이 없습니다.

요한복음에 보면 불쌍한 한 여자가 나옵니다. 음란한 생활을 하다가 많은 사람들이 있는 광장으로 끌려와서 돌에 맞아 죽을 위기에 처한 여자입니다. 이 여자를 보고 예수님은 "나도 너를 용서하니 돌아가서 다시는 나쁜 짓을 반복하지 말아라"라고 하셨습니다. '너 지금 어떤 남자와 있다가 끌려왔니? 어떻게 하다가 들켰니?' 하는 식의 죄를 범한 현장에 대해서는 어떤 말씀도 하지 않으셨습니다.

다 알고 계십니다. 우리 주님은 우리가 말하지 못하는 부분까지 너무나 잘 알고 계십니다. 주님은 마음을 보십니다. 얼마나 아파하고 얼마나 부끄러워하고 얼마나 무거워서 고통스러워 하는지 주님은 너무나 잘 알고 계십니다. 이처럼 내 마음을 알고 있는 분이기 때문에 더이상 아픈 곳을 건드리기를 원하지 않으십니다. 단지 원하는 것은 우리가 입으로 "나는 죄인입니다"라고 시인하는 것입니다.

## 내 죄를 대신 짊어지신 분

그러면 어떻게 예수님이 우리의 죄 문제를 다룰 수 있습니까? 어떻게 주님은 여인에게 남편을 데려오라고 요구할 수 있는 권세를 가지고 있는 겁니까? 무슨 권리가 있어서 남의 남편을 데려오라고 요구할 수 있습니까? 무슨 권세가 있어서 주님께서 우리 죄를 용서할 수 있으며, 또 우리가 용서받았다고 선언할 수 있습니까?

주님만이 죄 사함의 권세를 가지고 있습니다. 그분은 하나님의 아들이기 때문입니다. 하나님의 아들에게는 죄를 사하는 권세가 있습니다. 그리고 우리를 대신해서 십자가에서 죽으셨기 때문에 죄를 사해 줄 수 있는 권세를 가지고 있습니다. 사마리아 여자의 과거가 매우 나빴지만, 그 여자의 죄를 예수님이 홀로 지고 그 죗값을 대신 십자가에서 치러 주셨기 때문에 주님은 그 여자의 죄를 사해 줄 수 있는 권리를 갖고 계십니다.

> 우리는 다 양 같아서 그릇 행하여 각기 제 길로 갔거늘 여호와께서
> 는 우리 무리의 죄악을 그에게 담당시키셨도다_사 53:6

우리는 다 양 같습니다. 여러분, 양에 대해서 잘 모르죠? 양은 조금만 한눈을 팔면 옆길로 들어가 버립니다. 방향 감각이 없는 동물입니다. 목자가 일일이 잘 보살펴 주지 않으면 금방 다른 길로 새버립니다. 우리는 다 양 같아서 우리 마음대로 살았습니다. 우리가 옳다고 생각한 대로, 마음대로 살았습니다. 하나님 없이 내 마음대로 살고, 내가 보고 옳다고 생각하는 것이면 하나님을 염두에 두지 않고 내 마음대로 결단하고 내 욕심대로 살았습니다. 꼭 길을 벗어난 양과 같습니다.

또 이 말씀에서는 "각기 제 길로 갔거늘"이라고 합니다. 남편은 남편대로 살고, 아내는 아내대로 살고, 자식은 자식대로 살고, 다 제 마음대로 살고 있습니다. 하나님이 볼 때는 길 잃어버린 양들입니다. 이것이 죄인입니다. 그러나 하나님께서는 우리 모두의 죄악을 예수님께 담당시키셨습니다. 이것이 십자가입니다.

이사야 53장 4절에는 우리 죄를 짊어지신 예수님에 대한 말씀이 나옵니다.

> 그는 실로 우리의 질고를 지고 우리의 슬픔을 당하였거늘 우리는 생각하기를 그는 징벌을 받아 하나님께 맞으며 고난을 당한다 하였노라

이 세상 사람 중에 아무도 예수 그리스도를 보고 저 십자가가 자기 때문에 생긴 비극이라고 생각하지 않았습니다. 저도 철이 없고 믿음이 없을 때는 그렇게 생각했습니다. 예수님이 하나님의 아들로 오셔서 십자가에 못 박혀 죽었다 해도 그것은 예수님에게 잘못이 있었거나, 아니면 그 당시의 정치적 상황 때문에 죽임을 당한 것이지 그 죽음이 나 때문에 일어난 것이라고는 전혀 생각을 못했습니다. 그만큼 저는 저의 죄에 대해 시인을 안 했고, 내가 십자가에 못 박혀 죽임을 당할 정도의 더러운 악인이라는 것을 하나님 앞에서 고백하지 못했습니다.

따라서 예수님의 죽음을 보는 눈이 달랐습니다. 저하고 관계없는 죽음인 줄 알았습니다. 그러나 모든 사람들이 그렇게 생각했지만 사실은 그렇지 않습니다. 그가 우리의 질고를 지고 우리의 슬픔을 지고 죗값을 지고 십자가에서 죽으셨다고 했습니다.

그다음의 5절 말씀에서는 "그가 찔림은 우리의 허물 때문이요 그가 상함은 우리의 죄악 때문이라 그가 징계를 받으므로 우리는 평화를 누리고 그가 채찍에 맞으므로 우리는 나음을 받았도다"라고 했습니다. 여러분, 예수님이 십자가에서 죽으심으로 우리의 허물을 다 담당하셨습니다. 그가 채찍에 맞고 고난을 당해 상함을 입은 것 때문에 우리는 죄악에서 해방되었습니다. 그래서 우리는 평화를 누리고 완전히 고침을 받았습니다. 예수님이 우리를 대신해서 우리의 모든 죄와 짐

을 짊어지고 십자가에 죽으셨기 때문에, 즉 우리가 영원히 지옥에서 받을 모든 형벌을 십자가에서 대신 짊어지셨기 때문에 그분만이 사마리아 여자에게 남편을 데려오라고 명령할 수 있는 권세를 가지고 있습니다. 그분만이 여자의 마음에 있는 무서운 죄책감을 덜어 줄 수 있는 능력을 가지고 있습니다. 그분만이 우리의 죄를 용서해 준다고 선언하실 수 있으며, 그분의 선언만이 우리의 마음에 죄 용서함을 받은 평안과 기쁨을 누리게 하는 능력을 가지고 있습니다.

## 죄를 기억도 하지 않는 용서

여러분의 마음속에 죄책감이 있나요? 없다면 거짓말입니다. 예수님이 용서하신다는 음성을 분명히 들어야 합니다. 인정하기만 하십시오. 주님이 용서해 주십니다. 여러분은 자녀들이 잘못을 저지르는 것을 볼 때 어떻게 합니까? 부모와 자녀 사이에는 가장 완벽한 용서의 관계가 성립됩니다. 세상에서 제일 완전한 용서가 용납됩니다. 자녀가 잘못할 때마다 기록해 두었다가 가끔씩 가지고 나와서 "이놈아, 네가 몇 년 몇 월에 무슨 짓을 했는지 아니? 너, 과거를 잊어버리면 안 돼. 내가 용서해 주기는 했지만 네가 한 짓을 잊을 수가 없어, 이놈아!" 이러면 부모입니까? 세상에서 제일 악한 사람이죠.

그러나 사실 아무리 부모 자식 간이라고 해도 우리 인간은 전쟁이 나서 급하면 애 업고 나간다는 것이 베개를 업고 나갈 정도로 연약합니다. 나중에 자식이 커서 부모에게 원통한 일을 저지르면 남보다도 더 멀어질 수 있는 게 또 부모 자식 간입니다. 그러나 그와 같은 관

본문에서 설교자는 가장 원초적인 관계인 부모 자식 관계를 복음 제시의 징검다리로 삼고 있다. 죄책감이라는 문제와 용서라는 해결의 유비가 부모 자식 관계, 즉 불신자들이 일상적으로 경험하고 또 누구나 그렇게 되는 것이 마땅하다고 알고 있는 전제로 돌려 설명함으로써 복음이 들어갈 길을 미리 준비하는 것이다.

계에서도 용서를 하면 완전히 해 줍니다. 잊어버립니다. 부모가 그 자녀의 잘못을 다시는 생각하지 않습니다.

그렇다면 하나님은 어느 정도로 용서를 해 주시겠습니까? 우리를 위해 십자가에 죽으신 예수님의 공로, 그 피가 너무나 완전하기 때문에 한번 용서하시면 그다음에 다시 기억하지 않으십니다. 이사야 43장 25절에 "나 곧 나는 나를 위하여 네 허물을 도말(塗抹)하는 자니 네 죄를 기억하지 아니하리라"는 말씀이 있습니다. 하나님이 우리에게 하신 말씀입니다. 예수님의 십자가의 죽음이 너무나 크고 값진 것이기 때문에 한번 하나님 앞에 용서받은 죄에 대해서는 주님이 절대로 다시 언급하지 않고 완전히 용서해 주신다는 것입니다.

그런데 왜 죄 때문에 피를 흘려야 합니까? 그 문제를 생각해 본 적 있습니까? 다른 방법도 있지 않을까요? 왜 피를 흘립니까? 그 문제를 이해하기 위해 성경 말씀을 봅시다.

> 육체의 생명은 피에 있음이라 내가 이 피를 너희에게 주어 제단에 뿌려 너희의 생명을 위하여 속죄하게 하였나니 생명이 피에 있으므로 피가 죄를 속하느니라_레 17:11

생명이 피에 있기 때문에 피로 생명의 대가를 지불했다는 것입니다. 죄는 우리에게 죽음을 가지고 왔습니다. 그러므로 우리에게 새 생명을 주기 위해서는 죄가 앗아간 생명을 회복시켜야 합니다.

그런데 생명의 대가를 어디에서 찾아야 합니까? 의인의 피에서 찾아야 합니다. 그러나 그 의인의 피는 세상에서 찾을 수 없습니다. 오직 하나님의 아들만이 그 피를 흘릴 수 있습니다. 그래서 십자가에서 주님이 우리를 대신해서 피를 흘리신 것입니다. 예수님의 그 의로운 피는 권능이 있어 어떠한 죄도 완전히 용서해 줍니다. 어떠한 죄인도 완전히 포용합니다.

한 번 용서하면 두 번 다시 언급하지 않습니다. 아무리 내 양심을 짓누르는 죄라도 한번 예수님 앞에 나아와 죄 씻음을 받으면 그다음에는 죄책감이 나를 괴롭히지 않습니다. 만약에 괴롭히면 그것은 마귀가 와서 시험하는 것입니다. 사마리아 여자가 남편 다섯을 거치면서 험한 생활을 하며 느껴오던 죄책감이 한순간에 다 날아갔습니다. 마음에 놀라운 해방감이 생겼습니다.

## 숨길 수 없는 변화

이렇게 해방감이 생겼다는 것을 어떻게 압니까? 요한복음 4장을 다시 봅시다. 여자가 예수님과 대화를 나누고, 예수님께서 "네 남편 다섯이 있었구나" 하면서 안타깝게 말씀하시니까 그 여자의 마음이 얼마나 기뻤던지 드디어 용서받은 마음에 큰 희열이 일어났습니다. 28절에서 그 여자는 어떻게 했습니까?

여자가 물동이를 버려 두고 동네로 들어가서 사람들에게 이르되

사람들을 만나기 싫어서 아무도 물 길으러 나오지 않는 낮 12시에 물을 길으러 나왔던 여자가 이제는 사람들 사는 동네로 부끄러운 줄 모르고 뛰어 들어갑니다.

왜 이와 같은 기쁨이 마음속에 가득해졌습니까? 어떻게 그가 그런 용기를 갖게 되었습니까? 예수 그리스도가 자기의 죄를 용서해 주셨다는 것을 확신했기 때문입니다. 수십 년 동안 마음을 짓누르고 있

던 무서운 죄의 짐이 한순간에 다 사라지는 것을 느꼈습니다. 마음에 큰 기쁨이 생기고 놀라운 해방감이 생기게 되었습니다. 그래서 이 여자는 동네로 뛰어 들어가 모든 사람에게 가서 "와서 보라 이는 그리스도가 아니냐"(29절)라고 외칩니다. 이는 다시 말하면 "우리 구원자 하나님의 아들이다. 한번 와 봐라"라고 하는 것입니다. 완전히 용서받은 여인입니다.

그러면 다시 한번 살펴봅시다. 이 여자가 물을 길으러 왔다가 지금 물을 긷지도 않았고, 또 예수님께 생수를 달라고 요청했는데 실제로 예수님께 받아먹은 것이 아무것도 없습니다. 그런데 행동을 보니까 생수를 마셨습니까, 안 마셨습니까? 마셨습니다. 새 생명을 얻은 것입니다. 구원을 얻은 것입니다. 메시아를 만난 것입니다. 하나님의 자녀가 된 것입니다. 죄의 용서를 받은 것입니다. 자기도 모르게 생수를 마신 것입니다.

그래서 사람이 변했습니다. 동네 사람들이 너무나 이상해서 다 나와서 봅니다. 놀라운 변화가 일어난 것입니다. 예수 믿고 변화를 받으면 이것을 숨기지 못합니다. 남편이 나를 보고 당장 압니다. '어, 뭐가 좀 변했구나.' 자녀들도, 친구들도 압니다. 그런데 예수를 믿으면서도 자신이 예수 믿는 것을 끝까지 드러내 보이지 않으려고 애를 쓰는 사람이 있습니다. 이 사람은 아직 생수를 모르는 사람입니다. 내가 하나님께 은혜받고 용서를 받으면 남에게 못 숨깁니다. 어디가 달라도 다릅니다. 벌써 얼굴 표정이 다르고 말이 달라집니다.

예수님 믿고 간증하는 사람들을 보면 모두 인물도 다 잘생겼고 젊고 공부도 많이 한 것 같고 가정도 좋은 것 같습니다. 그런 그들을 볼 때마다 저는 '저 얼굴 좀 봐. 옛날 예수님 믿기 전에도 저렇게 예쁘지는 않았겠지. 예수 믿고 천사와 같이 되었네' 하고 생각합니다. 예수 믿고 나니 무엇인가가 다릅니다.

이 여자도 똑같습니다. 나의 변화된 모습을 누구에게 숨깁니까? 마음에 억눌렸던 것이 없어졌는데 내가 왜 말을 안 합니까? 왜 내가 남에게 기쁘다는 표현을 안 합니까? 어떻게 안 하고 살겠습니까? 여러분, 주님이 주시는 놀라운 생수와 구원과 새 생명, 이것은 이렇게 굉장한 것입니다.

## 이제는 예수 믿을 때

마지막으로 경고합니다. 지금 이 세계는 종말의 때에 아주 가까이 이르렀습니다. 좋은 집 갖고 자녀들 키우면서 날마다 이렇게 지내면 한생 지나가겠거니 생각하고 우물 안 개구리처럼 살지 마십시오. 성경을 보면 종말이 점점 더 가까워 온다는 것을 알 수 있습니다. 이러한 메시지를 통해 여러분에게 예수 그리스도의 복음을 듣게 하는 것도 때가 얼마 남지 않았기 때문에 하나님이 서두르시는 것입니다. 하나님께서는 계속 부르십니다.

구 소련에는 지하에 숨어서 예수를 믿던 수백만 명의 크리스천들이 있었습니다. 목사가 사람들을 비밀리에 모아 놓고 예배를 인도하다가 잡혀가면, 평신도 중에 남자 한 사람이 일어나서 설교를 하다가 또 잡혀가고, 마지막에 부인들이 서서 설교를 하며 가르치다가 또 행방불명이 됩니다. 그런데도 놀라운 것은 그런 상황 가운데서도 계속 크리스천들의 수가 늘어났다는 것입니다. 소련의 KGB(국가보안위원회)가 제일 무서워한 사람들이 크리스천들이었다고 합니다. 자기들의 힘으로는 그들의 믿음을 막는 것이 불가능하다는 것을 알았던 것입니다. 하나님의 놀라운 역사가 보이지 않는 곳에서 일어나고 있습니다.

왜 그리 무서운 탄압 속에서도 예수를 믿는 사람들이 늘어납니까? 왜 대한민국 사람들이 과거보다 생활수준도 훨씬 나아지고 여러 가지 면에서 불만이 없어 보이는 상황인데도 예수님을 믿으려고 교회로 향합니까? 이유가 있습니다. 하나님이 자기를 사랑하는 자, 하나님이 분명히 구원하시고자 하는 자, 반드시 하나님의 나라로 인도해야 될 자들을 놓치지 않기 위해서 하나님이 직접 부르시는 것입니다. 기회를 놓치지 마십시오. 이것이 지금 주님이 여러분의 마음을 두드리는 순간입니다. 이 기회를 놓치면 영원히 기회를 놓칠 수도 있습니다. 그래서 지옥에 들어간 많은 사람들이 "It's too late(너무 늦었어!)"라는 말을 버릇처럼 한다고 합니다. 거짓말이 아닙니다.

사마리아 여자처럼 생수를 마시고 우리 모두 하나님의 자녀가 되어서 비록 얼마 남지 않은 이 세상이지만 좀 더 보람되고 아름다운 삶을 살다가 영원한 저 나라, 주님과 함께 영원히 사는 그 나라에서 영원토록 하나님을 찬양하고 하나님이 주시는 축복을 누리는 귀한 형제자매들이 되길 바랍니다.

# 3

## 죄는
## 처리돼야
## 합니다

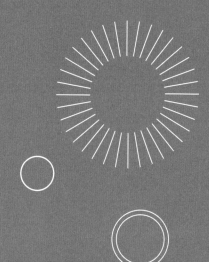

사람들은 죄 이야기를 하지 않는 교회,
죄 이야기를 하더라도 아주 지혜롭고 매끄럽게 하는 설교자들과
그것을 기술적으로 매끄럽게 넘기는 설교를 좋아합니다.

## 마가복음 2:13-17

13 예수께서 다시 바닷가에 나가시매 큰 무리가 나왔거늘 예수께서 그들을 가르치시니라 14 또 지나가시다가 알패오의 아들 레위가 세관에 앉아 있는 것을 보시고 그에게 이르시되 나를 따르라 하시니 일어나 따르니라 15 그의 집에 앉아 잡수실 때에 많은 세리와 죄인들이 예수와 그의 제자들과 함께 앉았으니 이는 그러한 사람들이 많이 있어서 예수를 따름이러라 16 바리새인의 서기관들이 예수께서 죄인 및 세리들과 함께 잡수시는 것을 보고 그의 제자들에게 이르되 어찌하여 세리 및 죄인들과 함께 먹는가 17 예수께서 들으시고 그들에게 이르시되 건강한 자에게는 의사가 쓸 데 없고 병든 자에게라야 쓸 데 있느니라 나는 의인을 부르러 온 것이 아니요 죄인을 부르러 왔노라 하시니라

# 죄는
# 처리돼야 합니다

예수님의 제자 중에 세리 마태라는 사람이 있었습니다. 그 사람의 직업은 요즘으로 말하면 세무 공무원입니다. 그런데 당시 세무서원은 요즘 세무 공무원처럼 신분이 보장되고 또 사회적으로 어느 정도 신뢰를 받는 위치가 아닙니다. 그 당시의 세무서원은 자기 동족에게서 착취한 재물을 로마 정부에 바치는 민족 반역자요, 도덕적으로나 윤리적으로 제일 밑바닥을 헤매는 사람들이었습니다.

마태의 직업이 세무 공무원이었다는 것으로부터 성경에 익숙하지 않은 불신자들이라도 쉽게 마태의 처지와 수준을 이해할 수 있도록 이야기를 풀어 가고 있다. 전도설교의 대상이 불신자라는 점은 다른 설교와는 달리 설교자에게 많은 제약을 준다. 그 중 하나가 언어를 선택하고 사용하는 문제이다. 성경에 익숙하지 않은 청중들이 쉽게 이해할 수 있는 언어를 선택하고 사용하는 것이 기술적인 면에서 전도설교의 핵심이라 해도 과언이 아닐 것이다.

그 세리 마태가 예수님의 부르시는 음성에 응답하고 모든 직업과 가정을 다 버리고 예수님을 따르는 제자가 되었습니다. 그리고 이것을 기념해서 그의 집에서 잔치를 베풀었습니다. 그런데 그 자리에 초대된 사람들 대부분이 마태와 비슷한 사람입니다. 누구나 끼리끼리 모이기 때문입니다. 그러므로 친구들을 보면 그 사람을 안다는 말이 절대 틀린 말이 아닙니다.

그래서 세리와 죄인들이 모였습니다. 그러면 세리는 뭐고 죄인들은 무엇입니까? 세리는 죄인보다도 더 소문이 나쁘게 난 사람들입니다.

불신자들에게 생소한 개념을 소개하기 위해서는 '그림 언어'(picture language)를 사용하는 것이 효과적이다.

세리는 아주 독특한 형태의 죄를 범하는 사람들을 말하는 것이고, 죄인은 여러 종류의 죄에 해당되는 사람들을 다 일컬어서 하는 말입니다. 죄인들과 세리들이 그 잔칫집에 모여서 식사를 같이 했습니다.

그런데 여기에 두 종류의 사람이 나타납니다. 한 부류는 예수님과 식사를 함께하는 세리와 죄인들이고, 다른 하나는 그들을 아주 멸시하고 정죄하던 자칭 의인이라고 하는 서기관과 바리새인들입니다. 서기관과 바리새인들이 예수께서 세리들과 함께 앉아 식사하시는 것을 보고 어떻게 저럴 수가 있느냐고 비난했습니다. 그러자 예수님께서 말씀하십니다.

건강한 자에게는 의사가 쓸 데 없고 병든 자에게라야 쓸 데 있느니라 나는 의인을 부르러 온 것이 아니요 죄인을 부르러 왔노라

_막 2:17

이 말은 '의인이라고 하는 사람들에게는 내가 필요 없다. 자기가 죄인이라고 생각하는 자들에게만 내가 필요하다'는 것입니다. 대단히 중요한 이야기입니다.

"누가 예수님과 관계를 맺을 수 있는가?" 이는 오늘 현대 교회에서 소홀히 여겨지고 있는 문제입니다. 누가 예수님과 관계를 맺을 자격이 있는 자입니까? 의인입니까? 주님은 아니라고 했습니다. 그러면 누구입니까? 죄인입니다.

분명히 예수님께서 죄인이라고 이야기했는데도 오늘날 교회에 다니는 많은 사람들이 이 사실을 까맣게 잊고 있습니다. 그리고 교회를 찾는 사람들 중에도 다른 어떤 동기와 이유 때문에 예수님을 찾지 죄인이기 때문에 예수님을 찾아야 한다는 생각을 가진 사람들은 많지 않습니다.

## 죄에 대한 두 가지 태도

현대인들은 죄에 대해 보통 두 가지 반응을 잘 나타냅니다. 먼저, 죄인처럼 안 보이려고 자기 자신을 위장하는 태도가 있습니다. 선행을 하려고 노력한다든지, 다른 사람들보다 더 많이 수양하고 있다는 표를 낸다든지, 자기가 죄인이 될 수 없다는 것을 이론적으로나 학구적으로 또는 철학적으로 정립을 해서 자기 스타일을 보완하려는 사고방식을 갖고 있는 사람들입니다. 이런 식으로 많은 현대인들이 자기 자신이 죄인이 아닌 것처럼 위장하려고 합니다. 이것은 대단히 고단수적인 태도입니다.

또 다른 반응은, 죄에 대한 이야기를 몹시 싫어합니다. 히스테리컬한 반응을 보일 정도로 싫어합니다. 그런데 그 사람이 실제로 죄를 미워해서 죄 이야기를 싫어하는 것이 아닙니다. 그냥 듣기 싫은 것입니다. 교회에 나오

> 어려운 주제나 골치 아픈 이야기를 꺼내야 할 때는 우선 청중과 설교자 사이의 간격을 메꾸는 작업이 필요하다. 본문에서 설교자는 불신자들에게 죄 문제의 심각성을 일깨우기 위해 먼저 교회의 치부와 약점을 드러내는 일을 서슴지 않고 있다.

면서도 죄 이야기를 많이 하면 아주 불쾌하게 생각하고 거부반응을 일으킵니다. 그래서 이들은 가급적이면 죄 이야기를 하지 않는 교회, 죄 이야기를 하더라도 아주 지혜롭고 매끄럽게 하는 설교자들, 노골적으로나 원색적으로 죄 문제를 다루지 않고 좀 더 기술적으로 다루

는 설교를 좋아합니다.

미국에서는 노먼 빈센트 필(Norman Vincent Peale, 1898-1993) 박사 같은 사람이 이런 설교를 하는 스타일의 전형입니다. 그는 죄인이라는 말을 쓰지 않으려고 합니다. 사람들이 듣기 좋게 각색하려고 합니다. 그래서 그 사람의 설교집과 설교 테이프가 날개 돋친 듯 팔립니다. 백만 인의 설교자라는 이름까지 얻었습니다. 그런데 미국의 이 백만 인이 지금 어디에 있습니까? 그래도 미국에서 예수 그리스도를 믿음으로써 은혜받고 미국 사회를 치유하려고 노력하는 사람은 자기 자신이 죄인이라고 솔직히 고백하고 십자가 앞에서 거꾸러진 사람들이지 얄팍한 신앙인, 한때 감동만 받았던 백만 인이 아닙니다.

그런데 한국에도 이와 같은 경향이 계속 두드러지고 있다는 것은 대단히 슬픈 일입니다. 이들은 예수님의 주변에 끼리끼리 모였습니다. 자기 자신이 자칭 의롭다고 생각하고 죄 문제를 다루는 것을 몹시 싫어하며, 죄인하고 교제하는 것도 싫어하는 이런 부류의 사람들이 끼리끼리 모인 것입니다. 교회도 마찬가지인 것 같습니다. 노먼 박사의 설교를 좋아하는 사람들을 가만히 보면 특성이 있습니다. 저에게 권하는 사람들도 있어서 읽어 보았지만 매력이 없었습니다. 한두 개 읽어 보다가 던져 버렸습니다.

그런데 그러한 설교에 매달리는 사람들이 있습니다. 가만히 보면 이들은 영적인 기본 문제가 해결되지 않은 사람들입니다. 십자가 앞에서 자기 자신을 죄인이라고 고백하고 통회하는 눈물을 흘려 본 적 없는 사람들이 그런 것을 좋아합니다. "예수님이 나의 죄 때문에 십자가에서 돌아가셨고, 내가 지금껏 살아온 것이 주의 은혜입니다. 나의 모든 것이 주의 것입니다"라고 고백 한 번 하지 않고 10년, 20년 교회 다닌 사람들이 그런 설교를 좋아합니다. 끼리끼리 모입니다.

저는 이런 현상이 계속되면 교회의 능력이 상실된다고 봅니다. 기독교는 결국 사회적 기능을 담당하는 하나의 요소로써 사람들이 아쉬워하는 어떤 한 부분을 채워 주는 역할을 하는 데 그칠 것입니다. 소문난 교회들을 돌아다녀 보면 성도들이 듣기 싫어하지만 죄를 죄라고 말할 줄 아는 교회, 죄인에게 아첨할 생각하지 않는 담백한 교역자가 일하는 교회, 예수 그리스도만이 죄 문제를 해결해 줄 수 있는 인류의 구원자라고 단순하고 소박하게 전할 줄 아는 복음주의자가 있는 교회에 하나님의 능력이 있는 것을 알 수 있었습니다.

## 교회가 죄 문제를 직시할 때

잭 하일스(Jack Hyles, 1926-2001) 목사님은 시카고 주변의 해먼드(Hammond)라는 도시에, 그야말로 블루칼라(blue-collar, 작업 현장에서 일하는 육체노동자를 이르는 말)들만 사는 아주 윤리적으로 좋지 못한 지역에 교회를 개척했습니다. 얼마나 그들의 죄 문제를 심각하게 다루었는지, 제가 그 교회에 가 보았을 때는 저 건너편 2층 앞쪽에다가 방탄유리까지 만들어 놓고 대비한 것을 보았습니다. 그 목사님의 비서에게 저 방탄유리를 왜 설치해 놓았느냐고 물었더니 이렇게 대답해 주었습니다. "강단에서 하도 죄 이야기를 많이 해서 그렇습니다. '여러분이 죄를 회개하지 않으면 여러분에게는 희망도, 소망도 없습니다. 이 국가도 소망이 없으며 여러분도 절대로 행복할 수가 없습니다. 죄 문제를 해결하지 않으면 하나님의 진노가 임합니다' 하고 강하게 설교하니까 한번은 그 말이 듣기 싫었던 한 청년이 예배 시간에 권총을 들고 강단으로 뛰어올라 왔습니다. 잘못하면 죽을 뻔했어요. 너무 놀란 장로님들이 어떻게 하면 이런 위기를 모면할 수 있을까 고민하다가 목사님의 강단 맞은편에 방탄유리를 쳐 놓게 되었습니다."

그런데 그 교회가 얼마나 차고 넘치는지, 또 얼마나 뜨거운지 모릅니다. 그래서 주일학교도 세계에서 가장 큰 주일학교로 손꼽힙니다. 버스가 120대 이상 동원되어 시카고 지역에서까지 어린아이들을 싣고 와서 말씀을 가르치는 능력 있는 교회입니다. 제가 그곳에 가 보고 '도대체 이런 지역에 이런 교회가 있다는 것이 어떻게 가능할까? 아파트가 있는 지역도 아니고 주택들이 많이 밀집한 지역도 아닌 철도변인데 사람의 힘으로 어떻게 이런 기적이 일어날 수 있을까?' 하는 생각이 들 정도였습니다.

어떻게 그런 능력이 생겼습니까? 죄를 제대로 가르치고 그 죄를 해결할 수 있는 길을 분명히 제시하며, 그 길에 들어서서 실제로 죄 문제를 해결한 사람들이 새 능력을 입고 뛰었기 때문입니다.

## 죄 문제를 가볍게 다루지 말라

현대인들은 죄 이야기 하기를 싫어합니다. 실제로 권총을 들이대지는 않아도 마음으로는 권총을 열 번도 더 들이댄 사람이 교회에 앉아 있을 수도 있습니다. 누구나 죄를 싫어합니다. 그러나 이런 반응은 결국 무엇을 의미합니까? 자기가 죄인이 아닌 것처럼 위선을 부리려는 태도나 죄에 대한 말만 나오면 신경질적인 반응을 나타내는 것은 결국 이 사람들이 그런 반응을 보임으로써 자신의 정체를 드러내는 것이 아닙니까? 결국 자신이 죄인임을 드러내는 것입니다. 자기 속에 죄가 있으니까 그렇게 민감한 반응을 보이는 것입니다.

누구나 다 그렇지 않습니까? 자기 노출을 거부합니다. 자기 노출을 거부하기 위해서는 자기가 싫어하는 것을 아주 강하게 내놓고 반대할 수도 있습니다. 과거에 대통령이었던 분 중에 평소 정직을 강조하던 분이 있었는데, 후에 그 자신이 너무나 부정직한 사람이라는 사실이 폭로되기도 했습니다.

사람이 죄 문제를 거부한다는 것은 자신이 그만큼 악한 자임을 입증하는 것입니다. 미국 유학 시절 저하고 같이 지내던 룸메이트 한 명은 자신이 제일 좋아하는 색깔이 흰색이라고 했습니다. 그래서 외출할 때는 화장실에서 남보다 배로 시간을 소비하면서 닦고 바르고 나서는 하얀 옷을 입고 나갑니다. 한번은 정말 새하얀 옷을 입고 나왔는데 흑인이 흰옷을 입

> 지금 설교자는 자신의 삶 속에서 예화를 추출하고 있는데, 사용된 예화를 보면 실화-이국적 분위기-강렬한 대조-패러독스가 한데 어울려 상승효과를 이끌어내는 테스터머니(testimony : 증언, 간증) 구도의 전형을 보이고 있다. '흑인-흰옷' '인간-죄인' '혐오-은혜'의 길항(拮抗)이 팽팽한 긴장을 만들면서 복음 제시가 눈높이를 맞추며 이루어져야 하지만 결코 김 빠진 사이다가 돼선 안 됨을 보여 준다.

으니까 그렇게 멋있을 수가 없어요. 그러나 그렇게 흰색을 좋아하는 것은 결국 자신이 흑인이라는 사실을 드러내는 것입니다. 그리고 그 친구는 흑인 이야기를 제일 싫어합니다. 좋은 이야기든 나쁜 이야기든 흑인을 주제로 삼아 이야기하는 것을 가장 싫어합니다. 자기가 흑인이기 때문이죠. 스스로 흑인임을 증명하는 것입니다. 마찬가지입니다. 사람들이 죄 이야기를 왜 싫어합니까? 자기가 죄인이기 때문입니다. 자기가 죄인임을 증명하는 것입니다.

> 악을 행하는 자마다 빛을 미워하여 빛으로 오지 아니하나니 이는 그 행위가 드러날까 함이요_요 3:20

악을 행하는 자마다 빛을 미워합니다. 그 빛이 자기를 환히 드러내니까 그 빛을 싫어하는 것입니다. 죄 이야기를 왜 싫어합니까? 자기 스스로가 죄인이라는 것을 폭로하는 하나의 반응입니다. 자신의 죄가

폭로되는 것이 싫어서 말하는 것도 싫어하는 것입니다.

교회가 죄 이야기를 싫어하는 성향으로 계속 흘러가면 그 교회는 얼마 안 가서 심각한 국면에 처하게 될 것입니다. 사람들은 많이 모일 지도 모릅니다. 아름다운 성가, 아름다운 교회, 멋진 프로그램으로 소문은 날지 모릅니다. 그러나 한 가지는 결여됩니다. 십자가의 능력은 떠난다는 것입니다.

그리고 또 하나 심각한 문제가 있습니다. 현대인들에게 이 죄 문제를 아주 가볍게 다루려고 하는 습성이 있다는 것입니다. 웬만한 큰 죄를 범해도 '세상이 다 이런 거지' 하면서 가볍게 넘어가 버립니다. 옛날 같으면 교회가 발칵 뒤집어질 정도의 어떤 문제가 있어도 요즘에는 아주 대수롭지 않게 넘기고, 또 그것이 세상 사는 지혜라고 생각하는 경향이 심합니다. 벌써 교회가 어딘지 모르게 병들어 가고 있는 것입니다.

한국 교회가 숫자적으로 늘어난다고 해서 안심하지 마십시오. 내면으로는 보이지 않는 불개미들이 소리 없이 갉아먹고 있다는 것을 알아야 합니다. 하나님이 가장 미워하시는 죄 문제를 아주 단순하게, 대수롭지 않게 생각하고 넘어가는 습성에 푹 젖어 있는 것을 보면 우리가 얼마나 위험한 국면에 도달해 있는가를 직감할 수 있습니다. 죄 문제는 결코 단순하지가 않습니다.

## 죄 문제가 단순하지 않은 이유

죄의 종류 중에는 보통 사람들이 흔히 죄라고 생각하는 법적인 죄가 있습니다. 신호등의 신호를 위반하는 것은 법을 어기는 것입니다. 사람이 안 보면 괜찮고, 들키면 벌금 좀 내면 끝나는 겁니다. 그러나 지금 저는 그런 법적인 죄를 논하는 것이 아닙니다.

또 사회적인 죄가 있을 수도 있습니다. 사람에게 어떤 무리한 행동을 했다든지, 비난을 해서 남을 괴롭힌 것은 그 사람에게 찾아가서 잘못했다고 말하면 끝입니다. 해를 끼쳤으면 손해배상을 하면 됩니다. 개인적인 죄도 있을 수 있습니다. 우리 스스로가 세운 기준에 도달하지 못했을 때 느끼는 아픔과 괴로움과 후회입니다. 이것이 개인적인 죄입니다. 예를 들면, 어떤 사람이 아침 6시에 일찍 일어나서 성경 읽고 기도하겠다고 다짐했는데 어떻게 하다 보니까 일주일 동안 한 번도 실행하지 못하고 늦잠을 잤습니다. 그러면 마음이 괴로워서 자책하게 됩니다. 자기 자신이 세운 기준에 도달하지 못했기 때문입니다. 그러나 그것은 다시 실천하면 끝나는 것입니다. 논할 여지가 없습니다.

그러면 죄 문제가 왜 단순하지 않고, 심각하게 다루어야 할 문제입니까? 첫 번째 이유는, 우리가 다루는 죄가 신학적인 죄이기 때문입니다. 즉, 하나님의 법과 그의 뜻을 어긴 죄를 말합니다. 현대인들은 이 죄의 존재를 거부합니다. 절대적인 가치 기준을 현대인들은 인정하지 않으려고 합니다. 절대적인 가치 기준을 인정하면 그 기준을 만든 절대자도 인정해야 하기 때문입니다. 또 만일 그 절대가치의 기준을 어겼든지 거기에 미치지 못했을 때는 그 기준을 만든 절대자에게 반항했다거나 자신이 잘못했다는 결론이 나오기 때문에 이것이 싫어서 현대인들은 이 가치 기준을 부정해 버립니다. 그래서 모든 것을 상황적으로 해석하려고 하고 상대적으로 해석하려고 합니다. 이런 상황에서는 죄가 되지만 저런 상황에서는 죄가 될 수 없다고 생각하기 때문에 그처럼 행동합니다.

그러나 그렇지 않습니다. 우리가 죄 문제를 단순하게 다룰 수 없는 이유는 하나님과 그의 법을 무시하든지 어기는 것이 죄라는 데 있습니다. 한번 생각해 보십시오. 예수 안 믿는 것이 죄가 됩니까? 제가 아무리 죄 문제를 떠들어도 여러분은 생각나는 죄가 없을지 모릅니다. 어떤 제약회사 사장이 "중학교 때 남의 밭에 가서 마늘 하나 뽑아먹은 것 외에는 죄 지은 것이 없다"라고 제게 이야기해 준 것처럼 말이죠. 별로 생각이 안 납니다. 이렇게 생각이 안 나는 이유가 무엇인지 아십니까?

양심이 마비되었기 때문입니다. 죄에 대한 지식이 없어 무지한 탓입니다. 양심이 마비되지 않으면 어느 정도 죄라는 것을 알게 되는데 양심이 마비되어 버리면 무엇이 죄인지도 모릅니다. 그래서 하나님께서 죄를 가르쳐 주는 성경을 주셨습니다.

그렇기 때문에 성경을 알아야 하는데 사람들이 성경을 모릅니다. 성경을 모른다는 것은 죄를 모른다는 말입니다. 죄에 대한 지식이 없으니까 죄책감을 느낄 리가 없습니다. 자신의 그 무지가 결국은 자기가 죄인이 아닌 것처럼 생각하게 만드는데, 본인은 또 자신이 무지하다는 사실을 인정하지 않습니다.

그러면 예수님을 안 믿는 것이 죄라고 어떻게 인정할 수 있습니까? 하나님께서 자기 아들을 보내셨습니다. 자기 아들을 보내면서 누구든지 믿으라고 하셨습니다. 하나님의 명령이요. 하나님의 요구입니다. 그 절대자 되신 하나님의 요구를 달갑게 받아들이지 않기 때문에 이미 그분에 대한 반역을 저지른 것입니다. 이것이 죄가 됩니다. 나중에 하나님 앞에 가면 가장 심각한 죄가 예수 믿으라고 권하는데 듣지 않은 죄입니다. 이런 죄를 신학적인 죄라고 합니다. 하나님을 거역하는 것입니다.

꼭 기억하십시오. 우리가 범하는 모든 죄의 대상은 사람이 아닙니다. 하나님 자신입니다. 하나님 자신이 '내 범죄의 대상'이라고 할 때는 절대로 단순하지 않습니다. 내 아버지에게 범한 죄는 아버지에게 가서 한 번 잘못했다고 용서를 빌면 끝날 수 있고, 내 이웃에게 잘못하면 이웃에게 가서 잘못했다고 용서를 빌고 화해를 하면 끝날 수 있습니다. 그러나 내 마음속에 일어나는 모든 죄, 남이 모르게 숨어서 범하는 모든 죄는 결국은 "죄를 범하지 말고 아버지의 거룩하심처럼 너희도 거룩하라"고 명령하시는 하나님께 대해 범죄하는 것입니다. 그러므로 절대로 단순하지 않습니다.

## 마음속의 죄까지

두 번째 이유는, 주관적인 죄에 하나님의 심판이 있기 때문입니다. 내 마음으로 범하는 죄를 신학적인 입장에서 말할 때 주관적인 죄라고 합니다. 세상 사람들이야 마음속으로 무슨 생각을 했든지 그걸 가지고 죄라고 생각하지는 않습니다. 그런데 하나님과 관계되어 있는 죄 문제에서는 마음의 죄가 문제가 됩니다.

> 만물보다 거짓되고 심히 부패한 것은 마음이라 누가 능히 이를 알리요마는 나 여호와는 심장을 살피며 폐부를 시험하고_렘 17:9-10

심장을 살피고 폐부를 시험한다는 것은 우리 내면 깊은 곳을 살펴서 조사한다는 말입니다.

내부를 깊이 살펴서 마음속에 있는 것을 보신다는 것은 우리의 생각이 행동으로 옮겨지기 전에 마음에서 일어나는 죄에 대해서도 하나님이 문제를 삼으신다는 이야기입니다. 즉, 주관적인 죄를 하나님이 다루신다는 것입니다. 하나님께서 세상에 노아의 홍수를 보내기 직전에 이렇게 말씀하셨습니다.

사람의 죄악이 세상에 가득함과 그의 마음으로 생각하는 모든 계획
이 항상 악할 뿐임을 보시고_창 6:5

하나님께서는 항상 마음을 강조하셨습니다. 노아의 홍수가 끝난 다음에도 하나님은 '모든 사람들이 어려서부터 그 마음이 악해서 죄를 범한다'(창 8:21 참조)고 말씀하셨습니다. 즉, 노아 홍수 때의 죄도 사실은 행동으로 범한 죄보다 사람들의 마음속에 가려져 있는 죄를 하나님께서 더 강조하신 흔적을 우리는 볼 수 있습니다.

하나님은 행동보다 마음을 살피십니다. 그런데 사람들은 마음으로 범하는 죄에 대해서는 그렇게 큰 죄책을 느끼지 않습니다. 마음으로 범하는 죄에 대해서 하나님이 심판을 선언하고 계신다면 절대로 죄 문제는 단순하지 않습니다. 저나 여러분이나 하나님 앞에 자신 있게 설 수 있습니까? 처음 예수님 믿으려고 하는 분들, 한번 생각해보십시오. 여러분의 마음을 하나님께서 문제로 삼는다면 자신 있습니까? 예수를 수십 년 믿으면서 아직도 죄 문제를 한 번도 심각하게 느끼지 못한 형제자매들이 있다면 한번 생각해 보십시오. 여러분의 마음의 죄를 하나님께서 심각하게 다루시는데 평안하게 지낼 수 있습니까?

세 번째 이유는, 양심으로 죄를 깨닫게 하는 시대가 끝났기 때문입니다. 양심에만 의지해서 죄냐, 죄가 아니냐를 판단하는 시대가 끝났다는 말입니다. 지금은 하나님께서 우리에게 특별계시를 주셨습니다. 바로 성경 말씀입니다.

'임마'라는 말도 친구한테 할 때면 친근한 돈호법(頓呼法)이 되지만 할아버지에게 하면 후레자식 소리를 못 면한다. 설교자는 이런 이치를 들어 왜 마음의 범죄가 죽을 죄가 되는지 난해한 기독교의 죄관을 쉽게 풀어내고 있다. 지금까지 죄를 스케일의 문제로 생각해 오던 불신자들에게 죄의 대상에 관해 말해 줌으로써 적잖은 충격을 주었을 것이다.

> 하나님의 말씀은 살아 있고 활력이 있어 좌우에 날선 어떤 검보다도
> 예리하여 혼과 영과 및 관절과 골수를 찔러 쪼개기까지 하며 또 마
> 음의 생각과 뜻을 판단하나니 지으신 것이 하나도 그 앞에 나타나지
> 않음이 없고 우리의 결산을 받으실 이의 눈 앞에 만물이 벌거벗은
> 것같이 드러나느니라_히 4:12-13

이는 무엇을 의미하는가 하면 하나님의 말씀은 숨어 있는 죄나 미처 인식하지 못한 죄나 큰 죄나 작은 죄나 하나도 놓치지 않고 철저하게 찾아내서 "너의 죄는 이것이다" 하고 분명히 드러내는 역할을 한다는 말입니다. 이것을 일컬어서 성경은 '율법'이라고 합니다. 이 율법 때문에 우리에게는 죄를 아는 지식이 상당히 증가되고 있습니다. 지식이 없었을 때는 좀 핑계댈 수 있을지 모르겠지만 하나님의 말씀이 우리 손에 쥐어진 이상 죄에 대한 지식이 정확하게 우리에게 전달되었습니다. 알고 있는 이상 변명을 할 수 없습니다. 알고 있는 이상 거짓말을 할 수가 없습니다.

## 죄에 대한 지식이 많을수록

예수님께서 마태복음 11장 23-24절에서 이런 말씀을 하셨습니다.

> 가버나움아 네가 하늘에까지 높아지겠느냐 음부에까지 낮아지리
> 라…심판 날에 소돔 땅이 너보다 견디기 쉬우리라

왜 가버나움의 사람들이 이처럼 저주를 받았습니까? 예수 그리스도를 직접 눈으로 보았고 하나님의 말씀을 귀로 들었고 예수님을 통

해서 나타나는 모든 하나님의 능력을 맛보고 나서도 그들이 죄인인 줄을 알지 못하며 회개하지 않았기 때문입니다.

죄에 대한 지식이 그만큼 많아졌는데도 하나님 앞에 회개를 안 하니 율법이 없이 망한 소돔과 고모라 사람들보다도 더 악할 수밖에 없는 것입니다. 이런 의미에서 고대 사람들보다 현대 사람이 더 하나님 앞에 무서운 죄인으로 등장합니다. 고대 사람들은 복음에 대해서 들을 기회가 없었는지 모릅니다. 그들은 한 번도 복음에 대해 들어 보지도 못하고 죽었습니다.

그러나 현대인들은 예수에 대한 이야기를 듣고 있습니다. 예수님에 대해 듣고 있고, 성경을 알면서도 자신이 죄인이라는 것을 모를 때 그 책임은 무서운 것입니다. 헬라 사람들보다도 유대 사람들이 하나님 앞에 더 죄가 컸습니다. 헬라인에게는 율법이 없었지만 유대인에게는 하나님이 율법을 주셨습니다. 그만큼 죄에 대한 지식이 더 풍성한 민족이었습니다. 그러므로 분명한 회개를 하지 않았을 때 유대인들은 헬라 사람들보다도 더 무서운 하나님의 심판을 받았습니다.

그러므로 일본 사람들보다 한국 사람이 하나님 앞에 더 큰 죄인으로 등장할 수 있습니다. 일본은 크리스천이 전체 인구의 겨우 0.2%나 0.3% 정도밖에 없습니다. 즉, 1억이 넘는 인구 중에 겨우 5, 60만 정도의 크리스천이 있다는 것입니다. 그러나 우리나라는 5천만 인구 중 1천 2백만 명이 크리스천입니다. 일본은 소수의 크리스천들 스스로가 예수 그리스도를 증거할 만큼의 분위기가 아닙니다. 그러므로 일본 사람들은 하나님이 무엇을 죄라고 하셨는지 잘 모르고 있습니다. 듣지 못하고 알지 못했으니까 하나님 앞에 죄가 더 적을지도 모르겠습니다.

그러나 대한민국 사람은 그렇지 않습니다. 많은 교회, 많은 크리스천, 많은 설교자들로부터 너무나 귀가 아프게 들었습니다. 이처럼 알면서 범하는 죄는 사할 길이 없다고 했습니다. 하나님이 우리에게 주신 죄에 대한 지식이 우리에게 있는 만큼, 우리는 죄의 문제를 단순하게 다룰 수가 없습니다.

## 죄의 파괴성과 심판

네 번째는 죄 문제를 가볍게 생각할 수 없는 이유는 막대한 심리적 피해를 주기 때문입니다. 개인이나 가정이나 사회를 파괴시킵니다. 클라이드 네레모어(Clyde M. Narramore, 1916-2015)라는 유명한 크리스천 심리학자는 모든 심리적인 문제, 즉 불안, 불면증, 열등감, 우울증, 고독, 수심과 같은 문제에 어떤 형태로든지 죄가 개입되지 않는 경우가 없다고 말합니다. 또 모울러(O. H. Mowrer, 1907-1982)라는 유명한 현대 심리학자는 크리스천이 아닌데도 인간이 고백하지 않고 속죄받지 못한 실제적인 죄로 인해 온 마음과 영혼과 육체까지 병들어 있는 것이 현대인이라고 했습니다.

가정불화가 왜 일어납니까? 외국의 경우에는 가정불화가 있을 경우에 절대 부인 혼자만 데려다놓고 상담하지 않습니다. 목사도 그렇고 상담자도 그렇습니다. 한쪽 말만 들어서는 알 수가 없습니다. 자기 죄는 감추고 상대방의 잘못만 말하기 때문입니다. 꼭 두 사람을 불러놓고 질문을 하고 대답을 듣습니다.

그런데 그 내용을 들어 보면 대부분 죄가 원인입니다. 가정불화의 원인은 근본적으로 죄에 있습니다. 미국 로스앤젤레스의 부촌에 사는 많은 사람들이 정신과 의사에게 매달려 살아야 하는 이유가 있습니다. 죄 때문입니다. 이 죄 문제가 해결되지 않으면 우리의 마음은 사정없이 갈기갈기 찢어지고 맙니다. 우울하고 불안하고 의욕을 상실하고 열등감을 갖는 이유를 찾아야 합니다. 남에 대해 자꾸 비판하고 싶고 날이 갈수록 마음이 더욱더 각박해지는 이유를 스스로 찾아야 합니다.

파고들어 가면 죄가 있습니다. 이 죄는 개인을 파괴시킵니다. 가정을 파괴시키고 더 나아가서는 사회를 파괴시킵니다. 나라와 세계를 파멸로 이끌어 가는 것이 죄입니다. 어떻게 죄 문제를 단순하게 생각할 수가 있겠습니까? 고등학생들도 전혀 양심의 가책 없이 돈만 벌면 된다고 여깁니다. 그들이 무엇을 생각하고 있는지 여러분은 잘 알 것입니다. 이발소에서, 미용실에서, 술집에서, 요정에서 그들이 무슨 짓을 하고 있는지 잘 알고 있을 것입니다.

교회가 이런 일들을 죄가 아니라고 적당히 넘길 수 있습니까? '시대가 그러니 우리가 어떻게 해 볼 수 있는 문제가 아니야'라고 하면서 자기 방어만 하고 가만히 있으면 교회가 안전할 것 같습니까? 개인을 망칩니다. 사회를 망칩니다. 나라를 망칩니다. 결국 세계를 하나님의 진노 아래로 끌고 갑니다. 그런데 우리가 어떻게 죄를 가볍게 볼 수 있겠습니까?

또 죄 문제를 단순히 넘길 수 없는 이유는 최후의 심판 때문입니다. 죄의 삯은 사망입니다. 하나님의 심판이 얼마나 무서운지 아십니까? 저는 이 문제를 생각할 때마다 대연각 호텔의 화재를 생각합니다. 지옥의 일부를 저는 거기에서 보았습니다. 1974년 12월 25일 저녁, 그 당시만 해도 대연각 호텔이 우리나라에서 큰 호텔 중 하나로 손꼽히지 않았습니까? 얼마나 더러운 죄들이 그 안에서 밤새도록 꽃을 피웠는지 우리는 짐작할 수 있습니다. 이른 아침, 사람들이 잠에서 깨어나기 전에 호텔은 이미 불길 속에 사로잡혔습니다. 그 아비규환, 그것이 지옥이고 하나님의 심판입니다. 더 표현할 것도 없습니다. 만약 오늘 저녁이라도 이 죄 문제를 해결하지 않고 죽으면 바로 그와 같은 아비

규환이 나를 기다리고 있습니다. 무서운 일입니다. 그런데 죄 문제가 단순하다고 생각할 수 있겠습니까?

## 죄 문제부터 해결하라

솔로몬이 전도서에서 웃음을 일컬어 무엇이라고 했습니까? 미친 짓이라고 했습니다. 한번 웃어 보세요. 솔로몬이 만약 우리가 웃는 것을 보았다면 "저 사람, 미쳤어"라고 했을 것입니다. 왜 솔로몬이 그런 말을 했을까요? 사람들이 자신에게 가장 중요한 죄 문제는 해결하려고 하지 않고 그저 껄껄 웃고만 있으니 미친 사람이지 뭐겠습니까? 가장 심각한 문제를 해결해 놓고 웃든지 폭소를 터뜨리든지 해야 정상인데 아무것도 해결해 놓지 않고 웃고 있으니 그것이 미친 것입니다.

사랑하는 형제자매 여러분, 제가 지금까지 이야기한 결론은 이것입니다. 죄는 심각합니다. 절대 단순하게 생각하지 마십시오. 만약 목회자가 죄 문제를 대수롭지 않게 생각하고 그저 그렇게 취급하며 넘어가고 있다면 그 목사 곁을 떠나기 바랍니다. 나중에 눈먼 사람이 눈먼 사람을 인도하는 식으로 웅덩이에 빠져서 서로 물고 뜯고 할 필요가 없습니다. 미리 떠나야 됩니다. 죄 문제는 절대 단순하지가 않습니다. 단순하지 않은 문제이기 때문에 주님은 "내가 관여할 사람은 의인이 아니라 죄인이다"라고 하셨습니다. 무슨 방법으로든지 우리는 이 문제를 일단 해결해야 합니다.

미국의 유명한 신학자요 부흥사였던 조나단 에드워즈(Jonathan Edwards, 1703-1758)가 "하나님의 진노에 사로잡힌 죄인들"이라는 설교를 촛불 옆에서 원고지를 들고 거의 읽다시피 했는데도 하나님께서 얼마나 큰 은혜를 주셨는지, 설교를 듣는 사람들이 가슴을 찢고 울고

통회하며 땅을 치고 뒹굴고 하는 통에 설교가 중단될 정도였습니다. 그래서 조나단이 "여러분, 조용히 하세요. 조용히 하고 나머지 설교를 들으세요"라고 해도 성도들은 계속 땅을 치고 울며 뒹굴고 통곡했습니다. 그러면 그 당시의 사람들이 오늘날의 사람들보다 더 죄가 많아서 그랬을까요? 천만에요. 1600년대, 1700년대 아메리카 사람들이 죄가 많으면 얼마나 많았겠습니까? 오늘 21세기 사람들보다도 더 죄가 많겠습니까?

그때의 사람들은 이 죄 문제를 해결하지 않으면 안 된다는 것을 알았고, 그래서 마음속에 고통과 괴로움을 느꼈는데 현대인들에게는 그런 갈등이 없습니다. 고통이 없어요. 그래서 "당신은 왜 그리 태평스럽소?" 하고 물으면 "나는 예수 믿고 죄 사함 받았습니다"라고 대답합니다. 그런데 죄 사함을 받았으면 무엇이 있어야 합니까? 열매가 있어야 합니다. 행동은 뭐 볼 것 없이 하면서 그저 입으로만 "예수의 공로로 하나님의 자녀가 되었습니다"라고 해서야 되겠습니까? 확신은 좋지만 열매와 연결이 되지 않을 때 그것은 빈껍데기입니다. 오히려 예수 안 믿는 사람보다 더 고치기 어려운 병에 걸려 있는 사람입니다.

죄를 밥 먹듯이 마음대로 지으면서도 "죄 용서함을 받았습니다"라고 하는 건, 사람이 봐도 이해가 안 되고 용서도 안 되는 모습인데 하물며 의로우신 하나님이 보실 때 그것이 용납되겠습니까? 어떻게 해서든지 이 죄의 문제는 해결해야 합니다. 아직 예수님을 안 믿는 사람 중에 이 문제를 해결하지 못한 사람들이 있으면 잠자지 마십시오.

○ ○ ○ ○ ○ ○ ○ ○

## 세상 죄를 진 어린양

우리 인간의 죄 문제를 해결하는 방법이 하나 있습니다. 예수님께서 누구를 부르러 왔다고 하셨습니까? 예수님은 죄인을 부르러 오셨습니다. 이 말은, 예수님 자신이 죄 문제를 해결해 주시겠다는 것입니다. 그러면 예수님이 어떻게 죄 문제를 해결하실 수 있습니까? 예수님께서 나의 죄를 지고 가는 어린양이 되심으로써 이 죄 문제를 해결하셨습니다. 어린양은 곧 속죄양입니다.

구약시대에는 죄를 범한 사람이 자기가 사랑하는 양 한 마리를 끌고 제사장 앞에 가서 아무것도 모르고 서 있는 양의 머리에 두 손을 얹고 "하나님 아버지, 내가 이러이러한 죄를 범했는데 이 모든 죄를 이 양에게 모두 전가시킵니다. 이 양이 나의 모든 죄를 지고 피 흘릴 때 나의 모든 죄를 용서해 주시기 바랍니다" 하고 기도했습니다. 이렇게 자기의 모든 죄를 양에게 다 옮긴 후에는 칼을 들고 양을 사정없이 내리쳤습니다.

이것이 구약의 제사입니다. 양은 아무것도 모르고 가만히 있다가 주인의 모든 죄를 대신 짊어지고 죽게 되는 것입니다. 이것이 속죄양입니다. 세례 요한은 예수님을 보고, "보라 세상 죄를 지고 가는 하나님의 어린양이로다"(요 1:29)라고 했습니다. 나의 죄를 지고 가는 하나님의 어린양인 것입니다. 하나님이 나의 모든 죄를 예수님께 옮기셨습니다. 그래서 나의 모든 죄를 예수님께서 다 짊어진 후, 십자가에 못 박혀 한 방울 한 방울 피를 흘리면서 내 모든 죄를 다 씻어 주셨습니다. 이분이 예수 그리스도이십니다.

백 번 들어도 이상합니다. 천 번 설명을 해도 납득이 가지 않는 신기한 이야기입니다. 어떻게 하나님이 인간의 모습으로 오셔서 벌레만도 못하고 하루살이와 같은 우리들을 위해 그 죄 없는 몸이 십자가에 매달려서 죽으셨다고 하는지, 나의 상식과 지식과 지능과 감정 모두를 동원해도 이해가 가지 않는 신비한 일 중의 신비한 일입니다.

여러분은 이해가 됩니까? 어떻게 그런 일이 있을 수 있는지 이해합니까? 사람의 죄를 짐승에게 전가시키고 끌고 가서 짐승의 피를 흘리게 하는 것은 이해할 수 있지만, 짐승 대신에 하나님의 아들을 내 앞에 앉혀 놓고 그 머리 위에 내 모든 죄를 다 포갠 다음 그 죄를 그가 짊어지고 가서 십자가에 죽게 만들었다는 것입니다. 도대체 이 하나님의 구원 방법을 어떻게 이해할 수 있겠습니까?

## 하나님의 구원 방법

그러나 우리는 믿습니다. 하나님이 그렇게 하셨기 때문입니다. "피 흘림이 없은즉 사함이 없느니라"(히 9:22)라는 말씀은 하나님의 공식입니다. 왜 하나님이 예수 그리스도를 십자가에 못 박혀 죽게 했느냐고 물으면 대답은 하나입니다. 피 흘림이 없으면 죄 사함이 없기 때문입니다. 왜 그렇습니까? 하나님께서 만드신 공식이고 원칙입니다. 레위기 17장 11절에 그 설명이 나옵니다. "생명이 피에 있으므로 피가 죄를 속하느니라." 피는 무엇의 상징입니까? 생명의 상징입니다. 그러면 왜 죄를 사하는데 생명의 상징인 피를 흘려야 합니까?

죄는 우리의 생명을 앗아가고 대신 죽음을 주었습니다. 죄 때문에 사망이 인간에게 영원한 왕 노릇을 하게 됐습니다. 그러므로 이 사망을 쫓아버리고 생명을 다시 회복하기 위해서는 생명과 동등한 가치를 가진 피, 그것도 죄 없는 의로운 피가 흘려져야 비로소 모든 죄를 용서받을 수 있다고 하나님께서 선언하셨습니다. 그런데 예수님께서 이 고귀한 피를 우리를 위해 흘려주셨습니다. 그러므로 하나님이 이제는 우리 죄를 용서해 주실 만반의 근거를 모두 준비해 두셨습니다. 마귀가 아무리 "옥 목사는 이런 죄를 범하고, 이런 죄도 범했고…" 하면서 길게 낭독할 만한 죄목을 가지고 있을지라도 하나님은 한마디로 일축할 수 있는 근거를 가지고 계십니다.

"그 모든 죄 내가 다 용서했어"라고 말씀하시는 것입니다. 무슨 근거로 가능합니까? 나의 죄를 전부 다 씻고도 남음이 있는 하나님의 아들의 피, 이것을 근거로 어떤 죄든지 또 얼마나 많은 죄든지 다 용서할 수 있는 근거를 하나님께서 준비해 두신 것입니다. 처음에 우리가 얘기했던 개인적인 죄라든지 사회적인 죄, 법적인 죄나 주관적인 죄, 그리고 하나님을 상대로 한 신학적인 죄까지 어떤 죄든지 하나님은 모든 것을 용서해 주실 수 있는 준비를 하고 계십니다.

## 죄를 다시는 기억하지도 않으신다

그런데 만약 하나님께서 아무런 근거 없이 무조건 죄를 용서해 주시는 마음씨 좋은 할아버지라고 한다면 하나님 자신이 먼저 모순에 빠집니다. 그래서 나의 모든 죄를 용서하고도 남음이 있는 것을 하나님께서 준비하시고 근거를 마련하신 것입니다. 하나님은 자신 있게 내 죄를 용서하기로 하셨습니다.

이 구원을 얻을 조건은 단 하나, 예수님과 그 십자가를 믿는 믿음 하나입니다. "주님! 주님은 나의 구원자입니다"라는 마음에서 우러나오는 말 한마디면 됩니다. "주님, 제가 지금까지는 잘 몰랐어요. 그런데 예수님이 나의 죄를 위해 죽으셨고, 그 십자가의 피로 내 모든 죄를 하나님께 용서받는다는 것을 지금 들었습니다. 주여, 제가 믿습니다. 제가 주를 믿사오니 나의 죄를 용서해 주소서"라고 고백하는 그 믿음 하나로 하나님은 과거의 죄, 현재의 죄, 미래의 죄를 모두 도말(塗抹)해 주십니다.

도말이 무엇입니까? 시원하게 깨끗이 지우는 것을 의미합니다. 호적에 있는 빨간 줄 지워 버리듯이 깨끗이 싹 지워 버립니다. 완전한 용서입니다. 영원토록 온전케 하시는 용서입니다. 동이 서에서 먼 것같이 우리의 죄를 멀리 옮겨 버린 것입니다. 멀리 던져 버리시고 다시는 기억하지 않으시는 용서입니다.

저나 여러분이나 아마 이런 경험이 있을 겁니다. 기도를 하다가 갑자기 '내가 과거에 이러이러한 죄를 범했는데 정말 하나님께서 용서해 주셨을까?' 하는 의심이 생길 때가 있을 겁니다. 아무리 깨끗하게 살려고 노력해도 무언가 마음속에서 계속 좋지 않은 생각이 들 때나, 나도 모르게 어떤 실수를 범할 때 그렇습니다. '나는 왜 이럴까?' 하는 회의에 빠지는 것입니다. 이것이 경건의 진통입니다. 그러다 보면 자연히 과거가 생각납니다. '과거에 내가 이러이러했는데 아직도 이 모양이구나' 하는 생각이 드는 것입니다.

그럴 때에 내 옆에는 건장한 사나이가 한 명 서 있습니다. 누구입니까? 마귀입니다. 그 마귀가 나를 사정없이 흔들어놓기 시작합니다. "야, 이 녀석아! 네가 죄 용서함을 받았다고? 웃기는 소리 하지 마. 그건 심리적인 현상이야. 용서받은 것처럼 느껴지는 것일 뿐이야. 니가 뭐 용서받았다고? 까불지 마라. 넌 위선자야. 남 앞에서는 가장 의로운 척 행동하면서. 넌 정말 위선자야." 그러면 우리는 사정없이 당합니다. 안 당할 수가 없죠. 어떻게 안 당하겠습니까? 그러면 찬송도, 기도도 안 나와요. 그래서 가만히 앉아 있습니다. 내 힘으로 내가 나를 견뎌내지 못하는 때가 있습니다. 그럴 때가 항상 흔들릴 때입니다.

그런데 그런 경험을 주님께서 왜 항상 허용하실까요? 마귀는 내 옆에서, 내 앞에서, 내 위에서 내려다보며 조금도 벽을 쌓아 놓지 않은 부분이 없습니다. 틈이 없습니다. 그런데도 이 마귀가 이렇게 할 때 하나님은 왜 가만히 계실까요? 이유가 있습니다. 조금 지나면 더 큰 감격과 은혜를 맛볼 수 있도록 하기 위한 것입니다. 다시 한번 십자가 앞으로 데리고 나가기 위한 하나의 과정이라는 것을 우리는 알게 됩니다. 우리에게는 가끔 이런 작업이 필요합니다. 이렇게 해야만 십자가를 새로운 눈으로 다시 쳐다보게 되기 때문입니다.

그런데 예수 믿고 10년, 20년 지나면 죄를 범하더라도 '이것은 내가 범한 것이 아니라 내 육체가 범한 거야' 하며 아무 거리낌이 없는 크리스천들이 있습니다. '이 죄는 나와는 별로 상관없어. 내 속의 육체가 범한 거지 내가 범한 거야? 난 죄 사함 받은 사람인데' 하면서 항상 죄를 범해도 '할렐루야, 아멘' 하면서 지내는 사람들이 있습니다. 이런 사람들은 참 위험합니다. 십자가를 새롭게 체험할 수 있는 기회가 없습니다. 메마른 신자가 되고, 눈물 없는 신자가 되고, 감격 없는 신자가 되어 버립니다.

그러므로 '왜 나에게 죄에 대한 가책이 자주 생길까? 왜 하나님은 나에게 그것을 허락하시는 걸까? 하나님의 용서는 완전무결하고 더 이상 죄를 기억하지 않으신다고 그러셨는데 왜 내 마음에 과거의 죄가 다시 되살아나게 만드시는 것일까?' 하는 생각이 들 때, 하나님의 대답은 이것입니다. "너, 십자가를 다시 한번 쳐다봐라."

감격스럽지 않습니까? 하나님, 감사합니다. 마귀가 아무리 우리를 유혹하고 힘들게 해도 우리는 예수 그리스도의 보혈로 십자가에서 죄 사함을 받고 깨끗이 용서함을 받았다는 겁니다. 하나님 앞에 떳떳하게 설 수 있다는 이 놀라운 하나님의 복, 얼마나 감사합니까?

○ ○ ○ ○ ○ ○ ○
## 십자가를 보라

우리가 또 언제 죄 문제 때문에 허덕이는가 하면, 특별한 은혜를 많이 받았을 때입니다. 하나님께서 이유 없이 은혜를 많이 주실 때가 있습니다. 사랑의교회도 개척한 지 얼마 지나지 않은, 짧은 역사를 가진 교회인데 하나님께서 이렇게 건물을 주시고, 교회에 와서 보는 사람들에게 "아, 아름답습니다. 큰일하셨습니다" 하는 말을 듣게 하십니다. 큰일은 무슨 큰일입니까? 내가 했나요? 하나님이 하셨는데.

자꾸 누군가가 우리에게 칭찬을 계속해 줄 때 교만이 되살아납니다. 이것이 죄입니다. 희한합니다. 그 이유가 어디에 있을까요? '도대체 하나님은 왜 나에게만 이렇게 은혜를 주실까? 나는 죄인인데…. 나보다 더 경건하고 능력 있는 동역자도 많고 교역자도 많은데 하나님께서 왜 나에게 그 사람들보다도 더 많은 은혜를 주실까? 참 이상하다. 나는 죄인인데. 나는 이러이러한 사람인데' 할 때가 있습니다. 그럴 때 다시 한번 하나님께서 십자가를 보라고 말씀하시는 것입니다.

죄에 대한 의미가 완전히 사라졌다는 뜻이 아닙니다. 또 과거의 죄가 말끔히 없어졌다는 이야기도 아닙니다. 또 나 자신이 하나님처럼 거룩하게 되었다는 의미도 아닙니다. 어떻게 보면 우리의 죄는 그대로 다 있습니다. 예수님의 피가 너무나 값진 것이기 때문에 하나님이 일방적으로 그냥 용서해 버린 것입니다. 답답하고 이해할 수가 없을지도 모릅니다.

신앙생활이 무엇입니까? 이와 같은 용서를 날마다 체험하고 감격하며 사는 것이 신앙생활입니다. 이런 감격이 있는 자가 죄를 이길 수 있습니다. 이런 감격이 있는 자만이 하나님을 사랑할 수가 있습니다. 이런 감격이 있는 자만이 주님을 위해 희생할 수가 있는 것입니다. 이런 감격이 있는 자만이 하나님이 싫어하시는 것에 대해 이미 마음에 서부터 거부반응을 일으킵니다.

예수 믿고 이와 같은 축복을 받고 싶지 않습니까? 무조건적인 축복, 숯검정처럼 검게 되어 있는 나를 하나님께서 무조건적으로 깨끗이 씻으셨다는 하나님의 축복입니다. 사형선고를 받은 사람에게 대통령이 특사를 내렸을 때 그에게 전보다 깨끗해진 것이 있나요? 그가 회개한 것이 있나요? 그 사람은 가만히 있어도 대통령이 무조건 특사를 내리면 감옥에서 나오는 겁니다. 하나님이 무조건적으로 나를 죄 없다 하시니까 나는 죄 없는 것처럼 "감사합니다" 하는 겁니다. 이것이 기독교의 복음이고 진리입니다.

여기에 대한 깊은 감격이 있는 이상 우리는 날로 날로 누구를 닮아 갑니까? 하나님, 예수님을 닮아 갑니다. 거룩하게 닮아 갑니다. 닮아 가는 그 과정 속에 평안이 찾아오고 드디어 감격이 찾아오고 기쁨이 찾아옵니다. 심리적으로 견디기 어려운 갈등과 소외감, 답답함, 우울증과 불면증과 모든 잘된 것들이 순식간에 안개가 사라지듯이 사라지고 하나님의 평안이 내 마음을 지배합니다. 일이 잘되도, 안 되어도 반석 같은 예수 그리스도께서 나를 지키고 계심을 체험합니다.

그러나 죄 문제를 해결하지 못한 사람들은 항상 바람 잘 날이 없는 호수와 같습니다. 그에게 진정한 평안이 있을 수가 없습니다. 가장 중요한 문제를 해결하지 않고 있는데 어떻게 평안이 있을 수가 있습니까? 가장 중요한 문제를 해결하지 않고 있는데 어떻게 태평스럽게 잠자고 노래할 수가 있습니까? 날 위하여 십자가에 죽으신 예수 그리스도가 지금 이 자리에 계십니다. 우리 죄를 용서하기 위해 주님은 지금

이 자리에 와 계십니다. 여러분의 마음속에, 바로 옆에, 그리고 여러분의 마음의 귀에 속삭이십니다.

"죄인이 아닌 체하지 말고 어린아이처럼 네 자신이 죄인이라고 고백하고 내 이름을 불러라. 내가 너를 구원해 주마. 나는 의인을 부르러 온 것이 아니라 너와 같은 죄인을 부르러 왔다. 네가 자꾸 스스로 의인인 척하면 나와는 아무런 관계가 없지만 네가 죄인이라고 하기만 하면 나는 너를 구원할 수가 있다." 지금 주님은 여러분에게 말씀하십니다. 자신이 찔림 받은 상처인 못 자국을 보이시면서 "보라, 이것이 너를 위해 피 흘린 못 자국이다. 너 때문에 내가 상처를 입었다"고 하십니다. 이 예수님의 손을 붙드십시오. 구원받습니다. 죄 용서함을 받습니다. 하나님의 평안을 맛봅니다. 하나님의 기쁨을 맛봅니다. 이것이 크리스천입니다.

지금까지 예수 믿으면서 죄 문제도 해결하지 못하고 죄인인 줄도 알지 못한 채 죄의식 없이 교회 다니는 분들, 그래서는 안 됩니다. 주님의 십자가를 붙들고 지금까지 그렇게 형식적으로 신앙생활 한 것을 회개해야 합니다. 그래야만 주님이 여러분을 도와주실 수가 있습니다.

# 4

# 하늘법정의
# 선고 공판

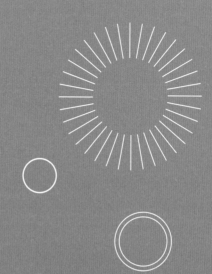

마지막 때에는 영혼뿐만 아니라 불에 타지 아니하는 영적인 몸도 무서운 지옥에
함께 들어가는 것입니다. 이런 심판이 기다리는데도 웃고 넘어갈 수 있습니까?

요한계시록 20:11-15

11 또 내가 크고 흰 보좌와 그 위에 앉으신 이를 보니 땅과 하늘이 그 앞에서 피하여 간데 없더라 12 또 내가 보니 죽은 자들이 큰 자나 작은 자나 그 보좌 앞에 서 있는데 책들이 펴 있고 또 다른 책이 펴졌으니 곧 생명책이라 죽은 자들이 자기 행위를 따라 책들에 기록된 대로 심판을 받으니 13 바다가 그 가운데에서 죽은 자들을 내주고 또 사망과 음부도 그 가운데에서 죽은 자들을 내주매 각 사람이 자기의 행위대로 심판을 받고 14 사망과 음부도 불못에 던져지니 이것은 둘째 사망 곧 불못이라 15 누구든지 생명책에 기록되지 못한 자는 불못에 던져지더라

# 하늘법정의
# 선고 공판

　　　　　　　　지금 여러분과 같이 은혜를 나누려
고 하는 말씀은 너무 어두운 말씀입니다. 그래서 마음 편하게 웃어가
며 듣는 것은 대단히 어려울 것 같습니다. 그러나 결론은 기쁨입니다.
찬양입니다. 그리고 감사입니다. 그래서 지금 우리가 약간 무거운 골
짜기를 지나가는 것도 좋을 것입니다. 저녁에 울음이 기숙해야 아침
에 기쁨이 옵니다. 나에게 먼저 슬픔이 있을 때 하나님이 나에게 기쁨
의 띠를 내어주실 것입니다. 이 메시지도 마찬가지입니다.

## 지옥문 앞에서 생각하는 사람

얼마 전 덕수궁에서 로댕(Auguste Rodin, 1840-1917)의 작품이 전시된 적
이 있습니다. 로댕이라고 하면 한 남자가 턱에 손을 괴고 있는 〈생각
하는 사람〉의 모습이 떠오릅니다. 저도 그 전시회에 가서 유심히 그
작품을 지켜보았는데 그 조각상은 '지옥문 앞에'라는 부제가 달린 작
품입니다.

단테(Dante Alighieri, 1265-1321)의 《신곡》 중 '지옥'편에 나오는, 지옥으로 들어가는 문 위에 만들어진 조각상이 로댕의 '생각하는 사람'이었습니다. 그 제목을 누가 지었는지는 모르겠지만 '지옥문 앞에'라는 제목은 별로 타당한 제목이 아니라고 생각합니다. 왜냐하면 지옥문 앞에까지 갔다면 이미 그것은 끝장입니다. 생각할 틈이 없습니다. 지옥문 앞에서 무슨

생각을 할 필요가 있습니까? 때가 너무 늦었습니다. 그래서 약간 모순이 있다고 생각하면서도, 한편으로 그것은 상당히 의미를 가진 작품이라고 생각됩니다.

멀리서 지옥문을 바라보고 있을 때, 아직 그 문 앞에 다가가기 전까지는 어떠한 태도를 취하는 것이 좋은가를 생각해야 합니다. 예수님을 믿고 이미 하나님의 자녀가 된 사람이나, 또는 아직 예수 그리스도를 믿지 않는 사람들이나 모두가 우리 앞에 있는 최후의 심판, 지옥, 영원한 불못 등 분명히 성경에 기록되어 있는 최후의 종점에 대해 생각해야 합니다.

우리는 머리를 숙이고 턱에 손을 괴고 조용히 그리고 겸손히 생각해 보아야만 합니다. '정말 그런 곳이 있단 말인가? 난 그곳에 들어갈 사람인가? 만약에 그런 곳이 있다면 어떻게 하면 그런 곳에 가지 않을 수 있는가? 예수님을 믿으면 가지 않는다는데 그것이 사실일까? 내가 비록 예수님을 믿고 있지만 그곳에 가지 않는다는 확신이 내게 있을까?' 조용히 턱을 괴고 깊이 생각할 문제입니다.

이 문제는 그만큼 심각한 과제요, 엄숙한 문제입니다. 그러나 많은 사람들이 죽음이나 심판을 우습게 또 가볍게 여기고, 장난기를 가지

고 다루는 것을 봅니다. 이것은 참으로 어리석은 것입니다. 조선 시대 때 정만서라는 사람이 죽음을 맞게 되었습니다. 옆에 있는 친구가 "죽음이 무엇이라고 생각하오?" 하고 물으니 정만서가 "나도 처음 겪는 일이라 잘 모르겠소이다"라고 했다고 합니다. 참 익살스럽기도 하지만 솔직한 이야기입니다. 죽음에 대해 '내가 언제 죽어 봤냐? 죽어 보면 알겠지' 하며 그저 대수롭지 않게 생각하는 사람들이 있습니다. 그러나 하나님은 절대 그렇게 말씀하시지 않습니다.

성경 전체를 놓고 보면, 특히 예수님의 말씀을 놓고 보면 항상 죽음 저쪽에서 문제를 끌어내어 오늘 우리 현실의 지혜를 가르치고 있습니다. 그래서 죽음은 우리에게 희미한 불투명의 계명이 아닙니다. 죽음 저쪽에 있는 문제는 전혀 우리에게 알려져 있지 않은 미지의 세계가 아닙니다. 하나님의 말씀을 통해서 우리가 알 만큼은 하나님이 다 말씀하셨습니다. 절대 장난삼아 말하지 못하도록 하나님께서 분명히 말씀해 주셨습니다. 죽음이 무엇이냐고 물으면 우리는 분명히 대답할 수 있습니다. 죽은 다음에 우리가 어떻게 되느냐고 물으면 우리는 주저하지 않고 말할 수 있습니다. 우리 인간에게 깊이 생각해 두라고 이미 다 알려 주셨습니다.

## 바다에서 죽은 사람 바다에서 살아나고

곰처럼 우직한 사람이 있습니다. 세상적으로 볼 때는 굉장히 용감한 사람이라고 생각할 수도 있습니다. 죽음도 두렵지 않고 그 외 모든 것들도 무섭지 않다고 자기 자신을 과신하며 말할 수도 있습니다. 화가 페루지노(Pietro Perugino, 1450?-1523)와 같은 사람은 하나님을 믿지 않는 사람이었는데, 그가 임종할 때에 신부가 기도해 주려고 뛰어왔습니다. 그랬더니 기도를 거부하고 "나는 회개를 하지 않고 죽은 사람이 저세상에서 어떻게 되는지 알아보고 싶소"라고 했다고 합니다. 얼마나 배짱이 좋습니까? 얼마나 용감합니까? 하나님보다 더 대단한 인물처럼 보입니다. 이런 사람을 일컬어서 곰처럼 둔한 사람이라고 합니다.

우리는 이런 사람이 되지 맙시다. 겸손하게 생각해 보아야 합니다. 절대 단순한 문제가 아닙니다. 절대 웃고 넘어갈 문제가 아닙니다. 모른다고 덮어 둘 수 있는 문제가 아닙니다. 배짱을 가지고 부딪혀 볼 문제도 아닙니다. 대단히 심각한 문제입니다. 히브리서 9장 27절에서 하나님이 말씀하시기를 "한번 죽는 것은 사람에게 정해진 것이요 그 후에는 심판이 있으리니"라고 했습니다. 우리 인간의 육체가 한 번 죽음을 맛보는 것은 이미 하나님이 정해 놓으신 일이고 그 후에는 심판이 있다는 것입니다.

본문 말씀을 보면 중요한 몇 가지 진리를 찾아낼 수 있습니다. 죽음 후에 우리 앞에 나타날 심판, 예수님이 이 세상에 재림하실 때 나타날 심판, 재림 전이라도 예수님을 믿지 않는 사람의 육체가 땅에 묻힘과 동시에 이미 그 첫맛을 보아야 할 심판, 그 심판이 무엇입니까?

본문은 이 심판은 아무도 피하지 못한다는 것을 이야기합니다.

죽은 자들이 큰 자나 작은 자나 그 보좌 앞에 서 있는데_계 20:12상

어른이고 아이고, 죽은 지 오래된 사람이고 죽지 않고 살아 나온 사람이고 이제 갓 죽은 사람이고 간에 큰 자나 작은 자나 그 심판대 앞에 섭니다. 어떤 사람도 피하지 못합니다. 그 사람이 어디에서 죽었든지 피하지 못합니다. 바다에서 죽은 사람은 바다에서 살아나고 또 산에서 죽은 사람은 산에서 살아나고 사망과 음부도 그 가운데서 그동안 죽음

속에 가두어 놓았던 많은 영혼들을 다 풀어놓아 부활을 통해 그 심판대 앞에 서게 만들었습니다. 그러니 한 사람도 피할 수가 없습니다.

마태복음 25장에서 예수님이 하신 비유를 보면, 우리가 심판대 앞에 설 때 이미 그 자리가 정해져 있습니다. 왼쪽에는 믿지 않는 사람들과 믿어도 엉터리로 믿은 사람들이 서고, 오른쪽에는 진실한 신자들이 섭니다. 이미 자리가 딱 갈라져 있습니다.

여러분이 비행기를 타고 시애틀에서 내리든지, 로스앤젤레스에서 내리든지, 하와이에서 내리든지 내려 보면 입국수속을 할 때 사람이 쫙 갈립니다. 시민권을 가진 사람과 시민권을 가지지 않은 외국인으로 나뉘는 것입니다. 별 도리가 없습니다. 그 줄에 서야지 다른 도리가 없습니다. 시민권이 없으면서도 '미국 시민권 있습니다' 하고 들어갈 수는 없는 것입니다. 외국인이면 외국인 줄에 서야 합니다. 이미 자리가 정해져 버립니다. 그 정해진 자리에 한 사람도 예외 없이 서게 됩니다. 이 땅 위에서 아담 이래로 태어난 모든 사람이 그 자리에 섭니다. 완전히 갈라져서 섭니다. 여러분, 이 자리를 피할 수 있습니까?

## 구원의 조건은 믿음, 심판의 조건은 행위

본문에서 또 한 가지 알 수 있는 것은 심판하는 기준이 행위라는 것입니다.

> 죽은 자들이 자기 행위를 따라 책들에 기록된 대로 심판을 받으니
> _계 20:12하

죽은 자들이 세상에서 했던 자신의 행위를 따라 하나님께서 책에

기록하신 대로 심판을 받게 되어 있습니다. 이 사실이 얼마나 중요한지 13절 후반절에도 똑같이 반복됩니다.

> 각 사람이 자기의 행위대로 심판을 받고

구원은 무엇으로 받습니까? 믿음으로 받습니다. 믿고 나면 구원받습니다. 그러나 심판의 조건은 믿음이 아니라 행위입니다. 이것을 보면 하나님께서는 참으로 지혜로우신 것 같습니다. 사람들에게 예수님을 믿으라고 하면 아주 우습게 생각합니다. 오히려 믿음보다 무언가 선행을 하고, 남 앞에 두드러지는 착한 일을 해야 구원받는다고 하면 굉장히 심각하게 듣고 고개를 끄덕끄덕 할 것입니다. 그러나 믿기만 하라고 하면 씩 웃고 쳐다보기만 합니다. 사람들이 선행은 굉장히 좋게 평가하면서 믿음은 아주 우습게 평가해 버립니다. 그래서 선행을 따르는 사람들의 그 선행이 얼마나 멋있는 선행인가를 하나님이 테스트하기 위해서 심판하는 자에게는 믿음을 묻지 않고 자기가 자랑하고 높이 평가하는 선행을 내놓도록 합니다.

이 심판이 얼마나 무서운 심판일까요? 솔직히 하나님 앞에 선한 일한 것이 있으면 내놓으라고 하면 자신 있습니까? 예수님께서는 최후의 심판 장면을 성경 두 곳에서 비유를 통해 말씀하셨습니다. 마태복음 7장 22절에 보면, 교회에 다녔어도 엉터리로 믿은 사람을 심판할 때도 하나님께서 행위를 가지고 심판하시는 모습이 나옵니다.

> 그날에 많은 사람이 나더러 이르되 주여 주여 우리가 주의 이름으로 선지자 노릇 하며 주의 이름으로 귀신을 쫓아내며 주의 이름으로 많은 권능을 행하지 아니하였나이까 하리니

믿음 없이 교회만 다닌 사람들은 "우리가 언제 하나님의 뜻대로 살지 않았습니까? 아니, 언제 우리가 선행을 하지 않았습니까? 우리 행위가 이렇고 이렇습니다" 하고 항변합니다. 심판대 앞에서 이들은 조그마한 것이라도 내보이려고 하는 사람으로 바뀝니다. 참 기가 막힌 이야기입니다.

마태복음 25장 41-42절에도 비슷한 말씀이 나오는데 교회 밖에 있는 사람들을 심판하는 경우입니다.

> 또 왼편에 있는 자들에게 이르시되 저주를 받은 자들아 나를 떠나 마귀와 그 사자들을 위하여 예비된 영원한 불에 들어가라 내가 주릴 때에 너희가 먹을 것을 주지 아니하였고 목마를 때에 마시게 하지 아니하였고

예수님이 이렇게 말씀하시니 세상에서 예수님을 안 믿고 살던 사람들이 큰 소리로 뭐라고 대답합니까? "주여 우리가 어느 때에 주께서 주리신 것이나 목마르신 것이나 나그네 되신 것이나 헐벗으신 것이나 병드신 것이나 옥에 갇히신 것을 보고 공양하지 아니하더이까"(44절)라고 말합니다. 참 대단한 반응입니다. 한번 상상해 보세요. 하나님의 보좌 앞에서 심판받는 인류가 서 있는데 오히려 선행을 많이 하고 예수를 잘 믿은 오른쪽에 선 사람들은 입을 꼭 다물고 "주여, 언제 우리가 선한 일을 했습니까?" 하며 자꾸 감추려고 하는데, 왼쪽에 선 사람들은 별것도 하지 않고 와서는 많이 했다고 달려듭니다.

이런 것을 보면 세상 사람들이 얼마나 악합니까? 조그마한 것이라도 하나 해 놓으면 그것을 평생 잊어버리지 않습니다. 예수님 믿고 선행을 한 사람들은 그것들을 다 잊어버리고 있는데 예수님 안 믿고 선

행을 한 사람들은 그것 하나를 그대로 기억하고 들고 옵니다. 그걸 들고 오면 행여나 뭔가 될 줄 알고 심판대 앞에서 하나님 앞에 얼굴을 치켜들고 따집니다. 그러니까 우리 하나님이 행위를 가지고 심판하는 것이 얼마나 공평한 일인지요.

## 행위를 자랑하는 죄인들

눈을 감고 가만히 생각해 보면 그 끔찍한 장면들이 눈앞에 들어옵니다. 겸손한 신자들과 심판대 앞에서 고개를 빳빳이 들고 마구 말대꾸하는 그 수많은 사람들을 봅니다. 사람이 하나님 앞에서도 부끄러운 줄을 모릅니다. 이것이 얼마나 악한지 모르고 하나님 앞에 자기가 악하다고 고백도 하지 않습니다. 무엇인가 선하게만 보이려고 애를 씁니다. 얼마나 무섭습니까?

> 본문은 설교자 특유의 무모할 정도의 솔직 담백함을 볼 수 있는 장면이기도 하다. 설교자들은 설교자의 이런 무장 해제에 대해 불신자 청중들이 '저게 목사야?' 하고 눈꼴사납게 보는 게 아니라. '아니, 목사에게 저런 솔직함이?' 하면서 오히려 친근함을 느끼고 나오게 된다는 것을 기억할 필요가 있다.

조그만 단칸방에서 30대 남자가 피를 토하면서 죽어 가고 있습니다. 폐결핵 환자입니다. 제가 가 보니 냄새나고 더러운 것이 이루 말로 다할 수 없습니다. 세상에 그렇게 사는 사람이 우리 주변에 다 있습니다. 기침을 하니 피가 계속 나와서, 요강 단지를 갖다 주고 이불을 덮어 주고 왔습니다. 그런데 눕지도 못하고 그저 쭈그리고 앉아 있습니다. 너무나 가슴이 아팠습니다. 부인도 그냥 죽으라는 듯이 이제 들여다보지도 않고 감염된다고 방에 들어오지도 않습니다.

그런데 그 남자가 저에게 하는 말이 "목사님, 저는 피난 나올 때 죽은 사람들 시체도 밟지 않고 내려왔어요. 제가 무슨 죄가 있나요?"라고 하는 겁니다. 저는 그 말을 듣고 충격을 받았습니다. 그에게 아무리 예수님을 믿으라고 해도 듣지도 않습니다. 피난 올 때 시체를 밟지 않고 왔다는 것이 그에게는 하나의 자랑인 것입니다. 그 사람은 하나님 앞에 가면 분명 그것을 들고 나갈 겁니다. 얼마나 자랑할 것이 없으면 그것 하나라도 들고 나가려고 할까요?

사람들이 그렇게 체면이 없습니다. 양심적으로 돌이켜 보면 선한 일을 한 것이 하나도 없고 선한 일을 했다고 해도 어디까지나 자기 내면에 보이지 않는 이익이 있으니까 한 것일 뿐입니다. 오른손이 한 것을 왼손이 모르도록 한 것은 없습니다. 하나님이 기뻐하시는 선을 행한 것은 하나도 없습니다. 그런데도 끝까지 잘했다는 겁니다.

행여 이 가운데 마음에 찔림이 있다거나 불쾌감이 드는 분들은 성령님께서 마음에 오셔서 노크하신다고 생각하십시오. 목사가 말을 왜 저렇게 하나 하고 사람을 대항하지 마십시오. 여러분이 무서운 하나님의 심판대 앞에 서지 않게 하기 위해서 마음에 부담되는 이런 이야기들을 하는 것입니다.

## 몸과 영혼이 함께 고통받는 지옥

또 하나 우리가 볼 수 있는 것은 몸과 영혼이 함께 받는 심판입니다. 본문에서는 죽은 자들이 큰 자나 작은 자나 전부 살아난다고 했습니다. 그런데 마태복음 10장 28절에서는 주님이 이렇게 말씀하십니다.

몸은 죽여도 영혼은 능히 죽이지 못하는 자들을 두려워하지 말고 오직 몸과 영혼을 능히 지옥에 멸하실 수 있는 이를 두려워하라

여기서 몸과 영혼을 능히 지옥에 멸하시는 이는 바로 하나님입니

다. 그러니까 마지막 심판은 영혼만 받는 심판이 아니라 몸과 함께 받는 심판입니다. 완전한 인격체로 받는 심판입니다.

예수님을 안 믿는 어떤 사람이 지금 죽는다면 그 영혼은 지옥에 갑니다. 그러나 아마 그 지옥의 형벌은 마지막 심판을 받고 다시 들어가는 지옥의 형벌에 비하면 좀 덜할지도 모릅니다. 왜냐하면 그곳은 영혼만이 들어가는 곳이기 때문입니다. 그러나 마지막 때에 예수님이 재림하셔서 모든 인류가 하나님의 심판을 받을 때는 예수님을 믿는 사람이나 안 믿는 사람이나 육체가 모두 다시 부활합니다. 하나님 나라에 가서 늙지도 않고 병들지도 않을 신령한 몸, 또는 지옥에 들어가도 불에 타지 않는 영적인 몸을 입고 부활하는 것입니다. 그렇기 때문에 마지막 때에 그 무서운 지옥에는 영혼만이 아니고 몸도 함께 들어가는 것입니다.

단테는 《신곡》을 쓰면서 교황직을 더럽히고 성직을 매매해서 저주를 받은 교황 니콜라우스 3세가 지옥에 들어가 고통당하는 장면을 암굴 밖으로 발만 드러내 놓은 채 거꾸로 매달려서 불길 속에서 경련을 하고 신음을 하고 있는 모습으로 그렸습니다. 이것은 어디까지나 상상입니다. 그 고통이 얼마나 심한지 발까지 웁니다. 니콜라우스 3세의 발이 울고 있는 것입니다. 여러분, 이런 심판이 기다리는데도 웃고 넘어갈 수 있습니까? 안심하고 잠을 잘 수 있습니까? 저는 이 설교를 하면서도 마음속에 가책을 느낍니다.

무디(D. L. Moody, 1837-1899) 선생은 마지막 심판과 지옥에 대한 이야기를 할 때마다 눈에 항상 눈물이 고여 있었다고 합니다. 왜냐하면 이런 최후의 심판이 기다리는 줄 모르고 마치 하루살이가 불 무서운 줄 모르고

단문형의 언어구사는 명쾌하지만 차갑다는 느낌을 줄 수 있다. 하지만 본문에서 보듯이 원하는 부분을 확실하게 전달할 수 있는 이점이 있다. 본문을 유심히 살피면 마치 날카로운 칼로 무엇을 베어 내듯이 툭툭 짧은 문장들이 던져지지만('울었습니다' '못합니다' '받습니다' '만드셨습니다').

덤비듯이 인생을 살아가는 불쌍한 영혼들을 생각할 때 너무나 가슴이 아팠기 때문입니다. 무디는 지옥 이야기를 하며 울었습니다.

마지막에 가서 "하나님께서 제 마음을…" 하고 자기를 드러내는(self-disclosing) 화법을 사용함으로써 설교자는 자신의 안타까움을 배가해 전달하고 있다.

다. 그러나 저는 그분만큼 마음이 뜨겁지는 못합니다. 그래서 가책을 받습니다. 하지만 이 설교를 준비하면서 하나님께서 제 마음을 몹시 아프게 만드셨습니다.

## 원통하고 억울해서 이를 갈리라

아직 예수님을 안 믿고 있는 분들, 이 심판을 어떻게 받으려고 합니까? 자신 있습니까? 소망이 전혀 없는 절망의 자리입니다. 단테는 "지옥의 문에 붙어 있는 팻말에 이렇게 쓰여 있다. 이곳으로 들어가는 자들은 모든 희망을 버릴지어다"라고 했습니다. 절망입니다. 다시는 기회가 없습니다. 후회할 필요가 없습니다. 왜냐하면 후회해도 아무 소용이 없기 때문입니다. 그래서 주님이 말씀하시기를 사람들이 이를 간다고 했습니다. 심판대 앞에서 하나님이 지시하신 대로 영원한 심판으로 가야 할 사람들은 돌아서면서 이를 간다고 했습니다. 왜 이를 갑니까? 언제 이를 갈게 됩니까?

저는 아직 이를 갈아 본 일이 없습니다. 그래서 그 말이 무슨 말인지 잘 모릅니다. 그러나 책을 읽으면서 직접 경험한 사람들의 말을 들으니 너무나 원통하고 너무나 억울해서 도저히 살 수가 없을 때 자기도 모르게 이를 간다고 합니다. 정변이 한참 일어나고 있던 조선 시대 때 억울하게 자기 집안이 몰살당하는 것을 본 한 어머니가 얼마나 억울했는지 이를 갈다가 이가 부러져서 뱉어 냈다는 기록을 본 적이 있습니다.

저는 성경에서 예수님이 '이를 간다'는 표현을 자주 하시길래 '왜 점잖은 분이 이를 간다고 말씀하시나?' 했습니다. 우리가 함부로 사용하지 못하는 이야기입니다. 그런데도 예수님의 입에서 사정없이 "이를 갈리라"(마 13:50, 24:51, 25:30; 눅 13:28)라는 표현이 나옵니다. 왜 그렇게 말씀하십니까? 예수님은 그 무서운 심판을 너무나 잘 알고 계시기 때문입니다. 누가 이렇게 무서운 벌을 받고 싶겠습니까? 누가 이런 끔찍한 심판을 기다리겠습니까?

하나님의 말씀을 우리가 바로 믿는다면, "한번 죽는 것은 사람에게 정해진 것이요 그 후에는 심판이 있으리니"(히 9:27)라는 이 말씀을 그대로 믿는다면 가만히 앉아 있어서는 안 됩니다. 옷을 벗고 그날 밤 편안하게 잠자리에 들어서는 안 됩니다. 밤중에 자다가도 기회를 놓치고 영원히 가 버릴 수 있습니다. 아무도 안심하면 안 됩니다.

그러므로 이 사실을 분명히 믿는 사람은 어떻게 하든지 자신이 사랑하는 사람이 그와 같은 무서운 심판, 그와 같은 무서운 영원한 불에 들어가지 않도록 하기 위해서 어떤 수단과 방법을 통해서라도 막으려고 합니다. 제일 강하게 막으신 분이 누구입니까? 하나님입니다. 자기 아들 예수 그리스도를 희생해 가면서도 예수님을 십자가에 못 박아 지옥으로 가는 길목에 세워 놓고 "이 십자가를 보라. 이것을 보고 돌아서서 이 길로 오라"고 울부짖는 분이 계시다면 그분이 바로 우리 하나님입니다.

예수님께서 죄도 없으면서 십자가에 스스로 못 박히신 이유가 어디에 있습니까? 그 무서운 영원한 심판과 영원한 형벌을 받을 우리의 운명을 생각하시고 어떻게 하든지 지옥에 가지 못하도록 하기 위해서 스스로 자신이 희생당하신 것이 아닙니까? 하나님만큼, 예수님만큼 오늘 우리 안에서 탄식하고 계시는 성령님만큼 우리가 지옥 가는 것을 막을 분이 없습니다.

## 몰라서 못 가르친 석가모니와 공자

남편 여러분, 왜 아내를 통해 예수 믿으라는 말을 자주 듣게 될까요? 하나님이 안타까워서 그러시는 것입니다. 그 무서운 심판을 피하도록 하기 위해서입니다. 저는 태백 광산촌에 가 본 적이 없지만 광산촌은 그야말로 막장 인생이라고 합니다. 더 이상 갈 곳이 없을 때 마지막으로 찾아가는 곳이라고 합니다. 사람들이 이민을 가면 이민자가 마지막으로 하는 일이 택시운전사라고 합니다. 이 일 하다가 돈 다 빼앗기고 저 일 하다가 돈 다 써 버리면 택시운전사를 한다고 합니다. 어떤 사람들은 밤중에 흑인을 태웠다가 목이 졸려서 돈은 돈대로 다 빼앗기고 생명을 잃어버린 사람들도 있습니다. 막장 인생입니다.

우리나라에서는 태백 황지의 탄광이 막장 인생길이라고 합니다. 40℃가 넘는 깊은 땅 속에서 8시간 동안 노동하고, 그 속에서 시커멓게 먼지가 앉은 점심을 먹고, 온몸에 땀이 줄줄 흐르는 것을 참아가며 일하는 곳입니다. 공기는 너무나 탁해서 연탄 가루나 돌 가루가 몸속으로 들어가 폐에 쌓이고 쌓여 나중에는 규폐병(硅肺病)이라고 하는 병에 걸리게 됩니다. 폐가 굳어져서 폐 기능이 점점 약해지면 드디어 병원 신세를 지고 맙니다. 젊은 나이에 세상을 떠나는 것이 대부분의 탄광부들의 운명이라고 합니다. 그래서 막장 인생입니다.

그러면 그와 같은 막장 인생을 산 사람이 자기의 어린 자식을 볼 때 어떤 마음이 생기겠습니까? "오, 사랑하는 아들아, 공부 열심히 해서 너도 나를 따라 탄광에 와서 일해라" 하는 부모가 어디 있겠습니까? 제가 가슴 아프게 읽은 시 중에 탄광 광부의 아들이 쓴 〈나도 광부가 되겠지〉라는 시가 있습니다.

> 우리 아버지께서는 광부로서
>
> 탄을 캐신다
>
> 나도 공부를 못하니
>
> 광부가 되겠지 하는
>
> 생각이 가끔 든다
>
> 그러나 아버지께서는
>
> 난 이제 광부가 되었으니
>
> 열심히 일해야 되겠지만
>
> 너는 커서 농부나 거지가
>
> 되었으면 되었지 죽어도
>
> 광부는 되지 말라고 하신다

　피맺힌 아버지의 소원 아니겠습니까? 막장 인생을 사는 피맺힌 아버지의 소원입니다. 거지가 되었으면 되었지 막장에 들어오는 인생은 살지 말라는 것입니다. 왜 그렇습니까? 광부의 생활이 얼마나 비참하고 괴로운 일인가를 몸소 체험하고 알고 있기 때문입니다. 사랑하는 아들만은 그곳에 오지 않도록 애를 쓰면서 말립니다.

세상에서 가장 가슴 아픈 일이 주고 싶은데 못 주는 부모 마음임을 설교자는 간파하고 있다. 이 설교를 듣는 불신자들은 한결같이 측은하다 못해 애잔함을 느낄 것이다. 바로 이 순간 무례하고 상식 없어 보이는 신자들의 전도 행위가 알고 보면 이 세상에서 둘도 없는 사랑의 발로(發露), 고상한 휴머니즘이라고 조용하게 주장하고 나온다. 인용한 탄광촌 아이의 시가 '당신들의 삶에서(영적인 의미에서) 반복돼서는 절대 안 될 시'라는 설교자의 절절한 마음을 그대로 실어 나르고 있다.

　마찬가지로 마지막에 이 무서운 심판이 기다리고 있다는 것을 아는데도, 사랑하는 아들에게 "네 마음대로 가려면 가" 하고 심판하는 곳으로 보낼 사람이 누가 있습니까? 자식들에게 "너희들 원하는 대로 인생 살아. 신앙도 너 자유야" 하고 방심하고 가만히 놔둘 부모가 어디 있겠습니까?

교회 다니는 사람들이 낯선 사람을 붙들고 교회 나가라고 하는 이유가 무엇입니까? 하나님의 말씀을 통해, 마지막에 있는 심판이 너무나 무서운 심판이어서 거기에 가는 것을 차마 눈을 뜨고 볼 수 없다는 안타까운 마음 때문에 가지 말라고 막는 것입니다. 수단과 방법을 가리지 않고서라도 이런 곳에 가는 것을 막아야 합니다. 주님이 말씀하십니다. "너희들 만약에 네 오른쪽 눈이 죄를 범하면 오른쪽 눈을 뽑아버려라. 차라리 왼쪽 눈 하나만 있는 병신으로 하나님 나라에 들어가는 것이 낫지, 눈 똑바로 뜨고 지옥에 들어가서는 안 돼"(마 5:29-30 참조). 얼마나 무섭고 두려운 곳이기에 주님이 그곳에 가서는 절대 안 된다고 하십니까? 이 말씀을 좀 귀담아 들으십시오.

지금 우리 주님은 똑같은 말씀을 하고 계십니다. "세상에서는 가난하게 살더라도 하나님 믿고 천국에 들어와야지, 세상에서 예수 안 믿고 부자로 살다가 그 재산을 가져가지도 못할 텐데 배만 불러서 살만 찌고 무거운 마음으로 지옥에 들어가면 더 무겁고 더 뜨겁고 더 괴롭다." 웃을 일이 아닙니다. 지금이 기회입니다. 심판을 면할 수 있는 기회입니다. 심판을 면할 수 있는 길은 오직 하나입니다. 우리를 그 무서운 곳에 가지 않도록 하기 위해 나의 죄를 홀로 지고 십자가에 죽으셨다가 삼 일 만에 부활하신 예수 그리스도를 내 마음에 모시는 그 길만이 이 심판을 면할 수 있는 길입니다.

석가모니가 이런 말을 했나요, 마호메트가 이런 말을 했나요? 아니면 공자가 이런 말을 했나요? 모르니까 못한 것입니다. 하나님의 아들만이 압니다. 그분이 우리에게 구원받을 수 있는 길을 열어 주셨습니다.

내 말을 듣고 또 나 보내신 이를 믿는 자는 영생을 얻었고 심판에 이
르지 아니하나니 사망에서 생명으로 옮겼느니라_요 5:24

오직 이 길뿐입니다.

## 미국 비자 거절은 돌이킬 수 있어도

아직 예수님 안 믿는 분이 있습니까? 교회를 다니면서도 아직까지 하
나님 나라, 지옥, 심판 이런 것이 웃기는 이야기라고 속으로 생각하고
있는 분이 있습니까? 지금 바로 회개하고 예수님 믿으십시오. 세상에
서 되는 대로 살다가 주님 앞에 섰을 때, "저주를 받은 자들아 나에게
서 물러가라"는 말씀을 들으면 어떻게 하겠습니까?

상대방이 나를 인정해 주지 않을 때 얼마나 암담한지를 경험한 적이 있습니다. 제가 얼마 전에 미국 갈 계획을 전부 세워 놓고 비자 신청을 했습니다. 그런데 비자 받는 게 그렇게 어려울 줄 몰랐습니다. 목사들에게 비자를 주지 않는다는 것은 이미 잘 알려져 있는 사실이지만 설마 유학까지 갔다 온 사람에게 그러랴 했습니다. 8년 만에 미국에 나가는 것이지만 8년 동안 한번도 안 나갔으니 그냥 줄 줄 알았죠.

미국 비자(입국사증)를 하나님 나라 입국 자격과 비교한 비유는 매우 효과적이다. 청중들 중 상당수가 미국 비자 신청을 하면서 불편함과 불쾌감을 맛본 경험이 있을지도 모른다. 또한 최소한 언론보도를 통해 이 문제가 공론화된 적이 있어 낯설게 들리지는 않았을 것이다. 더욱이 비자 신청을 거절당한 경험이 있는 사람이라면 이 비유법이 직통으로 그의 마음에 와 닿았을 것이다.

서류를 제출했는데 영사가 서류를 뒤적뒤적하더니 머리를 갸우뚱하면서 "당신 재산 있소?" 하고 묻습니다. 목사가 무슨 재산이 있습니까? 그래서 "없소" 했더니 종이에 뭐라고 씁니다. 전 '이제 비자를 주는구나'라고 생각했는데, 그 영사가 뭔가를 다 쓰고 난 후에 하는 말이

"비자를 줄 수 없습니다"라고 하는 것입니다. 제가 "왜요?" 했더니 대답하는 말이 "당신이 미국 가고 싶은만큼 미국 가면 안 오고 싶을 테니까 그렇소"라고 하는 겁니다.

얼마나 큰 모욕입니까? 제가 목사가 아니었으면 욕을 퍼부었을지도 모릅니다. 왜 이렇게 목사 꼴이 엉망이 되었을까요? 제가 두 번째 비자 신청을 했는데 이번에는 영사 부인이 맡았습니다. 그런데 목사라고 하니까 서류도 보지 않고 "안 되겠습니다"라고 합니다. 도대체 어떻게 돼 가는 겁니까?

제가 이때 비자 발급을 거절당하면서 영적으로 큰 것을 깨달았습니다. 여기서는 백 번을 거절당해도 또 신청할 수 있고 항의할 수도 있는데, 주님의 심판대 앞에 섰을 때는 거부를 당해도 달리 뭐라고 할 수가 없다는 사실입니다. 그동안 신앙생활 열심히 했고 목회 생활도 어느 정도 했으니까 뭐 좀 좋은 소리 들을 수 있겠지 하며 기대하고 있는데 주님이 "이 불법을 행하는 자여, 나에게서 물러가라"고 하신다면, 만약에 그런 청천벽력과 같은 말씀이 떨어진다면 어떻게 할까요?

대사관에서 미국 비자를 못 주겠다고 하는 말만 들어도 절벽에서 떨어지는 느낌인데, 절충할 수도 없고 싸울 수도 없는 하나님 앞에서는 어떻겠습니까? 내가 따지려고 하는데도 주님께서 "이미 내가 결정을 내렸다"고 하실 때 여러분이라면 어떻게 하겠습니까? 제가 대사관에서 그런 일을 당했을 때 '주여, 제가 여기서는 이런 일을 당해도 주님 앞에서는 이런 일을 당하지 않게 하옵소서' 하는 기도를 했습니다. 주님 앞에서 이런 일을 당하면 그때는 다시 기회도 없고 하소연을 해도 소용없고 날마다 '주여, 주여' 했다고 떠들어도 소용이 없습니다. 갈 길은 영원한 불, 한 길뿐입니다.

우리 인생은 적당히 보낼 수 있는 인생이 아닙니다. 하나님이 우리를 그렇게 만들어 놓지 않으셨습니다. 어떻게 해서든지 이 심판을 면하도록 사랑하는 가족들을 인도해야 합니다. 어떻게 해서든지 이 길만은 가지 말아야 합니다. 이것이 하나님의 소원입니다. 하나님의 뜻입니다. 그러나 예수 믿는 우리에게는 이 심판이 더할 수 없는 축복이 됩니다.

우리는 아무것도 한 것이 없습니다. 어떤 면에서는 왼편에 서 있는 사람들보다 도덕적으로도 못하고 인격적으로도 못합니다. 세상의 지위나 지식 면에서도 어느 것 하나 비교할 만한 것이 없는데 예수님께서 나를 귀하게 대우해 주시고 오른편에 세워 놓고는 "착하고 충성된 종아, 하나님 앞에 복을 받은 자여! 우리 아버지께서 주신 영원한 영생을 소유하라"고 하시는 것입니다. 모든 사람 앞에서 이런 말을 들을 때 이것이 얼마나 큰 영광이겠습니까? 세상에서 악을 행하는 자 때문에 상처 입고 한이 맺히고, 이 땅에서 예수님을 믿고 핍박당하다 죽은 사람들이 풀지 못한 마음의 원한이 그 시간에 눈 녹듯이 풀어지는 것입니다. 원수의 목전에서 나에게 상을 베푸시는 것, 믿는 사람에게는 이것이 심판입니다. 믿는 사람에게는 더할 나위 없는 찬양과 감사와 기쁨의 도가니 속에 빠지는 순간이 바로 이 순간입니다. 여러분, 그때가 다가옵니다.

○ ○ ○ ○ ○ ○ ○ ○
**종점에 다가선 지구**

성경에도 여러 번 뚜렷한 증거가 나타납니다만, 이전에 어떤 분이 주신 기록을 통해서 다섯 시간 반 동안 하나님 나라에 갔다 왔다는 글을 읽은 적이 있습니다. 저는 이런 글을 잘 읽지 않는데 이분이 쓴 글만큼은 읽고 싶은 마음이 생겼습니다. 이 사람은 의료 선교사로서 아마존

강 유역에 있는 원주민들의 세계 속에 들어가서 50년 동안 소리 없이 의료사업을 하며 하나님 나라를 전해 온 펄시 콜레(Percy Thomas Collett, 1902–1998) 박사입니다.

이분은 30년 동안 "오, 하나님이여! 나에게 하늘의 영광을 보여 주옵소서" 하고 기도해 왔답니다. 그런데 나이 82세 되던 때에 금식기도를 하면서 "주여, 하늘의 영광을 나에게 보여 주시옵소서" 하고 기도하는데 하나님이 기가 막힌 방법으로 인도하셔서 마치 바울이 삼층천을 올라가듯이 다섯 시간 반 동안 천사의 인도를 받아 저 우주를 거쳐 하나님 나라에 다녀오는 경험을 했답니다. 그 경험을 기록한 책을 제가 읽어 보았습니다.

그런데 그 사람이 이런 체험을 하기 전에는 82세나 됐기 때문에 눈이 어두워 돋보기를 쓰고, 머리도 대머리였다고 합니다. 그런데 거기에 갔다오자 머리가 다시 나고 안경을 안 써도 책을 볼 수 있고 하루 두 시간만 자고 채소만 먹는데도 몇 마일씩이나 떨어진 거리로 집회를 인도하러 가게 되었다고 합니다. 사람이 변해 버렸습니다. 그분을 통해 많은 역사가 일어나고 많은 사람들이 하나님 앞으로 돌아오게 되었습니다. 지금도 그런 역사가 일어나고 있다고 합니다. 제가 읽은 내용을 요약하면, 그가 천국에 가서 듣고 전하는 메시지는 이 지구의 종말이 아주 가까웠다는 것입니다.

만약 이 사람의 말이 성경과 일치한다면 오늘 성경은 우리에게 이렇게 경고하는 것과 같습니다. 이 세계가 마지막 종착점에 와 있습니다. 이 땅에 주님이 오시면 모든 사람들이 크든지 작든지 하나님의 심판대 앞에 와서 심판을 받아야 합니다. 성경에는 종말의 시기를 적어 놓지 않았기 때문에 저는 그 사람의 말을 백 퍼센트 다 믿지는 않습니다. 그러나 만약에 그만큼 무엇인가가 가까워졌다면 우리에게 남은 생은 얼마 없습니다. 무서운 이야기입니다.

그 사람이 말하기를 "그때가 가까워오면 이 땅 위에는 무서운 환난이 일어날 것이고 예수님을 믿는 자녀들은 들림을 받아 공중에서 주님을 영접할 것이다"라고 합니다. 환상 같은 믿을 수 없는 이야기인 것 같지만, 우리를 창조하신 하나님이 그의 이름과 성실하심과 그의 전능하심을 걸고 우리에게 약속하신 미래의 축복입니다. 우리는 믿습니다. 우리는 심판대 앞에 섰을 때 두려워하지 않고 주님을 바라볼 수 있을 것입니다. 아무리 내가 더러운 죄인이지만 예수의 피로 깨끗함을 받은 것을 확신하고 주님 앞에서 영원한 하늘의 복을 받게 될 것입니다.

다가옵니다. 아직도 주를 믿지 않는 분들, 그리고 내가 인도하지 못해 어둠 가운데 계속 머물러 있는 내 사랑하는 가족들과 이웃들도 어떻게 해서든지 우리와 함께 심판대 앞에서 영원한 기쁨에 참여하는 자가 되어야 합니다. 그 무서운 영원한 형벌에 들어가는 자가 되지 않도록 눈물로 기도합시다. 날마다 그 영혼들을 위해 탄식합시다. 어떤 대가를 치르더라도 그 영혼이 지옥에 가는 것만큼은 막도록 합시다. 우리 모두가 하나님 나라에 들어가서 찬양과 영광을 주님께 영원토록 돌려드리는 복된 자녀들이 되어야 하겠습니다. 우리 모두에게 이와 같은 은혜를 주실 줄 믿습니다.

# Part

# 02

영혼의 특권층

우주만큼이나 넓은 우리 마음의 공백은 우주를 지으신 하나님만이 채울 수 있습니다. 인간은 먼지와 같은 존재입니다. 하나님 앞으로 돌아와야 합니다.

# I

## 호의 입고
## 사십니까?

수많은 사람들이 성경을 장사 지내고 그 위에 무덤을 쌓았어도,
그때마다 성경은 다시 부활하여 모든 사람의 손에 들려졌습니다. 진리이기 때문입니다.

## 골로새서 1:21-23

21 전에 악한 행실로 멀리 떠나 마음으로 원수가 되었던 너희를 22 이제는 그의 육체의 죽음으로 말미암아 화목하게 하사 너희를 거룩하고 흠 없고 책망할 것이 없는 자로 그 앞에 세우고자 하셨으니 23 만일 너희가 믿음에 거하고 터 위에 굳게 서서 너희 들은 바 복음의 소망에서 흔들리지 아니하면 그리하리라 이 복음은 천하 만민에게 전파된 바요 나 바울은 이 복음의 일꾼이 되었노라

# 호의 입고
# 사십니까?

대개 사람은 자기 스스로는 무엇이 잘못되어 있는지 잘 모릅니다. 아마 아주 정상이라고 생각할 것입니다. 그 이유는 가장 권위 있는 표준이 자기 자신이기 때문입니다. 그러나 하나님의 판단은 그와 정반대입니다. 하나님께서는 사람을 근본적으로 잘못된 자아상을 가진 위험한 존재로 보고 계십니다. 그 이유가 무엇입니까?

### 영혼은 장사 지낼 수 없다

지금부터 30년 전만 해도 자신의 건강에 대해서는 자기 판단이 꽤 옳다고들 많이 생각했을 것입니다. 위가 아프든지 가슴이 아프든지 머리가 아프든지 하여튼 자신이 생각하기에 어떤 병이 있는 것 같다고 생각되면 병원에 가서 '내가 어떻게 아픈데 내 생각에는 이런 병 같습니다'라고 합니다. 그러면 의사도 끄덕끄덕하고 아마 그럴 것 같다고 하면서 진단을 하고 치료를 할 때가 많이 있었습니다. 그래서 어떨 때는 그 진단이 적중해서 나을 때도 있고 안 나을 때도 있었습니다. 그래서 자기 자신의 병을 자기가 진단하는 데 어느 정도 자신이 있었습니다.

그러나 요즘은 어떻습니까? 의술이 발달돼서 뇌파 검사도 할 수 있고, 간염 검사도 할 수 있고, 내시경을 가지고 위를 샅샅이 살펴볼 수도 있습니다. 사람 몸의 모든 부분을 기계를 가지고 정확하게 검사할 수 있기 때문에 이제는 내 건강에 대해서 내가 무엇이라고 말할 수 있는 자신감을 잃어버렸습니다. 너무나 큰 권위가 있기 때문에 그 권위 앞에 가면 내 판단이 틀렸다는 것이 자주자주 판명이 되고 보니까 이제는 자신이 없습니다.

여러분 중에서 '가슴이 좀 이상하다. 감기몸살이 온 것 같은데…' 하고 병원에 갔다가 청천벽력 같은 진단을 받고 몇 달이 지나 세상을 떠난 사람을 본 적이 있습니까? 저는 그런 사람을 보았습니다. 그는 서른도 되지 않은 새파란 젊은이였습니다.

또 어떤 사람은 얼굴이 좀 노래지고 약간 밥맛이 없고 피곤해서, 아마 간이 조금 나쁜가보다 하고 병원에 갔는데 벌써 간암이 걸려서 도무지 손을 쓸 수 없는 사람이 된 것을 보았습니다. 또 날마다 아프고 두통이 와서 이거 아무래도 감기가 계속되는 건가 보다 하고 한 1, 2년을 싸우다가 병원에 가서 뇌파 검사를 해 보니, 뇌 속에 큰 이상이 있어서 나중에는 중태에 빠져 수술하는 환자도 보았습니다.

자신이 없습니다. 자기 자신을 스스로 정상이라고 진단할 수도 없고, 진단해 봐야 병원에 가서 또 뭐라고 판단될지 전혀 모릅니다. 예측할 수 없는 나 자신입니다. 육체에 대해서도 인간은 이와 같이 자신을 잃었습니다. 그런데 이상하게 인간에게는 고집이 하나 있습니다. 육체의 진단에 대해서는 자신을 잃어버렸으면서도 한 가지는 아직도 고집하고 있는 것입니다. 자기 영혼에 대한 고집입니다.

아직까지 사람은 육체만 가지고 있다고 생각하는 사람이 있다면 제발 이 시간부터 그 생각을 버리기를 바랍니다. 왜 자기 자신을 그렇게 동물화시킵니까? 왜 배부르고 잘 입고 즐기면 다 해결되는 동물로 자신을 비하시킵니까? 하나님은 우리를 그렇게 만들지 않으셨는데 왜 스스로 그렇게 자신을 끌어내립니까?

제발 그렇게 생각하지 마십시오. 근본적으로 잘못된 생각입니다. 요즘에는 과학이 발달해서 인간에게 영혼이 있다는 것도 과학적으로 많이 증명되고 있습니다. 이제는 영혼을 부인하는 사람이 오히려 비문명인이요, 뒤처진 사람으로 취급됩니다. 우리 인간에게는 하나님께서 동물하고 다르게 지으신 것이 있습니다. 바로 영혼입니다. 영혼은 절대 죽지 않습니다. 우리의 육체는 무덤으로 들어갈 수 있지만 영혼은 절대로 장사 지낼 수가 없습니다.

## 영혼을 투시하는 엑스레이

내 영혼에 대해 나는 어떻게 진단합니까? 많은 사람이 생각하기를 자신은 정상이라고 생각합니다. 그러나 이것은 교만입니다. 영혼의 진단은 하나님이 하셔야 합니다. 하나님이 무엇을 가지고 진단하시는가 하면, 오직 성경 말씀을 가지고 하십니다. 이것은 영혼을 투시하는 엑스레이요, 영혼의 뇌를 살펴보는 뇌파검사기계요, 영혼의 깊은 위를 들여다보는 내시경입니다. 이것을 펴면 모든 것이 다 나옵니다. 내가 어떤 존재인가를 영적으로 다 진단할 수 있습니다.

그러나 아직 하나님의 말씀을 잘 모르는 분들도 있을 것입니다. 그러한 분들께 한 가지 더 부탁합니다. 성경을 모른다면 현대인이 아닙니다. 지난 3,500년 동안 이 성경을 장사 지내려고 하는 사람들이 수 없이 나타났지만, 아무리 성경을 장사 지내고 그 위에 무덤을 쌓고 성경이 없어졌다고 공언한다 해도 그때마다 성경은 다시 부활하고 살아나왔습니다. 모든 사람의 손에 또 성경이 들려졌습니다. 지금 세계 어느 곳이든 성경이 없는 곳이 없습니다. 3,500년 동안 왜 하나님의 말씀이 날마다 사람들의 마음을 사로잡습니까? 진리이기 때문입니다.

오늘날도 1년에 6억 원이라는 도저히 믿어지지 않는 판매고를 기록하는 책이 바로 성경입니다. 이 성경 말씀이 거짓말이겠습니까? 거짓말이 그렇게 팔리겠습니까? 아닙니다.

> 불신자인 청중이 영적으로 무지하다고 해서 그들을 무시하는 태도를 가져서는 안 된다. 그들도 휴머니즘의 극치가 정직이라는 것 정도는 느끼고 안다. 설교자는 불신자들의 심리를 이용할 줄 알아야 한다.

이 말씀을 어린아이와 같은 심령으로 진지하게 살피는 사람은 성경 앞에 거꾸러지게 되어 있습니다. 자기 영혼을 진단해 보니 너무나 어처구니없는 진단이 나오기 때문에 두 손 들고 맙니다.

성경을 보면 제일 많이 나오는 말이 죄라는 말입니다. 그리고 죽음이라는 말입니다. 또 심판, 피라는 말입니다. 전부 원색적인 용어입니다. 그래서 사람들이 거부반응을 일으킵니다. "죄, 죄!" 하고, "피, 피!" 하는데 누가 좋아하겠습니까? 그러나 이처럼 사람들이 거부반응을 일으킬 그런 원색적인 용어들이 성경에 자꾸 나오는 이유는, 나 자신이 그런 진단밖에 받지 못하는 처지에 있기 때문입니다. 그런데 이것을 사람들이 자꾸 거부하고 아니라고 합니다. 그러니 아니라고 거부하는 그 자체가 너무나 불쌍한 자기 잘못을 저지르고 있는 것입니다.

요즘에 좀 잘못된 교회들에서는 이렇게 원색적인 말을 사람들에게 바로 가르치는 것을 상당히 두려워합니다. 현대인들이 좀 더 좋아하는 용어를 쓸 수 없을까 해서 '죽음'이라는 말 대신에 '허무'라는 말을 사용하고, '죄'라는 말 대신에 '인간의 약점'이라고 표현하고, 이렇게 조금씩 돌려서 말합니다. 사람들도 '옳거니, 그것 참 들을 만하다' 해서 다 고개를 끄떡입니다. 그러나 이렇게 해서는 나중에 1년, 2년이 지나도 영혼의 병은 전혀 고쳐지지 않습니다. 왜 그렇습니까? 바른말을 안 했기 때문입니다.

한국 의사와 미국 의사의 차이점이 있습니다. 한국 의사는 암 환자에게 병명이 암이라고 바로 말하지 못합니다. 환자에

게는 "아, 조금 안 좋은 부분이 있어서 안에 있는 것을 조금 떼어 냈습니다. 이제 회복될 테니 집에 가셔서 많이 잡수세요"라고 합니다. 그리고 가족을 불러서 속닥속닥합니다. 그러면 환자는 가족들 눈치만 슬금슬금 살피고, 가족들은 환자 앞에서는 허허 웃다가 나와서는 눈물을 흘립니다. 도대체 이게 무슨 짓입니까? 잘못하면 환자는 자기가 왜 죽는지, 언제 죽는지 준비 한번 제대로 못하고 설마 하다가 죽을 수도 있습니다. 이게 한국 의사들이 흔히 범하는 실수입니다.

그러나 미국 의사들은 그렇게 하지 않습니다. 제가 접해 본 미국 의사들은 절대 거짓으로 말하지 않습니다. 잘못하면 소송에 걸립니다. 그렇기 때문에 환자를 불러서 엑스레이를 보여 주면서, "당신은 여기에 암이 퍼졌습니다. 이건 거의 치료가 불가능합니다. 생명을 걸고 한번 수술을 해 보시겠습니까, 아니면 이대로 견뎌 보시겠습니까?" 하고 정확하게 말해 줍니다. 그리고 "저, 무슨 신앙을 가진 것이 있습니까? 종교가 있습니까?" 하면서 종교를 권합니다. 영적으로도 준비시키기 위한 것입니다.

그래서 처음에는 환자가 의사의 말을 듣고 털썩 주저앉지만 한 삼십 분이나 한 시간 정도 지나고 나면, '아, 내가 죽음을 준비해야겠구나' 하고 진지하게 생각하게 됩니다. 죽을 준비를 해야 한다는 말이 무슨

말입니까? 하나님 만날 준비를 해야 한다는 말입니다. '저 세상에 가서 내가 어떻게 될지 모르니까 준비해야겠구나'라고 진지하게 고민해 보는 것입니다. 이렇게 자기 자신을 바로 진단하고 준비를 하게 만듭니다. 이것이 성경이 원색적인 표현을 직접적으로 하는 이유입니다.

## 마음으로 하나님과 원수 된 자

그래서 저는 아직 예수님을 믿지 않는 분들에게는 조금 거부감이 들지 모르지만, 하나님께서 성경 말씀을 통해 예수님을 믿지 않는 사람의 영혼이 어떤 상태에 있는지 진단하신 그대로 소개하려고 합니다.

먼저, 당신은 지금 하나님과 원수 되어 있습니다. 어디에 이런 끔찍한 이야기가 나옵니까? 본문 말씀 그대로를 인용하면, "전에 악한 행실로 멀리 떠나 마음으로 원수가 되었던

전도설교가 실패하는 중요한 이유 중의 하나는 복음 제시와 초대에 너무 중점을 둔 나머지 충분한 웜업(warm-up) 없이 결말을 향해 달려간다는 것이다. 기독교와 신앙 세계에 대한 적절한 오리엔테이션을 받지 못한 불신자들은 좀 격하게 말하자면 분위기에 휩쓸려 복음의 초대에 응하기도 하고, 아니면 도리어 씻을 수 없는 부정적인 이미지를 가지고 교회 문을 나서기도 한다. 설교자는 이런 부분에 대한 충분한 인식과 함께 대체방안을 가지고 있어야 한다.

너희를"(21절)이라고 합니다. 여기서 '전에'란 '예수 믿기 전에'라는 뜻입니다. 또 '원수가 되었던'은 누구와 원수가 되었다는 것입니까? 하나님과 원수가 되었습니다. 어떻게 원수가 되었는가 하면 마음으로, 즉 마음 깊이 우리 인간의 본성 깊은 데서부터 원수가 되었습니다. 겉으로만 원수가 아니고 인간의 근본에서부터 하나님의 원수입니다. 왜 원수가 되었습니까? 하나님으로부터 멀리 떠나 있었기 때문입니다.

분명 이 말씀에 비추어 볼 때 내가 예수 믿지 않고 있는 상태는 하나님과 멀리 떨어져 있는 상태요, 그 상태에서 나 자신은 하나님과 마음 바닥으로부터 원수 관계인 것입니다. 이 말씀이 우리에게 가르쳐

주는 요점이 이것입니다.

이 말씀을 듣고 '아니, 그건 좀 아닌 것 같아. 왜냐면 나는 하나님이 있다는 것도 인정하고, 교회에 다니면서 신앙생활을 하는 것에 대해서도 꼭 부정적으로 생각하는 것만은 아냐. 우리 집사람은 교회에 보내고 있거든. 그런데 내가 왜 하나님과 원수까지 되어야 해?' 하고 생각하는 분들이 있을지 모릅니다. 그러나 그렇지 않습니다. 내가 하나님을 어떻게 생각하느냐에 따라 원수가 되기도 하고 원수가 안 되기도 하는 것이 아니라, 하나님이 나에 대해서 원수 맺은 관계로 보시는가 아닌가에 달린 것입니다.

그러므로 이것은 내 기분에 따라서 좌우되는 문제가 아닙니다. 하나님 편에서 나를 볼 때, 내가 죄 때문에 하나님을 멀리 떠난 탕자와 같은 존재이기 때문에 하나님께서 나를 정상으로 볼 수가 없는 것입니다. 원수 된 관계로 보신다는 얘기입니다. 이것은 객관적인 입장입니다. 내가 주관적으로 살펴서 바꿀 수 있는 것이 아닙니다.

본문에서 설교자는 기독교에 대한 나의 태도와 선호도가 아니라 나에 대한 하나님의 평가에 따라 적대감이나 평화가 갈라진다는 심각한 메시지를 전하면서, 일방적인 선포를 한 것이 아니라 이 대목에서 불신자들이 가질 수 있는 보편적인 질문을 미리 꺼내어 답변해 줌으로써 국면을 전환하고 있다.

자신이 하나님과 원수 된 관계라는 것을 수긍할 수 있습니까? 마음 바닥으로부터 원수 되었다는 것에 대해 생각해 봤습니까? 하나님에 대해서 자신이 참 무관심하지 않습니까? 무관심하다는 그 자체가 하나님과 원수 된 관계에 있다는 것을 말해 주는 것입니다. 하나님은 인간과 무관심의 관계에 존재할 수 없는 분이십니다.

자식이 부모에 대해서 무관심하다는 것은 분명히 담이 쌓인 것입니다. 부모와 자식 관계는 무관심할 수가 없는 관계이기 때문입니다. 혈통의 관계입니다. 마찬가지로 하나님은 우리의 창조자요, 우리는 그의 만드신 피조물입니다. 절대로 무관심한 관계가 될 수 없는데, 자신이 무관심하다면 담이 쌓인 것입니다.

또 어떤 경우에는 하나님에 대해 적대 감정이 있지 않습니까? 하나님을 은근히 원망하고, 불평하고, 그래서 예수 믿는 사람들이 예수님에 대해 뭐라고 하면 거부반응을 일으키지 않습니까? 왜 그런 마음이 생길까요? 마음으로부터 하나님과 원수가 되어 있기 때문에 자동적으로 일어나는 반응입니다. 이것을 부인하지 마십시오.

세상에서 큰 권력을 가진 사람과 자신이 원수가 되어 있다면 아마 잠을 잘 자지 못할 겁니다. 굉장히 불안할 겁니다. 하물며 하나님과 원수 된 관계라면 마음이 평안할 수 있겠습니까? 절대 불가능합니다. 여러분의 마음에 왜 평안이 없는지 지금 이 시간에 분명히 진단을 받으십시오. 하나님과의 관계가 정상이 아니기 때문에 찾아오는 공포입니다. 늘 불안이 찾아옵니다.

○ ○ ○ ○ ○ ○ ○ ○ ○
## 하나님 아니면 마귀 편

이렇게 하나님과 원수 된 상황에서 당신의 세계에는 가장 중요한 것이 빠졌습니다. 하나님의 말씀을 그대로 인용하면, "그때에 너희는 그리스도 밖에 있었고 이스라엘 밖의 사람이라 약속의 언약들에 대하여 외인이요 세상에서 소망이 없고 하나님도 없는 자이더니"(엡 2:12)라고 합니다.

하나님과 원수 된 관계에 있는 자는 첫째, 소망이 없습니다. 희망이 없어요. 제가 강단에 서 있으니까 굉장히 젊어 보인다고들 합니다. 그러나 사실은 그렇게 젊지 않습니다. 그저 적당히 나이를 먹었습니다. 세상

본문에서 설교자는 자신이 세상을 살 만큼 산 초로(初老)의 인생이며, 쓴맛 단맛 다 본 나이라고 소개했다. 이어서 "솔직히 얘기합시다"라고 제안한다. 마치 동문회에 나온 대선배나 오랜 복무 경력을 가진 고참처럼 형식에 매이지 않고 먼저 흉금을 탁 터놓은 채 친근하게 말을 건네는 듯한 모습이 연상된다.

도 적당히 알고요. 그래서 제 말이 그렇게 경솔한 말은 아닐 겁니다.

우리 솔직히 얘기합시다. 예수 안 믿고 세상에 살 때 여러분의 소망이 무엇입니까? 한마디로 비전이 무엇입니까? 젊을 때는 멋도 모르고 남보다 성공적인 삶을 살겠다고 몸부림을 쳤습니다. 그러나 나이가 30대, 40대로 접어들면서부터 그것도 다 신기루라는 것을 알게 되었습니다. 스스로 자신에게 '나의 소망이 무엇이냐?'라고 물어보십시오. '내가 무엇을 위해 사는가?' 하고 물어보십시오. 자신 있게 대답할 수 있습니까?

자식을 위해 삽니까? 아닙니다. 우리가 60대, 70대가 되면 자식들과 같이 못 살 것입니다. 저는 벌써부터 각오하고 있습니다. 그렇게 피땀 흘려 애를 쓰고 돈을 투자하면서 키워 놔도 다 날개를 달고 날아갈 때는 짝을 지어서 어디로 날아가는지 찾아갈 수

전도설교에서는 설교자가 적절히 자신을 공개해야 한다. 청중들은 설교자의 자기 공개를 통해 어색함과 경계심을 덜게 된다. 본문에서 보듯이 설교자의 경험과 확신, 그리고 편안하고 쉽게 불신자들에게 다가가려는 정신이 청중들이 설교자와 메시지에 대해 집중할 수 있는 분위기를 만들어 내고 있다.

도 없습니다. 자식이 똑똑하면 똑똑할수록 부모에게는 더 불효하고요, 며느리는 아주 인물 좋고 공부 많이 한 며느리를 볼수록 부모 가슴에 더 큰 못질을 합니다.

그러니 우리의 희망이 무엇입니까? 과거에 잘나가던 분들을 찾아가서 "요즘도 행복합니까?" 하고 물어보세요. 저는 돈 많이 가진 분들도 많이 만나 보았습니다. 그러나 희망이 없습니다. 여러분, 우리에게는 희망이 없습니다. 그렇게 인정하는 것이 정상입니다.

성경에서는 "야, 바보 천치야! 보이는 것을 희망이라고 쳐다보고 따라가는 이 바보 천치야! 보이는 것을 무엇 때문에 기다리고 쳐다보냐? 진짜 우리가 소망을 가져야 할 것은 보이지 않는 것인데, 보이지 않는 것에 대해서는 맹인과 같다. 보이는 것은 기다릴 만하거나 희망

을 가질 만한 것이 못된다"고 합니다. 다 아침 안개와 같다고 했습니다. 예수님이 없기 때문에 우리에게 이러한 현실이 생겨난 것입니다.

'하나님도 없는 자'라는 말이 참 실감나지 않습니까? 예수님을 안 믿는 분들에게 부탁합니다. 자기 자신에게 질문하고 대답하세요. 하나님이 누구입니까? 다시 말하면, 내 생의 주인이 누구입니까? 이 질문에 대한 정상적인 대답은 "하나님"이어야 합니다. 하나님이 나를 만드셨기 때문입니다. 그러므로 내 주인은 하나님이어야 합니다. 그런데 하나님이 없습니다. 안 믿기 때문입니다. 하나님 대우를 안 해 주는 것입니다.

그러면 이런 사람들에게는 누가 하나님입니까? 대부분 자신이 자기의 하나님이라고 대답할 것입니다. 나 자신이 내 하나님입니다. 그래서 세상 마지막 때가 다 되면 하나님께서 말씀하시기를 사람들이 쾌락을 사랑하기를 하나님 사랑하는 것보다 더한다고 했습니다(딤후 3:4 참조). 하나님 없는 사람은 자기 스스로가 자신의 하나님이니까 모든 것을 자신을 위해 투자합니다. 비참한 사람이요, 잘못된 사람입니다.

하나님이 없는 사람들은 자신이 자기의 하나님인 것으로 생각하지만, 사실 인간은 자신의 하나님이 될 수 없습니다. 인간에게는 절대 중립지대가 없습니다. 하나님 편에 속하든지 아니면 마귀 편에 속하든지 둘 중에 하나입니다. 하나님 편이 아니라면 마귀의 편에 속한 것입니다. 예수님을 믿지 않는 분들은 '아니, 그럼 나를 마귀가 지배한다고? 말도 안 되는 소리야'라고 할지 모르지만, 그렇지 않습니다. 이것은 제가 그냥 하는 이야기가 아닙니다. 제가 어찌 제 생각으로 감히 그런 말을 합니까? 성경에 보면 하나님의 지배를 받지 않는 사람은 아무리 자아(ego)가 강한 사람이라도 마귀의 지배를 받게 된다고 말합니다.

이들에게는 마귀가 그들을 지배한다는 것을 드러내주는 여러 가지 증거들이 마음과 생각에 나타납니다. 왜 사람들이 점쟁이를 찾아갑니까? 보통 현대인들은 점쟁이들을 믿지 않는다고 생각하지만, 데이터상으로 보면 지식 수준이 높을수록 사람들이 점쟁이들을 더 찾는다고 합니다. 한국에서 유명한 점쟁이를 찾아가는 사람들 대부분이 인텔리층입니다.

그러면 그들이 왜 점쟁이를 찾아갑니까? 마귀에게 끌려가는 사람이기 때문입니다. 집안에 부적을 붙여 놓고 있는 분들도 있을 겁니다. 왜 그런 걸 가져다가 베개 속에 넣어 놓고, 장롱 속에 붙여 놓고, 회사 벽에 붙여 놓고 왜 그렇게 난리를 칩니까? 마귀가 지배하니까 두렵기 그지없는 것입니다. 완전히 마귀의 종이 되었습니다. 쇠사슬에 매여 있습니다. 꼼짝을 못합니다.

## 베 조각에 지나지 않는 부적

복음을 듣고 예수님을 믿겠다고 결심한 자매가 한 사람 있었습니다. 그 자매는 그전까지 불교를 믿었습니다. 남대문에서 가게를 했는데 이상하게 마음이 불안하고 고통스러웠다고 합니다. 그래서 절에 가서 부적이라는 것은 모두 사다가 붙일 데 다 붙이고 집어넣을 데 다 집어넣었습니다. 그러나 그렇게 해도 문제는 도무지 해결되지 않았습니다.

그래서 어떤 이웃에게 전도를 받아 교회에 나왔는데, 그날 저에게 전화를 했습니다. "목사님, 우리 집에 부적이 너무 많은데 제가 오늘 교회에 나갔으니 이것 때문에 집안에 어떤 일이 일어날지 모르겠습니다. 도대체 불안해서 앉아 있을 수가 없어요. 목사님, 어떻게 하면 좋아요? 오셔서 예배 좀 드려 주시고 어떻게 처리 좀 해 주세요." 그런데 제가 시간이 없어서 "내일 모레까지 전도집회를 하기 때문에 도무지 시간이 날 것 같지 않습니다. 우리 부교역자들을 보내드릴까요?" 했더니 "부교역자도 좋지만 목사님이 좀 와 주세요" 합니다. 이왕 올 바에는 왕초가 와 달라는 이야기죠. 그러면 부적 때문에 집안에 있는 귀신들이 다 쫓겨나갈 것 같은 생각이 들었나 봅니다. 그래서 "그럼, 수요일에 전도집회 마치고 가죠" 했습니다.

그런데 그 자매가 전화를 끊고도 불안해서 참을 수가 없었는지 자기를 전도한 우리 교회 집사님에게 다시 전화를 해서 드디어 우리 교회 부목사님 한 분이 그 댁에 전화를 했답니다. 그러고는 그 자매가 하도 불안해하니까 "그 부적을 다 가져오십시오. 제가 다 처리해 드리겠습니다"라고 했답니다. 그래서 이 자매가 정말로 집 안에 있는 부적을 다 싸가지고 왔는데, 200만 원짜리라는 커다란 부적에서부터 작은 종이쪽지 같은 것까지 얼마나 많았는지 모른답니다.

그 부적이란 게 도대체 뭡니까? 베 조각, 종이 조각일 뿐입니다. 사람이 쓴 글일 뿐입니다. 왜 우리가 그것을 우습게 생각하냐 하면 온 천지만물을 지으신 하나님이 내 아버지요, 나는 그 하나님의 손에 잡혀 있는 사람이요, 아무도 나를 지배할 수가 없기 때문입니다. 오직 하나님만이 나를 지배하십니다. 오직 하나님만이 나를 인도하십니다. 이것을 알고 있기 때문에 그까짓 것 당장 불에 넣어 버리면 끝나는 것입니다.

이전에 저는 어느 집에 가서 부적이니 불경이니 염주니 하는 것들을 전부 다 가져와서 제가 혼자 앉아 기름을 부어 가면서 모두 태운 일이 있습니다. 아마 귀신을 믿는 사람들이 봤다면 "저놈 당장 벼락맞아 죽을 거야. 그렇지 않으면 집안에 무슨 일이 일어날 거야" 했을 겁니다. 그런데 천만에요. 전 아직까지 이렇게 건재합니다.

하나님이 없는 사람은 너무나 비참합니다. 마귀의 종이 되어서 결혼 날짜도 마음대로 못 정하고, 이사도 마음대로 못 가고, 장롱도 마음대로 못 놓고, 못질도 마음대로 못 하는 사람들이 얼마나 많습니까? 어떤 사람은 심지어 눕는 것도 방향을 잡아서 누워야 합니다. 세상에 어쩌면 그렇게 불쌍한 생활을 하는지 모릅니다. 하나님 앞에 돌아오면 베개를 가지고 어느 쪽으로 눕든 무슨 상관입니까? 7월에 이사를 가든 12월에 이사를 가든 가고 싶을 때 가는 것이지, 안 그렇습니까? 그런데 하나님이 주인이 아니기 때문에 우리에게 이와 같은 비극적인 상황이 일어납니다.

## 매일 머리 위에 진노를 쌓아 가다

이와 같이 사람들이 하나님과 원수가 되어 하나님 없는 생활을 한 결과, 드디어 하나님의 진노 아래 놓이게 되었습니다. 하나님의 진노가 우리 위에 머물러 있습니다.

> 다만 네 고집과 회개하지 아니한 마음을 따라 진노의 날 곧 하나님의 의로우신 심판이 나타나는 그날에 임할 진노를 네게 쌓는도다
> _롬 2:5

한 가지 분명히 우리가 알아 두어야 할 것은, 이 세계는 윤회설에서 말하는 뱅글뱅글 도는 역사가 아니라는 것입니다. 종말이 옵니다. 시작이 있었으므로 종말이 옵니다. 그날이 되면 하나님께서 그때까지 오래 참고 기다리던 모든 악인들을 심판하실 것입니다.

우리는 그 악한 김일성이 왜 그렇게 오래 살았을까 하고 생각합니다. 그렇지만 성경을 보면 그 대답은 간단합니다. 김일성이 오래 사는 만큼 그의 머리 위에 하나님의 진노를 계속 계속 쌓는 것입니다. 그가

감당하지 못하고 쓰러질 정도로 하나님께서 심판의 중한 짐을 그에게 쌓으셨습니다. 오래 살면 오래 살수록 그의 머리 위에 쌓이는 하나님의 진노의 짐은 더 무거워지는 것입니다.

마지막 날, 우리 주님이 오시는 그날에 그가 어떻게 심판을 받는지 우리는 보게 될 것입니다. 예수님을 안 믿는 사람도 마찬가지입니다. 주님이 심판하시는 그날에는 아무도 우리를 구원할 자가 없습니다. 돈, 아파트 등 아무것도 우리를 구원하지 못합니다. 세상에서 높은 지위를 가지고 있다고 그날에도 거드름을 피울 수 있을 줄 압니까? 천만에요. 하나님 앞에는 벌거벗은 존재로 다 나타납니다. 하나님 앞에는 권력이나 지위가 아무것도 아닙니다. 다 빈손 들고 서게 됩니다. 그래서 세상에 있을 동안 하나님과 원수 된 관계를 계속 고집하면서 예수님을 믿지 않은 사람들은 자기가 쌓은 하나님의 진노를 받게 됩니다. 이것이 우리가 예수님을 믿지 않을 때 하나님 앞에서 어떤 상태로 남아 있는 것인가를 진단하는 성경 말씀의 내용입니다.

이처럼 우리가 절망적인 상황 가운데 있는데, 이것을 스스로 해결할 수 있다고 생각합니까? '하나님과 원수 되었으면 그 원수 된 것을 풀면 될 것 아닌가? 하나님의 진노가 내 머리 위에 있으면 하나님의 진노를 받지 않도록 선행을 좀 하면 될 것 아닌가?' 하고 생각합니까? 그렇지 않습니다. 하나님의 말씀을 보면 우리 입장에서 하나님과 우리의 관계를 개선할 방법이 전혀 없다고 말하고 있습니다. 그러면 누가 개선해 주어야 합니까? 오직 하나님 편에서 우리를 위해 해결해 주셔야 할 절실한 문제입니다.

과거의 유신 헌법 때 "유신이 잘못되었소" 하며 유신에 대항하던 사람들이 나중에는 다 감옥에 들어갔습니다. 그 후 박 대통령이 풀어 주지 않으니까 절대 감옥에서 나오지 못하더군요. 아무리 그 사람이 감옥에서 발버둥을 쳐도 대통령이 풀어 주지 않으면 어쩔 수 없습니다. 대통령이 풀어 주어야만 합니다.

만약 내가 지금 하나님과 원수 된 관계라면 그 관계는 내가 풀 수 있는 것이 아닙니다. 무슨 종교를 믿든지 자유겠지만, 하나님과 우리 사이의 이 비정상적인 관계를 회복시키는 데 우리는 백 퍼센트 무력합니다. 하나님이 나를 원수로 보고 있는데 내가 감히 무슨 재주로 하나님의 마음을 바꿀 수 있겠습니까?

하나님이 이 문제를 해결해 주셔야 합니다. 그런데 성경을 보면 굉장히 기쁜 소식이 있습니다. 하나님이 원수 된 나를 그 원수 된 매듭에서 풀어서 하나님과 항상 만날 수 있는 자녀가 되게 하기 위해 먼저 손을 쓰셨다는 것입니다.

## 십자가의 자리가 지옥

하나님은 우리가 그분과 원수 된 관계에 있는 것에 종지부를 찍기 위해 놀라운 일을 실천에 옮기셨습니다. 무슨 일입니까? 예수님의 십자가의 피로 하나님과 원수 된 관계를 끝내고 화평을 이루었습니다. 화목하게 되었습니다. 그래서 예수님으로 말미암아 우리는 하나님과 원한 관계가 아닌 아버지와 아들의 관계로 바뀌었습니다. 언제 이렇게 되었습니까? 아직도 우리가 죄를 짓고 하나님과 원수 되어 있을 동안에 하나님 편에서 나를 위해 이미 이런 일을 해 주셨습니다. 누구를 통해서 이 일을 해 주셨습니까? 그의 아들 예수를 통해서 이 일을 해 주셨습니다.

예수님이 누구입니까? 예수님은 하나님의 아들입니다. 예수님은 죄 없는 하나님의 아들로서, 하나님이 이 세상에 보내셔서 오신 분입니다. 왜 오셨나요? 하나님과 우리의 원수 된 관계를 풀려면 죄의 문제를 해결해야 하기 때문입니다. 스스로 '나는 죄 안 지었다'고 생각하는 사람이 있을지 모르지만, 하나님 앞에서는 하나님을 섬기지 않고 마귀의 지배를 받으며 살던 생활 전부가 죄입니다.

태어나자마자 손발을 묶어 놓고 꼼짝을 하지 않다가 죽어도, 심지어 내가 식물인간이 되어 10년을 살다 죽어도 나는 하나님 앞에 죄인입니다. 왜냐하면 하나님과 나와의 관계는 원수의 관계로 이미 정해져 있기 때문입니다. 이 죄 문제를 해결해야겠는데 죄인은 이 죄의 문제를 해결할 길이 없습니다. 그래서 죄 없는 예수님이 이 세상에 오셔서 우리 죄를 대신 짊어지셨습니다.

십자가는 하나님의 아들이 나의 죄를 전부 짊어지고 그 죗값을 송두리째 있는 그대로 받은 고난의 동산입니다. 바로 그곳, 십자가의 자리가 지옥입니다. 내가 장차 지옥에 가서 받아야 할 모든 하나님의 진노와 심판을 하나님의 아들이 대신 십자가에서 받으신 것입니다.

마음의 문을 열고 십자가를 바로 보십시오. 하나님의 아들이 나를 위해 죽으셨다는 그 십자가를 좀 보세요. 여러분이 마음의 문을 열기만 하면 당장 보입니다. 나를 위해 죽으신 하나님의 아들을 보는 것은 결코 어렵지 않습니다. 믿기만 하면 금방 보입니다. 그래서 오늘날 지구상에 있는 수억의 사람들이 마치 거짓말과 같은 그 이야기를 참말로 받아들이고 하나님의 아들이 나 같은 죄인을 위해, 나를 하나님과 원수 된 자리에서 꺼내 주기 위해 십자가에 죽으셨다는 것을 믿습니다. 하나님께서 그 마음을 활짝 열어 주셔서 하나님의 아들이 죽으신 것이 진실이라는 것을 믿고 확인하게 되고, 그것이 감정으로 전달되어 십자가를 생각할 때마다 자기 죄를 고백하고 눈물 흘리게 되며, 나를 대신해서 죽으신 예수님 앞에 감격하고 마음이 불같이 뜨거워져서 녹아내리는 것을 느끼는 삶이 모든 크리스천들의 삶입니다.

왜 그것을 못 봅니까? 십자가를 통해 하나님께서는 죄의 문제를 완전히 다 해결하셨습니다. 그리고 예수님은 삼 일 만에 죄를 이기고 살아났습니다. 죽음을 이기고 살아났습니다. 마귀를 이기고 살아나셨습니다. 그 예수님을 하나님이 인류의 구원자로 세우셨습니다. 그리고 인류에게 선언합니다. "이제는 너희와의 원수 관계가 십자가를 통해 모두 해소되었다. 그러므로 누구든지 십자가만을 바라보라. 그러면 너희에게 내리려던 모든 진노를 거두고 대신 축복해 주겠다"고 하십니다.

◦ ◦ ◦ ◦ ◦ ◦ ◦ ◦
### 믿는 자는 영생이 있고

이런 이야기가 있습니다. 아버지와 아들이 있었습니다. 그런데 아들이 장성하자 어릴 때와 달리 아버지 말씀을 고분고분 듣지 않

> 설교자는 아날로기에(analogie : 유비)의 위력을 누구보다 잘 알고 있어야 한다. 알레고리(allegory : 풍유)의 오류에 빠지지 않는다면 그 효과를 얻을 수 있다.

았습니다. 그래서 자주 의견대립이 생깁니다. 어느 날 드디어 심한 충돌 끝에 아들이 가출을 해 버렸습니다. 그리고 오랫동안 돌아오지 않았습니다. 어머니는 상심해서 병석에 누워 버렸고 결국 임종이 가까워졌습니다. 그런데 어머니가 너무나 아들을 보고 싶어 했습니다. 죽을 때 한이 되어 눈을 못 감을 정도입니다. 아버지가 이래서는 안 되겠다고 생각해서 사방에 수소문하여 아들을 찾았습니다.

아들은 어머니가 임종을 맞고 있다는 이야기를 듣고 달려왔습니다. 병상 위의 어머니 앞에서 "엄마!" 하면서 울고 있는데, 뒤에 누가 서 있는 기척이 납니다. 그래서 뒤를 돌아보니 아버지가 서 계십니다. 어머니가 숨을 거두는 마지막 순간에 힘도 없는 손을 내밀어 아들과

아버지의 손을 마주잡게 했습니다. "여보, 당신의 아들을 사랑해 주세요. 얘야, 아빠를 사랑해야지." 이렇게 두 손을 꼭 쥐어 주고는 세상을 떠났습니다. 그러자 그렇게 심한 갈등과 대립 속에 있었던 아들과 아버지가 서로 뜨겁게 끌어안고 어머니의 시신 앞에서 잘못을 고백하면서 화해하게 되었다고 합니다.

본문에서 설교자는 얼마든지 일어날 수 있는 인간사의 한 순간을 십자가 사건의 본질을 보여 주는 길잡이로 사용하고 있다. 이 예화 자체만으로도 마음이 찔리거나 눈시울이 뜨거워지는 청중들이 많았을 것이다.

예수님의 십자가가 꼭 이와 같은 역할을 한 것입니다. 하나님과 나, 죄 때문에 원수 되었던 관계이지만 우리 예수님이 십자가에서 죽으시면서 하나님 되신 아버지와 나의 손을 마주잡게 하시고 하나 되게 해 주셨습니다. 이것이 십자가입니다. 그리고 삼 일 만에 살아나셔서 이제는 누구든지 예수님만 믿으면 하나님 앞에 당당하게 죄 용서함을 받을 수 있도록 활짝 문을 열어 놓았습니다. 이것이 하나님이 우리를 위해서 해 주신 일입니다. 하나님이 우리를 위해서 이 엄청난 일을 해 주셨습니다. 이것을 전하고 믿도록 하는 것이 기독교요, 이것을 믿고 사람이 변하는 것이 기독교요, 이 놀라운 사랑 앞에 옛사람은 완전히 산산조각이 나고 새사람으로 태어나는 것이 기독교입니다.

하나님이 여러분에게 요구하시는 것은 단 한 가지뿐입니다. 하나님이 자기 아들을 희생시키는 그렇게 큰 핏값을 지불하셨지만 우리에게 요구하시는 것은 하나뿐입니다.

아들을 믿는 자에게는 영생이 있고 아들에게 순종하지 아니하는 자는 영생을 보지 못하고 도리어 하나님의 진노가 그 위에 머물러 있느니라_요 3:36

여기서 중요한 것은 '아들을 믿는 자에게는 영생이 있다'는 것입니다. 하나님이 우리에게 요구하시는 것은 십자가에 못 박혀 죽었다가 삼 일 만에 부활하신 예수 그리스도를 믿으라는 것입니다. 예수님을 믿기만 하면 하나님과 행복한 관계를 유지하게 됩니다. 그러므로 한 가지뿐입니다. 믿음으로 믿기만 하면 됩니다. 믿기만 하면 우리는 의롭다 하심을 얻게 됩니다. 또한 우리 주 예수 그리스도로 말미암아 하나님께로부터 화평을 누리게 됩니다.

믿음이라는 것이 무엇입니까? 나 자신을 완전히 포기하고 어떤 분에게 완전히 맡기는 것입니다. 수표 중에서 보증수표를 받으면 절대 의심하지 않고 완전히 믿습니다. 여러분이 만약 주머니에 천만 원짜리 보증수표를 가지고 있다면, 누가 뭐래도 내 주머니에 천만 원짜리 보증수표가 있다는 것을 철썩같이 믿습니다. 이것이 믿음입니다. 맨 처음 비행기를 탈 때는 누구나 불안한 마음이 들기도 합니다. 그런데도 비행기를 탑니다. 안전할 것이라고 생각하고 타는 것입니다. 그것이 믿음입니다.

○ ○ ○ ○
## 무죄 선고

우리는 예수님께 우리 자신을 완전히 맡겨야 합니다. "주여, 나는 하나님과 원수 되었던 사람입니다. 그러나 예수님께 나를 맡깁니다. 나의 죄, 나의 모든 잘못된 것들을 주님이 다 맡아 주세요. 내 인생도 이제는 전부 다 맡으세요. 오직 예수님께 나의 모든 것을 맡깁니다" 하고 맡기는 이것이 믿음입니다.

어떻게 하는 것이 예수님은 하나님의 아들이라는 것을 의심하지 않는 것입니까? 예수님께서 십자가에 죽었다가 삼 일 만에 살아나셔서 이제는 나의 구원자가 되셨다는 것을 의심하지 않는 것이 믿음입니다. 그래서 완전히 맡기는 것입니다. 하나님이 이것 하나를 요구하셨습니다. 여러분에게 돈을 가져오라거나 선행을 많이 하고 수양을 쌓으라고 하지 않으셨습니다. 다 필요 없습니다. 하나님께는 하나도 필요 없어요. 단 한 가지 "예수님이 너를 위해 죽으신 것을 믿으라"는 것입니다. 그러면 하나님께서 모든 것을 주시겠다고 약속하셨습니다.

예수님을 믿는 사람은 기가 막힌 선물을 받습니다. '나는 예수님께서 나를 사랑하시는 것과 나의 구원자라는 것을 믿습니다' 하고 마음으로 고백만 하면 이상한 일이 일어납니다. 하나님 편에서 나의 모든 죄를 말끔하게 씻어서 죄가 없는 것으로 인정해 주시는 것입니다. 다시 말해서 무죄 선고를 해 버립니다.

사형수가 감옥에 있다가 대통령이 사면을 내리면 자기가 왜 나오는지도 모르고 멍멍한 채 감옥 문을 나오게 됩니다. 감옥에서 나오게 되었다고 해서 그 사람이 지은 죄가 없어진 것은 아닙니다. 그러나 법적으로 볼 때는 죄가 하나도 없는 것처럼 되어 나오게 됩니다. 이와 마찬가지로, 나에게는 더러운 것도 그대로 있고 잘못된 마음도 그대로 있는데 예수님을 믿으면 하나님께서는 나의 죄를 다 없는 것으로 여기십니다. 과거의 죄, 현재의 죄, 미래의 죄를 다 용서하십니다. 십자가 위에서 우리의 죗값을 다 치르신 그 예수님을 우리가 붙드는데 하나님께서 용서하지 않으실 리가 없습니다. 예수님을 믿는 사람들이 날마다 기뻐하고 감사하는 이유가 바로 이것입니다. 죄책감이 없습니다.

그러면 속으로 '그래. 죄책감이 없으니까 마음대로 죄 지어 놓고 항상 '주여, 잘못했습니다' 한 마디만 하면 다 없어진다고 하는구나. 예수 믿는 사람들은 다들 위선자다'라고 생각할지 모르지만, 그런 회개와 제가 말하는 회개는 근본적으로 다릅니다. 우리가 예수를 믿고 나서 죄 없다 함을 받고 의롭다 함을 받는 것은 근본적인 것입니다. 달라진다는 것입니다. 하나님 앞에서 죄인이 아니라 의인으로 신분이 바뀐다는 것을 말합니다. 하나님이 우리를 보실 때 죄인으로 보지 않으시고 의인으로 보신다는 것입니다. 하나님의 입장이 달라진다는 말입니다.

그래서 예수님을 믿고 나면 전부 다 의인이 됩니다. 항상 마음의 평안이 있습니다. 그리고 어쩌다 잘못할 때도 하나님 앞에 잘못했다고 항상 빕니다. 그러면 하나님이 용서해 주십니다. 왜 용서해 줍니까? 근본적으로 죄가 없는 사람으로 하나님이 인정하셨기 때문에 가끔씩 실수하는 것은 하나님이 용서해 주십니다. 그것이 신자의 기쁨입니다. 그러나 근본적인 용서가 안 되면 하나님께서 절대로 용서하시지 않습니다.

우리는 하나님과 원수 관계에 있지 않습니다. 우리는 하나님과 화평을 누리는 자가 되었습니다. 가끔 어떤 교회에서 집회 강사로 저를 초청해 가면 저를 호텔에서 유숙하게 합니다. 요즘은 좋은 호텔이 많아서 고생을 안 하고 참 편안히 쉬고 올 때가 있습니다. 이렇게 강사로 초빙받아서 호텔에 가면 그렇게 기분이 좋을 수가 없습니다. 왜냐하면 그곳에서는 내가 일주일 내내 마음대로 드나들어도 팁 달라는 소리도 안 하고, 숙박비 내라는 소리도 안 합니다. 얼마나 기분이 좋습니까? 제가 왜 그렇게 자유롭게 호텔에서 지내고 나올 수 있었겠습니까? 숙박비를 교회에서 대신 지불했기 때문입니다. 교회에서 이미 값을 다 지불했기에 제가 숙박비를 지불할 필요가 하나도 없습니다.

## 기도, 화평을 이룬 자의 특권

이제는 하나님과 우리가 화평을 이루게 되었습니다. 마음대로 하나님을 아버지라고 부르기도 하고 하나님 앞에 기도도 마음대로 합니다. 하나님이 나를 보고 악하다고 하지 않으시고, 더럽다고 하지도 않으십니다. 하나님이 왜 나에게 이렇게 하실까요? 우리 예수님이 십자가에서 나의 죗값을 대신 다 지불하셨기 때문입니다. 그래서 내가 마음대로 하나님 앞에 드나드는 것입니다. 이것이 화평입니다.

이렇게 화평을 누리는 사람은 언제가 제일 좋은가 하면, 고통을 받을 때가 참 좋습니다. 우리가 인생을 살다 보면 고독하고 고통당할 때가 있지 않습니까? 세상 사람들은 그럴 때 사실 찾아갈 곳이 없습니다. 사업상의 일로 고통당하고 직장에서 갈등을 겪고 40대의 허무감을 안고 허덕일 때 누구를 찾아가서 마음을 다 털어놓습니까? 술집에 가거나 아니면 친구들에게 몇 마디 할 겁니다. 그러고는 집에 돌아와서 담배나 대여섯 개 피워 물고, 그래도 괴로우면 텔레비전과 이야기합니다. 다 잊어버리기를 원합니다. 그러나 마음에 가득한 것은 남아 있습니다. 이야기할 데가 없지 않습니까?

그런데 하나님과 화평을 이룬 사람은 기가 막힌 데가 있습니다. 방문을 닫고 무릎을 꿇고서 하나님 앞에 조용히 "하나님 아버지, 회사가 부도나게 생겼어요" 하고 말해 보십시오. 믿지 않는 사람이 보기엔 바보 같다고 생각될지도 모릅니다. 하지만 하나님이 그 자리에 계십니다. 하나님이 내 이야기를 다 들으시는 것을 믿기 때문에 조금도 부담 없이 하나님에게 다 털어놓습니다. 아내에게 말하지 못하는 것까지 하나님께 다 털어놓습니다. "지금 빚이 많습니다. 하나님! 하나님께서 도와주세요."

에이브러햄 링컨(Abraham Lincoln, 1809~1865) 대통령 당시 남북전쟁에서 초두부터 북군이 자꾸 패배해서 링컨이 절망에 빠졌습니다. 그때 링컨은 수심에 쌓인 채 각료들과 앉아 여러 가지 대책회의를 하다가 가슴이 답답하고 괴로우면 회의를 잠시 멈추고 회의장을 빠져나갔습니다. 그의 비서는 링컨 대통령이 어디를 가는지 너무나 잘 압니다. 그가 고통당할 때마다 찾아가는 기도실이 있었습니다. 거기에 들어가서 기도를 합니다. 그러면 비서는 기도실 앞에 "대통령은 기도중"이라는 푯말을 붙여 놓습니다. 시간 제한이 없습니다.

링컨은 하나님 앞에 국가의 운명을 놓고 기도하며 마음에 있는 고통을 다 쏟아 놓았습니다. 기록에 보면 카펫 위에서 무릎을 꿇고 하도 기도를 많이 해서 카펫이 너덜너덜해질 정도였다고 합니다. 그의 기도를 하나님이 들어주셨습니다. 링컨 기념관에 가 보면, 링컨이 한 일 중에 노예 해방보다 더 위대한 것이 있습니다. 국가가 양분되는 위기를 막은 것입니다. 아메리카의 통일의 아버지입니다. 하나님 앞에 얻은 기도의 응답입니다. 그래서 위대한 사람이 되었습니다.

사랑의교회에 한 부인이 있었습니다. 그 부인이 교회 전도집회에 참석하고서 밖으로 나와 보니까 애가 없어졌습니다. 두 돌이 겨우 지난 여자 아이가 2층에 있다가 중간에 신발도 안 신고 쥐도 새도 모르게 빠져나가서 없어진 것입니다. 모임이 끝나고 나서 주변의 교역자들, 집사님들과 함께 온 사방을 다 뒤져도 애가 안 보입니다. 2시간 30분을 헤맸습니다. 야단났습니다. 찾다가 안돼서 사무실에 다시 모였습니다. 그래서 저는 교역자들과 기도하다가 먼저 집으로 돌아왔습니다.

그런데 남은 교역자들은 계속 아기 엄마와 같이 기도를 했나 봅니다. 저는 집에 와서 "하나님이 전도집회하라고 하신 건데 여기서 애를 잃어버리면 어떻게 합니까? 찾아 주시려면 찾아 주시고, 말리면 말고 마음대로 하십시오" 하면서 그냥 침대에 누워서 "하나님, 어떻게 하실 거예요? 오늘 저녁이 지나기까지도 애를 못 찾으면 어떻게 하실 거예요?" 하고 있었습니다.

그때까지도 교역자들은 아기 엄마와 계속 기도하고 있었고, 아기를 잃어버린 지 3시간이 넘어 가고 있었습니다. "아멘" 하고 기도가 끝난 후에 따르릉 하고 전화벨이 울렸는데, 파출소에서 전화가 왔습니다. "애가 여기 있습니다." 아기 엄마와 교역자들이 너무나 좋아서 저에게 전화해 놓고 전화통에 대고 어찌나 호들갑스럽게 기뻐하던지, 저도 참 기분이 좋았습니다. 그래도 은근히 참고 "하나님이 당연히 그렇게 해 주셔야지" 했습니다.

왜 제가 이렇게 배짱이 좋으냐 하면, 하나님과의 사이에 막힌 것이 없기 때문입니다. 옛날에는 원수였지만 지금은 막히는 곳이 없습니다. 너무나 고통스러울 때도 외롭지가 않습니다. 정신 나간 사람처럼 주저앉지 않습니다.

○ ○ ○ ○ ○ ○ ○ ○ ○
## 믿음의 밧줄을 끝까지

기회라는 것은 항상 중요합니다. 여러분이 부인의 성화에 못 이겨서, 혹은 자녀 때문에 이 메시지를 듣게 되었는지도 모릅니다. 그러나 사실은 하나님께서 여러분을 인도하신 것입니다. 하나님과 원수 된 관계를 지금 해결하라는 것입니다. 오직 예수님을 믿음으로써 해결 받으라는 것입니다. 그러면 우리의 모든 죄가 용서받고 하나님과 화평한 관계가 됩니다.

저는 1974년 12월 25일에 일어난 대연각 호텔 화재 때 바로 그 건물 옆에 있었습니다. 그래서 처음부터 마지막까지 그 상황을 목격했습니다. 호텔 안의 많은 사람들이 크리스마스 이브를 이용해 나쁜 짓을 하면서 밤새도록 지내다가 아침 늦게까지 잠에 빠져 있었습니다. 그런데 갑자기 불이 났으니 정신이 있겠습니까? 아수라장이 되었습니다. 다행히 옥상까지 뛰어간 사람들은 헬리콥터가 오면 그 밧줄 하나를 잡으려고 난리가 났습니다.

기회입니다. 집이 불타고 있을 때 밧줄을 잡으면 살고, 밧줄을 놓치면 죽습니다. 이것이 기회입니다. 그래서 어떤 사람은 염치 불구하고 옷도 제대로 못 입은 채 밧줄을 잡고 서울 한복판을 매달려 가는 것을 보았습니다. 웃을 일이 아닙니다. 우리가 기회를 놓치면 주님이 오시는 날 그보다 더 부끄러운 일을 당합니다. 기회는 한 번입니다. 밧줄을 잡는 사람은 삽니다. 그러나 또 어떤 사람은 밧줄에 매달려가다가 떨어져 즉사하는 것을 두 번인가 세 번 보았습니다. 밧줄을 잡고 가다가 힘이 없어서 놓아 버린 것입니다.

한번 예수 믿고 하나님의 자녀가 되면 끝까지 잡아야 합니다. 하나님 나라 갈 때까지 예수라는 믿음의 밧줄을 잡아야 합니다. 이것을 잡을 수 있는 기회는 한 번뿐입니다. 바로 지금인지도 모릅니다. 미루지 마십시오. 인생은 그렇게 단순하지 않습니다. 죽으면 끝난다는 낭만적인 이야기는 어디서 배웠습니까? 우리 인간을 창조하신 하나님은 인간을 그렇게 해석하지 않으십니다. 같이 기도합시다.

"하나님 아버지, 하나님과 원수 된 우리가 예수 그리스도를 통해 하나님과 화평을 누리고 모든 죄를 용서받게 된다는 이 놀라운 복음을 우리가 듣게 해 주신 것을 감사합니다. 주여, 우리는 날 때부터 죄인이었고 날 때부터 마음으로 하나님을 미워하며, 날 때부터 하나님께 무관심하고 적대감을 갖는 인간이었습니다. 오직 내 육신의 쾌락과 향락을 위해서 나의 아까운 생애를 소모했습니다. 그래서 너무나 처절한 존재로 지금 이 자리에 남아 있습니다.

그러나 주님, 주님이 모든 악을 짊어지고 십자가에 죽으신 것을 들었습니다. 그리고 삼 일 만에 살아나셔서 드디어 우리를 향해 '나를 믿으라. 그리하면 너희는 하나님의 자녀가 되고 모든 죄를 용서받으며 하나님과 화평의 관계를 갖는다'고 가르쳐 주신 것을 분명히 들었습니다. 우리가 우리 힘으로는 하나님과 원수 된 관계를 해결할 수 없지만 하나님께서 우리를 구원하시기 위해 그의 아들을 희생시키시면서 이 관계를 회복시켜 주신 것을 들었습니다.

하나님, 지금 이 기도를 하는 모든 사람들이 예수님을 믿을 수 있도록 복 주시옵소서. 기회를 놓치지 않고 이 자리를 통해 예수님을 믿는 귀한 하나님의 자녀가 되어 하나님의 품에 안길 수 있게 해 주시옵소서."

눈을 감고 깊이 생각해 보기 바랍니다. 예수님만이 우리의 길이요 진리요 생명이십니다. 세상에 살면서 마음에 무거운 짐을 많이 짊어지고 있을 것입니다. 주님께서 여러분을 부르고 계십니다. 우리를 위해 십자가에 죽으시고 삼 일 만에 부활하신 주님이, "수고하고 무거운 짐 진 자들아 다 내게로 오라 내가 너희를 쉬게 하리라"(마 11:28)라고 말씀하십니다.

혹시 세상에서 나쁜 죄를 범해서 항상 마음에 고통받는 분이 있습니까? 주님께서 당신을 용서해 주시기 위해 기다리고 계십니다. 주저하지 말고 마음에 예수님을 영접하십시오. 예수님을 나의 구원자로 영접하십시오. 하나님의 아들로 알고 마음에 받아들이십시오. 이 기회를 놓치지 마십시오. 이제 결단하십시오. 예수님을 믿고 하나님의 품에 안기세요. 하나님이 여러분을 부르고 계십니다.

# 2

## 영혼의
## 해갈

아이를 맡은 아줌마는 애를 달래기 위해 장난감과 먹을 것을 갖다줍니다.
그러면 일시적으로는 효과가 있습니다. 아이가 잠깐은 좋아합니다.
그러나 조금 있으면 또 두리번거리며 문간을 쳐다봅니다. 엄마를 기다리는 것입니다.

7 사마리아 여자 한 사람이 물을 길으러 왔으매 예수께서 물을 좀 달라 하시니 8 이는 제자들이 먹을 것을 사러 그 동네에 들어갔음이러라 9 사마리아 여자가 이르되 당신은 유대인으로서 어찌하여 사마리아 여자인 나에게 물을 달라 하나이까 하니 이는 유대인이 사마리아인과 상종하지 아니함이러라 10 예수께서 대답하여 이르시되 네가 만일 하나님의 선물과 또 네게 물 좀 달라 하는 이가 누구인 줄 알았더라면 네가 그에게 구하였을 것이요 그가 생수를 네게 주었으리라 11 여자가 이르되 주여 물 길을 그릇도 없고 이 우물은 깊은데 어디서 당신이 그 생수를 얻겠사옵나이까 12 우리 조상 야곱이 이 우물을 우리에게 주셨고 또 여기서 자기와 자기 아들들과 짐승이 다 마셨는데 당신이 야곱보다 더 크니이까 13 예수께서 대답하여 이르시되 이 물을 마시는 자마다 다시 목마르려니와 14 내가 주는 물을 마시는 자는 영원히 목마르지 아니하리니 내가 주는 물은 그 속에서 영생하도록 솟아나는 샘물이 되리라 15 여자가 이르되 주여 그런 물을 내게 주사 목마르지도 않고 또 여기 물 길으러 오지도 않게 하옵소서 16 이르시되 가서 네 남편을 불러 오라 17 여자가 대답하여 이르되 나는 남편이 없나이다 예수께서 이르시되 네가 남편이 없다 하는 말이 옳도다 18 너에게 남편 다섯이 있었고 지금 있는 자도 네 남편이 아니니 네 말이 참되도다 19 여자가 이르되 주여 내가 보니 선지자로소이다 20 우리 조상들은 이 산에서 예배하였는데 당신들의 말은 예배할 곳이 예루살렘에 있다 하더이다 21 예수께서 이르시되 여자여 내 말을 믿으라 이 산에서도 말고 예루살렘에서도 말고 너희가 아버지께 예배할 때가 이르리라 22 너희는 알지 못하는 것을 예배하고 우리는 아는 것을 예배하노니 이는 구원이 유대인에게서 남이라 23 아버지께 참되게 예배하는 자들은 영과 진리로 예배할 때가 오나니 곧 이때라 아버지께서는 자기에게 이렇게 예배하는 자들을 찾으시느니라 24 하나님은 영이시니 예배하는 자가 영과 진리로 예배할지니라 25 여자가 이르되 메시아 곧 그리스도라 하는 이가 오실 줄 내가 아노니 그가 오시면 모든 것을 우리에게 알려 주시리이다 26 예수께서 이르시되 네게 말하는 내가 그라 하시니라

# 영혼의
# 해갈

제가 여러분과 나누고 싶은 이야기의 소재는 인생의 갈증, 그리고 그 갈증의 해결책입니다. 본문 말씀을 읽어 보면, 사마리아 여자가 우물가에 왔을 때 주님이 그 여자와 대화를 나누신 주제는 '생수'였습니다. "물을 좀 달라"(7절)는 말로 예수님께서 여자에게 말을 거신 이유도 꼭 목이 말라서라기보다 여자와 대화의 문을 열기 위해서였습니다. 그래서 여자에게 가장 큰 관심사인 우물물을 가지고 대화를 시작하신 것입니다.

전도설교를 한다면서 정죄와 비방의 불화살을 날리는 설교자들도 있다. 믿어 보고자 애쓰지만 믿음이 적어 연약한 모습을 보이는 사람도 있는데, 그런 사람에게 세속적이라는 딱지를 붙여 교회 밖으로 내모는 것은 전도설교가 아니다.

이 우물은 '야곱의 우물'이라고 합니다. 여자가 살던 그때로부터 1800여 년 전에 야곱이라는 조상이 그 우물을 팠습니다. 유대는 물이 귀한 지역이기 때문에 우물 하나를 가지고 있다는 것은 대단한 재산입니다. 개인이 우물을 소유하는 일은 거의 드뭅니다. 그래서 한 동네에 하나 정도가 있기 마련인데, 이 우물은 1800여 년이나 된 오랜 역사를 가진 우물입니다.

## 여자와 생수

지금 예수님이 여자와 생수에 대한 대화를 시작합니다. 이것이 예수님의 지혜입니다. 사람들은 관심이 없는 이야기는 듣기 싫어합니다. 자기와 마음이 통하지 않는 말을 아무리 한들 그것이 무슨 소용이 있겠습니까?

그래서 예수님은 '어떻게 하면 평안을 얻을까?' 하는 것이 관심사인 사람에게는 그 주제를 가지고 조금씩 접근해 오시고, '어떻게 하면 복 좀 받을까?' 하는 사람에게는 복의 문제를 가지고 서서히 찾아오십니다. 그래서 대화가 통하도록 문을 여십니다. 몸에 병이 있는 사람들이 처음에 병을 고치려고 교회에 나오는 것이 절대로 나쁜 게 아닙니다. 인간은 누구나 다 상대방이 자신의 관심사에 먼저 관심을 보이며 접근해 와야 대화가 통하게 되어 있습니다.

예수님이 얼마나 지혜로우신 분인지 모릅니다. 사마리아 여자를 보고 다짜고짜 "여자여! 네가 하나님을 안 믿으면 지옥 간다는 것을 아느뇨?" 하고 대화를 시작했다면 '이 남자가 미쳤나? 왜 갑자기 이상한 소리를 하지?' 하고는 도망가 버렸을지도 모릅니다. 예수님은 인간을 너무나 잘 아십니다.

주위에서 교회 다니는 사람들이 여러분에게 무슨 말로 접근합니까? "애기 엄마, 요즘 마음이 너무 괴롭지요? 애기 아빠하고도 좋지 않은 일이 있고 그러니까 힘들죠? 우리 교회에 한번 가 봅시다" 합니다. 또 한몫 벌어 보려다가 왕창 망해서 신세한탄만 하고 있는 사람에게 찾아가서는 무슨 말을 합니까? "돈이라는 게 별것 아니에

> 본문에서 설교자는 청중을 가장 깊은 의미에서 안도시키고 그들의 실존적 의미를 인정하고 있다. 기복신앙을 부추기자는 의도가 아니라, 건강, 재물, 인간관계 등 어떤 문제라도 하나님의 손에 들려 구원의 끄나풀로 쓰일 수 있다는 굳은 확신 때문에 "아무나 와도 좋소!"를 외치고 있는 것이다.

요. 돈보다도 더 중요한 게 있잖아요. 예수님께 한 번 와 보세요" 합니다. 이것이 접근입니다. 사람들은 자신이 처한 상황과 통하는 주제를 말할 때 '돈보다도 더 중요한 것이 있어? 그게 뭐지?' 하고 생각해 보게 됩니다.

그래서 예수님도 생수 문제를 가지고 여자와 대화를 나누었습니다. 그런데 이 생수에는 굉장히 깊은 의미가 담겨 있습니다.

> 예수께서 대답하여 이르시되 네가 만일 하나님의 선물과 또 네게 물
> 좀 달라 하는 이가 누구인 줄 알았더라면 네가 그에게 구하였을 것
> 이요 그가 생수를 네게 주었으리라_요 4:10

이 말씀을 통해 볼 때, 생수는 하나님의 선물입니다. 그러면 선물인 이 생수는 누가 주는 것입니까? 여자 앞에 서 있는 하나님의 아들 예수님이 주시는 것입니다. 그런데 여자는 여기에 대해 전혀 모르고 있는 것입니다.

이 대화를 가만히 살펴보면 여자가 예수님의 말씀을 이해하고 있는 것으로 보입니까, 이해하지 못하고 있는 것으로 보입니까? 이해를 전혀 못하고 있습니다. 예수님께서 "생수를 네게 주마" 하시니까 "주여, 우물이 이렇게 깊은데 어디서 막 솟구치는 생수를 구할 수 있습니까?"라고 합니다. 우물물은 언제나 고여 있기 때문에 여자는 솟구쳐 오르는 생수를 상상할 수 없었습니다. 여자는 예수님이 말씀하시는 생수를 땅에서 솟아나는 새 물을 이야기하는 것으로 알았습니다. 그래서 예수님의 말씀을 이해할 수 없었습니다.

그러자 주님은 다시 여자에게 말씀하십니다.

이 물을 마시는 자마다 다시 목마르려니와 내가 주는 물을 마시는
자는 영원히 목마르지 아니하리니 내가 주는 물은 그 속에서 영생하
도록 솟아나는 샘물이 되리라_요 4:13-14

이것이 무슨 말씀입니까? '이 우물물은 아무리 깊이 들어가서 새
물을 퍼내어 마신다 하더라도 목이 다시 마르지만, 내가 주는 물은 마
시는 자의 마음속에서 솟아나는 샘물이 될 것이다'라는 말씀입니다.

여자가 말합니다. "주여, 그런 물을 내게도 주셔서 목마르지도 않
고 다시는 이 대낮에 물을 길으러 나오지도 않게 해 주소서." 여자가
지금 예수님의 말을 이해하고 있습니까, 못하고 있습니까? 못하고 있
습니다. 그런데도 예수님은 꾸짖지 않으십니다. 그저 차분히 인도하
고 계십니다. 예수님이 이렇게 기막힌 분입니다.

## 인생의 갈증 해소 방법

과거에 제가 젊었을 때는 성격이 좀 급해서 전도를 하다 보면 "당신이
지금 몸이 아파서 예수님을 믿으려는 거죠? 좋아요. 하지만 이제는 그
런 것에 너무 관심 갖지 말고 영원히 사는 것을 생각하세요" 하고 성급
하게 다그쳤습니다. '그렇게 말해도 아직도 영원히 사는 것을 생각하지
않다니, 어떻게 그렇게 영적으로 어두우냐'고 생각했습니다. 그런데
요즘 가만히 생각해 보면 참 미련한 전도였다는 생각이 듭니다. 마음
의 문을 여는 분은 하나님이시고 깨닫게 하시는 분도 하나님이십니다.

마음이 아직 열리지 않은 사람은 아무리 깨달으라고 말해도 깨달을
수 없습니다. 결국 이 여자도 물이라고 하니까 마시는 물만 생각했지,
그 물이 의미하는 2차적인 영적 의미는 생각할 수 없었던 것입니다.

병든 사람도 마찬가지입니다. 지금 당장 중요한 것은 '내 몸이 낫느냐, 낫지 않느냐' 하는 것입니다. 천국 가서 영원히 사는 문제는 나중 문제인 것입니다. 그러므로 그것을 잘 인내하면서 이끌어 주어야 하는데 우리 인간은 그것을 잘 하지 못합니다. 저도 과거에 그랬고 지금도 조금 그렇습니다. 그러니 꾸짖지 않고 인도하시는 이 예수님은 얼마나 귀하신 분입니까?

그러면 예수님이 말씀하시는 생수가 무엇일까요? 성경은 이 생수에 대해 두 가지로 해석을 합니다. 즉, 생수에는 두 가지 의미가 다 들어 있습니다. 한 가지는 새 생명, 구원이고, 또 하나는 성령입니다. 그런데 본문에 나오는 이 생수는 구원, 즉 새 생명을 말하는 것입니다. 하나님의 자녀로 태어나는 새 생명입니다. 신학적 용어로 말하면 거듭나는 것, 중생받는 것, 영원히 사는 것입니다. 이것을 주님께서 생수라고 말씀하고 계시는 것입니다.

이것은 누가 주는 것입니까? 하나님이 주십니다. 누구를 통해서 주시는 것입니까? 예수님을 통해서 주십니다. 예수님을 통해서 주실 때 우리가 누구의 협조를 얻게 해 주십니까? 성령의 도움을 얻게 해 주십니다. 이렇게 기독교는 정확합니다. 하나님께서 예수님을 통해서 성령님의 협조로 주시는 것입니다. 그러니까 삼위일체 하나님이 총동원됩니다.

나 하나를 위해서 성부, 성자, 성령 하나님께서 모두 협력해서 구원해 주십니다. 그러니까 나 하나가 구원받았다는 것은 이 세상 어떤 사건보다도 더 놀라운 사건이요, 기적입니다. 세상에는 한 사람이 예수 믿고 돌아오는 것에 대해 아무것도 아닌 것처럼 생각하고 신문기사 같은 데 나는 일도 없지만, 하나님 나라에 신문이 있다면 아마 야단법석이 날 겁니다. 천하에 가장 귀한 생명이 예수님 믿고 하나님께로 돌아왔다는데 잔치가 벌어지지 않겠습니까? 우리가 나중에 천국에 들어가 보면 알 것입니다.

예수님께서 새로 태어나는 새 생명, 즉 구원을 생수에 비유했기 때문에 여기에는 무엇인가 의미가 있습니다. 예수님을 믿고 새 생명으로 태어난 하나님의 자녀에게는 인간 내면에 고질병처럼 도사리고 있는 갈증이 해소된다는 것입니다. 이해하십니까?

인생은 누구나 다 갈증을 갖고 있습니다. 그래서 하나님은 사람을 보실 때 죄인으로 보시지만 또 다른 면에서는 목마른 사람으로 보십니다.

> 너희 모든 목마른 자들아 물로 나아오라 돈 없는 자도 오라 너희는 와서 사 먹되 돈 없이, 값없이 와서 포도주와 젖을 사라 너희가 어찌하여 양식이 아닌 것을 위하여 은을 달아 주며 배부르게 하지 못할 것을 위하여 수고하느냐 내게 듣고 들을지어다 그리하면 너희가 좋은 것을 먹을 것이며 너희 자신들이 기름진 것으로 즐거움을 얻으리라_사 55:1-2

"너희 목마른 자들아"에서 목마른 자들은 누구를 말합니까? 돈 없는 사람입니까, 아니면 부자입니까? 아닙니다. 모든 인간을 말합니다. 모든 사람들이 다 목이 마릅니다. 하나님이 너무나 우리를 잘 알고 계십니다. 그래서 주님께서 "오라. 나에게 와서 먹고, 그 갈증을 해소해라. 왜 너희가 갈증을 해소해 주지 못하는 엉뚱한 것, 아무 가치가 없는 것에 너희 정력을 소비하느냐? 너희가 갖고 있는 귀한 인생, 한 번밖에 없는 젊음을 왜 거기에 모두 소비해 버리느냐? 인생의 갈증을 해소할 수 있

---

불신자들이 이해하기 힘든 신학 용어와 같은 말은 될 수 있으면 피하고 일상용어를 사용하려고 노력해야 한다. 그러나 불가피하게 그런 용어를 사용해야 할 경우에는 이중, 삼중으로 안전망을 쳐야 한다. 본문에서 보듯이 신학 용어, 그것의 뜻풀이, 가장 가깝게 대입될 수 있는 일상용어 순으로 청중에게 자상하고 친근한 설명을 해 주어야 한다.

는 길은 하나밖에 없다. 나에게 와라"라고 하시는 것입니다.

그러나 사람들은 하나님께 가지 않고 엉뚱한 데 가서 찾습니다. 많은 인생들이 돈만 있으면 갈증이 해소된다고 생각합니다. 그래서 돈에 미칩니다. 쾌락만을 추구하면 그 쾌락이 자기 내면의 갈증을 해소해 줄 것으로 생각합니다. 그래서 쾌락에 미칩니다. 어떤 사람은 명예를 추구합니다. 그러나 우리가 우리 주변에 있는 수많은 명예를 가진 사람들을 보아도 그것이 해결책이 되지 못했다는 것을 잘 알 수 있습니다.

그래서 불교에서는 '무조건 욕심을 끊으라. 물욕에서 벗어나라. 자기 욕심을 잊으라'라고 하면서 욕심이 자꾸 생기는 자기 목을 자르라고 권유합니다. 목을 잘라 버리면 다시는 내면에서 갈증이 일어나지 않으리라고 생각한 것입니다. 그래서 고행을 하기 위해 산 속으로 들어가 버립니다. 보지 않으면 된다고 생각합니다. 그러나 정말 보지 않으면 됩니까?

과거에 기독교도 어둡고 어려운 때가 있었는데, 수도원의 수많은 수도승들이 산골짜기로 들어가서 자기들끼리 경건한 생활을 하며 아침부터 저녁까지 기도와 묵상을 하며 살았던 때였습니다. 내면에서 일어나는 근본적인 인간의 욕구와 욕망은, 예수님으로 인해 거듭나지 않으면 아무리 수도승이 되고 아무리 삭발을 해도 해소되지 않는다는 사실은 역사적으로도 너무나 잘 알려져 있는 사실입니다.

하나님께 와야 합니다. 파스칼(Blaiss Pascal, 1623~1662)이라는 유명한 학자는 "모든 사람의 마음에는 하나님이 만드신 하나의 공간, 즉 공백이 있다. 예수를 믿는 사람이든 안 믿는 사람이든 다 마음속에 이 공백이 있다. 이것은 어떠한 피조물로도 채울 수 없고 오직 예수 그리스도를 통하여 하나님만이 채워 주실 수 있는 공백이다"라고 말했습니다. 인간 속에는 하나님이 만들어 놓으신 공백, 텅 빈 곳이 있는데 이것은 사람이 아무리 채워 넣으려고 해도 채울 수 없고, 하나님만이 예수님을 통해서 채워 줄 수 있다는 것입니다.

○ ○ ○ ○ ○ ○ ○ ○ ○ ○ ○ ○ ○ ○ ○
## 후궁 천 명을 거느린 솔로몬이라 해도

하나님만이 인간의 공백을 채워 줄 수 있다는 이 말이 진짜입니까, 가짜입니까? 이를 증명하는 데는 수십, 수백 가지의 예를 들 수 있겠지만 성경에 있는 예를 하나 들겠습니다.

> 모든 만물이 피곤하다는 것을 사람이 말로 다 말할 수는 없나니 눈은
> 보아도 족함이 없고 귀는 들어도 가득 차지 아니하도다 _ 전 1:8

참 재미있는 말입니다. 남자고 여자고 미(美)를 사랑하는 것이 인간입니다. 예술가들은 아름다움을 찾습니다. 젊은이들도 아름다움을 찾습니다. 그래서 자기 눈을 만족시킬 수 있는 아름다운 것을 찾아서 정신없이 다닙니다. 그러나 그 눈이 만족하지 못합니다.

집 안에만 갇혀 있는 주부들은 '아! 어떻게 하면 내가 세계 여행을 한번 가 볼까? 저 스위스의 알프스, 저 미국의 요세미티 공원, 그랜드 캐니언, 저 북극의 알래스카, 그 빙산에 모두 가서 환하게 한 번 봤으면 좋겠다' 하고 생각합니다. 그런데 어떻게 좀 팔자가 늘어져서 여행을 많이 다니는 친구들에게 어떠냐고 한번 물어보십시오. 뭐라고 대답합니까? "뭐, 그렇고 그래"라고 합니다.

저도 어떤 때는 이렇게 바쁜 정신 노동에 시달리다 보면 복잡한 상황을 벗어나 도망가고 싶은 생각이 듭니다. 목사도 할 수 없나 봅니다. 저는 그럴 때 제일 그리워지는 것이 자연입니다. 아름다운 자연으

로 가고 싶다는 생각이 듭니다. 아무리 가 보고 싶어도 남산도 한번 못 올라가 보는 처지라서 어떻게 할 도리가 없지만요. 그래서 자연히 미국에 있는 친구들 생각을 합니다. 그 친구들에게서 온 편지를 보면 '우리 친구들이 다 모여서 요세미티 공원을 간다' 혹은 '이번 주말에 그랜드 캐니언에 갔다오기로 했다' 하는 얘기가 가끔 나옵니다. 그래서 저는 '야! 그 친구들 복 터졌다. 얼마나 기분 좋을까?' 합니다. 그러고는 그랜드캐니언과 요세미티 공원의 정경을 생각해 보곤 합니다.

그런데 그 친구들하고 개인적으로 연락을 하다 보면 그 친구들이 저보다도 불만은 더 많습니다. 그렇게 좋은 것을 많이 봤으면 좀 눈이 커진다든지 눈동자가 좀 맑아진다든지 나보다도 좀 더 좋은 점이 있어야 할 텐데, 이야기하는 것을 보면 오히려 한국에 사는 것보다 더 골치 아프고 살맛이 안 난다며 투덜대고 있습니다. 그걸 보면 사람의 눈은 절대로 만족하지 않는구나 하는 생각이 듭니다.

처녀 때는 어떻게 하면 좀 더 멋있고 잘생긴 남편을 얻을까 하고 찾아다닙니다. 그러나 그렇게 잘생긴 남자랑 결혼해 보니까 어떻습니까? 한 달 정도 쳐다보니까 '아이고, 당신도 코 흘리고 눈물 흘리는 별 것 아닌 사람이구나. 잘 때 입을 헤벌리고 자는 것을 보니까, 아이고 그게 그거구나' 하는 생각이 듭니다. 뭐가 신통한 것이 있습니까? 사람의 눈이라는 것은 영원히 차지를 않습니다.

또 사람의 귀가 차지 않는다고 했습니다. 족함이 없다고 했습니다. "여보, 사랑해요. 사랑해요" 하는 말을 처음 들을 때는 좋아서 우쭐우쭐하고 그랬다가도 좀 지나면 아무리 남편이, 또 아내가 "사랑해요. 사랑해요" 해도 별 감동이 없습니다. 사람이라는 것이 참 희한한 동물입니다.

좋은 집을 갖고 있는 사람들도 많습니다. 80평짜리 주택, 120평짜리 주택이라고 해서 찾아가 보면 거기 사는 사람들의 얼굴은 더 어두워 보이고, 처음 들어가서 얼마 동안 만족하는 것 같던 그 기쁨도 금방 사라져 버립니다. 단칸방에 사는 사람들이나, 맨션에서 사는 사람들이나 다 똑같은 문제를 가지고 아침저녁으로 시달리는 것을 볼 때, '눈이나 귀나 차는 것이 전혀 없는 인생이다. 남는 것은 피곤뿐이다' 하는 생각이 듭니다. 이게 인생입니다.

> 내가 해 아래에서 행하는 모든 일을 보았노라 모두 다 헛되어 바람
> 을 잡으려는 것이로다_전 1:14

바람을 잡아 본 적이 있습니까? 잡았다고 생각하지만 도대체 손에 남는 것이 없습니다. 전도서 2장을 한번 보십시오. 솔로몬이라는 사람을 잘 알 것입니다. 인류 역사상 그처럼 호강하고 살다가 간 사람이 없습니다. 하나님이 샘플로 그에게 인생의 많은 부귀와 영화를 누릴 기회를 주신 것입니다. '자, 인생을 한번 네 마음껏 즐겨 봐라. 그것도 바보같이, 돼지같이 즐기는 것이 아니라 인생 중에서 가장 지혜로운 자로, 하나님이 지혜를 가장 많이 준 자로서 한번 즐겨 봐라' 하신 것입니다. 그래서 그는 "나는 내 마음에 이르기를 자, 내가 시험삼아 너를 즐겁게 하리니 너는 낙을 누리라 하였으나 보라 이것도 헛되도다"(1절)라고 합니다. 이것은 자신이 스스로에게 하는 말입니다. 즐겁게 살아보자고 했지만 왜 헛되다고 했을까요?

이 사람이 얼마나 기막히게 잘 살았는지가 3절에 나옵니다.

> 내가 내 마음으로 깊이 생각하기를 내가 어떻게 하여야 내 마음을
> 지혜로 다스리면서 술로 내 육신을 즐겁게 할까 또 내가 어떻게 하

어야 천하의 인생들이 그들의 인생을 살아가는 동안 어떤 것이 선한
일인지를 알아볼 때까지 내 어리석음을 꼭 붙잡아 둘까 하여

솔로몬 왕이 깊이 생각하다가 쾌락이 무엇인지를 알고 싶어서 자기
를 즐겁게 했다는 말입니다. 그래서 첫 번째로 한 일이 4절부터 8절에
나옵니다.

나의 사업을 크게 하였노라 내가 나를 위하여 집들을 짓고 포도원을
일구며 여러 동산과 과원을 만들고 그 가운데에 각종 과목을 심었으
며 나를 위하여 수목을 기르는 삼림에 물을 주기 위하여 못들을 팠
으며 남녀 노비들을 사기도 하였고 나를 위하여 집에서 종들을 낳기
도 하였으며 나보다 먼저 예루살렘에 있던 모든 자들보다도 내가 소
와 양 떼의 소유를 더 많이 가졌으며 은금과 왕들이 소유한 보배와
여러 지방의 보배를 나를 위하여 쌓고 또 노래하는 남녀들과 인생들
이 기뻐하는 처첩들을 많이 두었노라

솔로몬의 처와 첩이 몇 명인지 아십니까? 처가 삼백 명, 첩이 칠백
명입니다. 전부 합해서 천 명입니다. 사람의 욕심이 이렇게 한이 없습
니다. 세상에 천 명을 데리고 어떻게 삽니까? 눈에 드는 여자라는 여
자는 다 끌어다 놓았나 봅니다. 그래서 일생 동안 천 명을 데리고 살
았습니다. 10절을 보면 "무엇이든지 내 눈이 원하는 것을 내가 금하지
아니하며 무엇이든지 내 마음이 즐거워하는 것을 내가 막지 아니하였
으니 이는 나의 모든 수고를 내 마음이 기뻐하였음이라 이것이 나의
모든 수고로 말미암아 얻은 몫이로다"라고 했습니다.
그런데 그렇게 살면 참 행복할 것 같은데 11절에 그가 뭐라고 합니까?

그 후에 내가 생각해 본즉 내 손으로 한 모든 일과 내가 수고한 모든
것이 다 헛되어 바람을 잡는 것이며 해 아래에서 무익한 것이로다

한마디로 솔로몬의 마음에 있는 욕망을 채우지 못했다는 것입니
다. 갈증은 없어지지 않았다는 것입니다.

## 하나님만이 채워 줄 공백

갈증이 생기는 이유는 두 가지입니다. 첫 번째 이유는, 우리가 하나님
의 형상이기 때문입니다. 이것은 좋은 갈증입니다. 우리 인간은 돼지
처럼 만들어진 존재가 아닙니다. 하나님의 형상을 따라 만들어진 존
재입니다. 하나님의 어떤 외형적인 모습이 아니라 보이지 않는 영적
인 모습을 인간이 닮았습니다. 그런데 하나님의 모습을 닮았다는 말
은 곧, 우리가 하나님의 아들이라는 말입니다. 자식이 아버지를 닮듯
이 우리가 하나님을 닮았다는 것은 하나님이 내 아버지요 나는 하나
님께로부터 났다는 말입니다.

그런데 인간이 죄를 범해서 하나님에게서 쫓겨났습니다. 하나님과
영이별하고는 이 세상에서 마음대로 살았습니다. 그러나 우리 마음속
에는 하나님을 찾는 갈급함이 있습니다. 욕망이 있습니다. 고아원에
서 자란 어린아이도 자라면서 아빠 엄마를 찾는다고 합니다. 왜 그렇
습니까? 자기를 낳은 아빠 엄마가 분명히 있기 때문입니다. 어떤 어
머니가 잠깐 집을 나가면서 이웃집 아줌마나 파출부 아줌마에게 세
살 먹은 자기 아이를 맡겨 놓고 갔다고 합시다. 한 시간 후에 온다고
했는데 갑자기 무슨 일이 있어서 늦게 들어오게 되었습니다. 그래서
이 아이를 맡은 아줌마가 애를 달래기 위해서 좋은 장난감과 먹을 것

을 다 갖다 줍니다. 그러면 일시적으로 효과는 있습니다. 진통제 역할을 합니다. 아이가 좋은 것을 받으면 잠깐은 좋아합니다. 그런데 조금 있으면 어떻게 합니까? 또 눈을 두리번거리며 문간을 쳐다보고 누군가를 기다립니다. 엄마가 돌아오기를 기다리는 것입니다.

엄마가 오지 않는 이상, 그 아이의 마음의 공백은 아무리 채우려고 해도 채워지지 않습니다. 아무리 좋은 장난감, 맛있는 과자를 갖다 주어도 궁극적으로 그 애를 달랠 수는 없습니다. 나중에 초인종 소리가 나고 엄마 얼굴이 보이면, 그 아이에게 장난감이 어디 눈에 보입니까? 맛있는 과자가 무슨 소용이 있습니까? 정신없이 엄마에게 달려갑니다. 왜 그렇습니까? 엄마의 자식이기 때문에 그렇습니다.

사람은 하나님의 형상으로 지음 받은 하나님의 자녀이기 때문에 하나님을 진정으로 발견하고 하나님을 모시기 전에는 아무리 세상 것을 다 갖다 놓아도 무언가 이유 모를 불만과 갈증이 있습니다. 그래서 미국의 교포 세계에서도 2, 30년 동안 살다가 웬만큼 돈을 벌어 생활이 안정된 사람을 보면 마음의 공허를 가누지 못해서 대부분이 종교를 찾습니다.

그래서 어떤 사람은 불당에 가서 자기 돈을 투자해 불당을 짓고, 별의별 짓을 다 하면서 그 내면의 무엇인가를 채워 보려고 애를 씁니다. 그런데 불교도 여기에 대해서는 대답을 못합니다. 오직 하나님만이 대답을 하십니다. 기독교만이 우리 인간이 하나님의 형상을 닮은 거룩한 존재라는 것을 가르쳐 주고, 성경만이 우리가 하나님 앞으로 돌아가지 않는 이상 그 마음의 갈증이 끊어지지 않는다는 것을 가르쳐 주기 때문입니다.

그래서 어거스틴(Augustine, 354-430)이라는 유명한 교부는 이렇게 이야기합니다. "오, 하나님! 우리는 하나님에게서 지음을 받은 피조물이기 때문에 우리가 하나님 앞으로 돌아가기 전에는 마음에 진정한 평안이 있을 수 없나이다."

어린아이가 엄마한테로 돌아가기 전에는 평안이 없는 것처럼, 우리는 하나님 앞으로 돌아가기 전에는 평안이 없습니다. 여러분의 마음속에 분명히 하나님의 형상을 닮았기 때문에 오는 갈증이 있을 것입니다. '나의 한 번밖에 없는 젊음이 이렇게 지나가는데, 이것이 내 인생의 전부인가? 내가 이것을 위해서 살았는가?' 가만히 생각해 보십시오. 도대체 사는 의미가 무어냐 말입니다. 좋은 집을 가져도 만족이 없고, 조금 출세를 한 것 같아도 만족이 없고, 좋은 차를 가지고 타고 다녀도 만족이 없습니다. 왜 그렇습니까? 하나님을 찾지 않으면 그 공백이 메워지지 않습니다. 하나님이 메워야 할 공백을 인간이 메우지 못합니다.

우주는 하나님이 만드신 것입니다. 이 우주를 인간이 메울 재간이 없습니다. 마찬가지로 우리 마음에 있는 공간은 이 우주보다도 더 큽니다. 하나님만이 메울 수 있습니다. 인간은 먼지와 같은 존재입니다. 하나님 앞으로 돌아와야 합니다.

○ ○ ○ ○ ○ ○ ○ ○
## 욕망의 끝없는 갈증

우리에게 갈증이 있는 또 한 가지 이유는 죄 때문입니다. 죄 때문에 오는 갈증이 있습니다. 부패한 인간의 마음은 끝없는 지옥의 무저갱과 같습니다. 밑바닥이 없는 무저갱입니다. 아무리 집어넣어도 이 욕심은 그칠 날이 없습니다. 죄 때문에 인간이 부패했기 때문에 인간의 마음이 욕심과 정욕의 노예가 되어 버린 것입니다. 그래서 아무리 쓸어넣어도 끝이 없습니다.

아파트 사 가지고 돈 좀 벌어보신 분 있습니까? 처음에 10평짜리 가지고 살짝 굴려서 한 백만 원 더 올려놓으니까 얼마나 재미가 있습니까? 그래서 한 30평짜리를 샀어요. 그러다 보니 한 오백만 원씩도 늘리고, "야! 이것 참 해 볼 만하다" 해서 1억까지 바라보는 것입니다. 그러니 우리나라 재벌들이 부동산 투기에 욕심내는 것도 당연하다는 생각이 듭니다. 끝이 없습니다. 쌓고 쌓고 또 쌓아도 사람의 욕심은 끝이 없습니다. 이것이 어디에서 옵니까? 죄성입니다. 부패한 죄성에서 오는 것입니다.

여러분, 서초동 일대의 뒷골목을 한번 들어가 보셨습니까? 저는 엊그제 한번 돌아다녀 봤는데, 인생들이 참 불쌍합니다. 어떻게 즐길 건가, 어떻게 하면 이 한 밤을 즐기면서 보낼까? 이것이 그들의 이슈입니다. 바에 앉아서 술을 마시는 젊은이들, 집에 돌아갈 줄 모르고 아름다운 미녀들과 술잔을 기울이는 그 모습을 한번 보십시오. 마음속에 악이 도사리고 있기 때문에 그렇게 안 하고는 못 견디는 것입니다.

제가 만났던 어떤 미국 청년 한 사람은 고등학교 때부터 여자에 미쳤습니다. 그래서 여학생들을 따라다니면서 별의별 못된 짓을 다 했습니다. 그러다가 나중에는 싫증이 났습니다. '여자, 그것도 별것 아니구나' 해서 그다음에는 마약에 빠졌습니다. 한 모금 피우면 눈앞이 아찔해지면서 빙빙 도는 현상을 자꾸 맛보기 시작하니까 이제는 공부고 뭐고 다 손을 놓게 되었습니다. 그래서 집에서도 쫓겨났습니다. 폐인이 되어 버린 것입니다.

그런데 제가 그 사람을 만난 때는 폐인으로 살던 때가 아니고, 폐인이 된 뒤 5년쯤 지나 닥터 밀러라는 목사님을 만나서 예수님을 알게 된 후였습니다. 예수님을 알고 나서 그는 하나님의 은혜로 하나님의 자녀가 되었습니다. 새 생명을 얻은 것입니다. 제가 그를 만났을 때 그는 집에도 돌아가지 못하고 공부도 하지 못하니까 자동차 정비공장에서 하루 여덟 시간 또는 열 시간씩 일하고 있었습니다. 손에 기름을 묻히면서 열심히 일하느라 손톱 밑이 시커멓게 되어 있었습니다.

그런데 그 시커먼 손에 성경을 꼭 쥐고 있었습니다. 지금도 제 귀에 쟁쟁하게 울리면서 잊혀지지 않는 것은 그때 그 청년이 제게 들려준 말입니다. "옥 목사님, 제가 고등학교 때는 아름다운 여학생만 얻으면 참 만족할 수 있을 것 같았어요. 그래서 정신없이 아름다운 여자만 따라다녔는데, 그것도 내 마음의 공백을 메우지 못했어요. 마약을 피우면서 황홀경에 빠지면 그것으로 내가 무엇인가 채울 수 있을 것 같았는데 그것도 얼마 동안 하니까 사람만 폐인이 되어 버리고 마음의 공백은 채우지 못했어요. 그래서 이제는 죽는다는 생각만 가지고 방황하고 있을 때 밀러 목사님을 만나서 예수 그리스도에 대한 이야기를 들었습니다. 나를 위해 십자가에 죽으시고 삼 일 만에 살아나셔서 전 인류를 하나님 앞으로 인도하시는 구원자 예수 그리스도를 그분을 통해 들었는데, 이상하게 마음이 움직여서 믿고 싶다는 생각이 들었습니다. 그 뒤부터 저는 교회에 나갔고 성경을 읽기 시작했는데, 지금 5년째 되었습니다. 제가 목사님에게 말씀드릴 수 있는 것은 여자도 채워 줄 수 없는 내 마음의 공백, 마약도 채워 주지 못하던 그 마음의 공백이 예수님이 들어오시니까 금방 채워졌다는 것입니다. 이제 저는 과거로 돌아가고 싶지 않습니다."

그리고 예전에 자기가 어떤 신분이었으며, 자기 집이 얼마나 잘사는가를 보여 주기 위해 제 차를 타고는 자기 아버지가 사는 맨션으로 갔습니다. 아직도 그는 아버지 앞에 가지는 못했습니다. 그냥 먼발치서 바라보며, "저곳이 제가 자란 집이고, 지금 아버지와 어머니, 형제들이 사는 집이에요" 하는데 정말 울창하고 대단히 멋있는 집이었습니다. 그런데 그 친구는 "제가 이렇게 새사람이 되었는데도 아빠는 저를 받아들이지 않을 거예요. 이제 저는 제 힘으로 살 겁니다. 하나님이 저를 치료해 주셨으니 이제는 살 수 있어요" 하는 것입니다. 얼마나 기가 막힌 이야기입니까?

이 이야기처럼 주님께서 우리에게 생수를 주시겠다고 하시고 그 생수는 우리 속에서 영원히 마르지 않는 샘물이 된다는 말은, 마실 물을 우리에게 주신다는 말이 아니고 하나님이 치료하시는 방법을 말씀하시는 것입니다. 이 치료 방법에는 두 가지가 있습니다. 하나님의 형상 때문에 오는 갈증은 하나님의 품에 안김으로써, 하나님의 자녀로 우리가 돌아감으로써 채워지고 죄 때문에 오는 갈증은 우리의 속사람을 새사람으로 바꾸어 줌으로써 채워지게 됩니다. 즉, 근원적인 치료를 해 주십니다. 이렇게 해서 다른 대상을 찾아 채우려 하던 갈증이 없어집니다.

열병이 났을 때 사람들은 "물, 물!" 하고 물을 찾습니다. 그때 자꾸 물을 갖다 주면 그 사람은 죽습니다. 이때는 열을 떨어뜨려야 합니다. 인간이 돈, 쾌락, 명예 등 갖가지 욕망을 달라고 한다고 다 줘 보십시오. 아무리 줘도 끝이 없고 안 주면 안 주는 대로 욕망이 생깁니다. 그러므로 하나님은 우리의 소망을 다 들어주는 방식으로 우리의 갈증을 채워 주시지 않습니다.

예수님을 모르고 복받기만 바라던 사람들이 예수님을 믿고서 하나님의 나라와 그 의를 구하는 것이 이 세상의 진정한 가치를 가진 것이라고 고백합니다. 어떻게 그러한 고백을 할 수 있습니까? 과거에 갈증을 느끼던 그 근본 원인을 주님께서 치료해 주셨기 때문입니다. 어떻게 치료합니까? 우리 속사람을 새사람으로 바꾸어 주십니다. 사람이 바뀌면 옛날에 좋아하던 것을 더 이상 좋아하지 않게 됩니다.

○ ○ ○ ○ ○ ○ ○ ○
## 새로 태어남의 기쁨

지금은 세상을 떠났지만 제가 지금까지도 참 잊을 수 없는 자매 한 사람이 있습니다. 이 자매는 2년 전에 세상을 떠났습니다. 가정부로 일하던 분인데, 일하던 집이 사랑의교회 옆에 있었기 때문에 우리 교회를 나왔습니다. 결혼도 실패하고 몸에는 아주 큰 병이 있었습니다. 자녀도 없고 형제도 어디 있는지 모릅니다. 거기다가 그렇게 살면 외모라도 좀 매력이 있었으면 좋겠는데, 저보다도 더 못생겼어요. 그래서 아무도 거들떠보지도 않습니다.

나이는 아직도 30대였는데, 그 자매가 하루는 감사헌금을 내면서 이렇게 적었습니다. "보옵소서 내게 큰 고통을 더하신 것은 내게 평안을 주려 하심이라 주께서 내 영혼을 사랑하사 멸망의 구덩이에서 건지셨고 내 모든 죄를 주의 등 뒤에 던지셨나이다"(사 38:17)를 적어놓고, 그 아래 '하나님의 자녀로 거듭난 지 네 돌째 되는 저의 생일입니다. 멸망의 구덩이에서 건져 주신 주님과 그동안 자상하신 사랑으로 지켜주신 목사님께 진심으로 감사를 드립니다'라고 적어 놓았습니다. 새사람이 된 생일이라는 것입니다.

그분은 자기 몸에 있는 병 때문에 남들을 고생시키지는 않을까 늘 고민했습니다. 그래서 남에게 폐 끼치는 일 없이 하나님께서 자기를 이 세상에서 데려가 주셨으면 좋겠다고 늘 생각하던 분입니다. 남의 집 가정부로 살아도 가난한 사람을 위해서 항상 구제할 줄 알았고, 강남시립병원에 무의탁으로 와서 병상에 누워 있는 사람들을 가끔 한 번씩 꼭 찾아가서

전도설교에서 구체적인 예화를 소개하는 것은 상당히 효과적이다. 남편과 가족에게 버림받고 식모살이를 전전했지만 주일이면 한복을 곱게 차려입고 봉사하던 이수정 집사의 이야기를 통해 청중들은 적지 않은 충격을 받았을 것이다. 돈 많고 배움 많은 사람들 앞에서도 열등감에 빠지거나 주눅 들지 않고 묵묵히 섬기다 설교자의 품에 안겨 하늘나라에 들어간 여집사에 대한 간증은 어떤 명제나 설명보다 증거하는 힘이 강력하다.

전도 프리칭

●

자기 손으로 만든 떡도 갖다 주고 기도도 해 주면서 그리스도 안에서 보람된 삶을 살려고 무척 애를 쓴 아름다운 사람이었습니다.

그런데 하루는 그 자매가 병세가 좋지 않아서 어딘지 모르게 불안했던지 느닷없이 저희 집에 왔습니다. 그러고는 좀 누워 있다 가겠다고 했습니다. 그렇게 누워 있다 간다는 것이 그에게는 마지막이 되었습니다. 저의 품에서 세상을 떠났습니다. 가만히 그 자매를 바라보고 있을 때, 마지막 숨이 끊어질 때의 그 모습을 지금도 잊을 수가 없습니다. 어쩌면 그렇게 세상 욕심 하나 없이, 그렇게 아름다운 마음을 가지고 남을 도와주며 조그만 일에 감사하며 살았을까요? 부엌에서 구정물에 손 담그고 하루종일 남 눈치 보면서 시달리는 생활이지만, 그 얼굴에 웃음이 끊이지 않고 어쩌면 그렇게 아름답게 생활할 수 있었을까요?

가만히 생각해 보면, 그 속에 하나님의 자녀로서 태어난 새 생명이 있었기 때문입니다. 하나님이 이렇게 치료해 주십니다. 예수님을 믿으세요. 우리의 더러운 죄성을 버리게 해 주시기 위해서 십자가에 죽으신 예수님, 삼 일 만에 살아나셔서 누구든지 자기에게 오기만 하면 그 썩어 냄새나는 사람의 마음을 완전히 바꾸어 놓고 하나님의 모습을 닮은 새로운 생명으로 태어나게 하시며 새사람으로 만들어 주시는 예수님을 믿으십시오. 그분이 여러분의 마음속에 들어오셔서 여러분의 왕좌를 차지하시고, 여러분의 감성과 지성과 의지를 차지하는 모든 것이 되면 과거에 내 의지로, 내 수양으로, 내 학력으로 바꾸지 못하는 내 내면의 더러운 것들이 한순간 십자가에 못 박혀 없어집니다.

그래서 주님은 예수 믿는 사람은 그 정욕과 욕심을 십자가에 못 박았으며 우리의 옛사람은 십자가에 못 박혀 죽었다고 말씀하십니다. 우리는 새사람입니다. 예수님을 믿고 거듭나서 새사람이 되면 과거에 있었던 갈증이 없어집니다. 이제 남은 갈증이라는 것은 '어떻게 하면 하나님의 뜻대로 살아볼까?' '어떻게 하면 좀 더 사랑으로 다른 형제를 섬겨 볼까?' 하는 것들뿐 과거에 있던 갈증이 없습니다.

물론 완전하다는 말은 아닙니다. 여러분 주변에 있는 크리스천들을 봐도 완전하다고 생각되지 않을 겁니다. 목사인 저를 봐도 완전하다고 생각하지 않습니다. 성경은 완전하다고 말하지는 않습니다. 그러나 신앙이 점점 깊어지면서, 내 속의 자아가 하나님을 닮아 가게 되면 우리에게는 크리스천의 완숙한 인격이 나타나게 됩니다. 생활이 나타나게 됩니다. 그래서 나중에 천국에 가서 주님 앞에 섰을 때는 누구와 똑 닮은 사람이 됩니까? 예수님과 똑 닮은 하나님의 자녀로 서게 됩니다. 이것이 크리스천의 삶입니다.

여러분의 삶 속에 진정한 평안을 갖고 싶습니까? 여러분의 마음속에 있는 그 욕심덩어리를 청소하고 싶습니까? 남편이 벌어오는 박봉을 가지고도 참 감사하면서 남편을 위해 기도하며 자녀들을 사랑으로 권면해 줄 수 있는 아름다운 예수님의 딸이 되고 싶습니까? 거듭나시기 바랍니다. 새사람 되시기 바랍니다.

새사람이 되는 방법은 하나입니다. 요한복음 1장 12-13절을 봅시다. "영접하는 자 곧 그 이름을 믿는 자들에게는 하나님의 자녀가

> 전도설교를 할 때 설교자가 꼭 명심해야 할 명제가 있다. "설명은 복잡하지만 증언은 단순하다."

되는 권세를 주셨으니"(12절). 영접한다는 것은 마음으로 고백한다는 말이요, 마음으로 받아들인다는 말입니다. 예수님을 믿는다는 것과 같은 말입니다. 영접하는 자, 곧 예수의 이름을 믿는 자에게는 하나님의 자녀가 되는 권세를 주셨습니다.

자녀는 어떻게 해서 됩니까? 태어나야 합니다. 성경은 "이는 혈통으로나 육정으로나 사람의 뜻으로 나지 아니하고 오직 하나님께로부터 난 자들이니라"(13절)고 합니다. 하나님이 낳아야 합니다. 예수님을

믿기만 하면, 여러분은 자기도 모르게 새로운 하나님의 자녀가 됩니다. 나도 모르게 속사람이 변해 버리는 것입니다. 여러분, 예수님 믿고 새사람이 되고 하나님의 자녀가 되시길 바랍니다.

# 3

## 선물을
## 주고 싶어하시는
## 하나님

예수의 이름을 전하는 시기가 끝나고 나면 다시는 구원자가 없습니다.
믿으라고 할 때 믿으십시오. 영생의 조건은 단 하나, 믿으라는 것입니다.
하지만 하나님이 기뻐서 주셔야만 내가 얻을 수 있는 것이 영생입니다.

에베소서 2:8
너희는 그 은혜에 의하여 믿음으로 말미암아 구원을 받았으니 이것은 너희에게서 난 것
이 아니요 하나님의 선물이라

# 선물을
# 주고 싶어 하시는
# 하나님

우리 잠깐 기도드립시다. 우리를 위하여 십자가에 못 박혀 돌아가시고 삼 일 만에 살아나신 예수 그리스도를 통해 우리에게 영생을 주신 하나님 아버지시여, 감사합니다. 이 시간 성령께서 예수님을 믿기로 마음먹고 있는 형제자매들의 마음을 열어 주시고 이 귀한 복들을 마음속에 깊이 간직하는 귀한 은혜 주시옵소서. 깨닫게 하시고 마음에 충만하게 하시고 하나님을 찬양하게 하시고 인격과 삶이 그리스도를 닮아 변화되는 역사가 일어날 수 있도록 도와주시옵소서. 예수님 이름으로 기도하옵나이다. 아멘.

## 인생 칠십이 무상하다

예수님을 찾아온 어떤 젊은이는 이렇게 질문했습니다. "선생님, 내가 무엇을 하여야 영생을 얻을 수 있습니까?" 영원히 살고 싶은 것은 모든 사람의 소원입니다. 그러나 사람이 자기 힘으로는 영원히 사는 영생을 찾을 수가 없습니다. 전 인류가 죄로 인해 한 번 죽는 것을 피할 수 없는 운명이 되었기 때문입니다. 영생이란 죽음과는 관계없는 존재에 속한 것입니다. 그리고 죽음이 없는 존재로부터 얻어야 하는 것입니다.

그런데 불행하게도 많은 사람이 엉뚱한 데서 영원히 사는 길을 찾고 있습니다. 여러분은 이런 비극을 당하지 말아야 합니다. 예수님만이 참 영생의 길입니다. 이 시간에 이 사실을 분명히 확인하도록 합시다. 우리 모두가 은근히 '인간이 죽음의 공포에서 벗어나서 인생을 참 보람 있게 영원히 살 수는 없을까?' 하는 생각들을 합니다.

> 전도설교는 처음부터 무턱대고 "예수 믿어라!", "안 믿으면 지옥이다!"로 시작해선 안 된다. 'Not A but B'(A가 아니고 B다)의 용법을 자연스럽게 써야 한다. 쉽게 말해서 "여러분은 지금껏 이렇게 이렇게 알고 계셨지만, 그게 아니고 이러이러한 것입니다. 제가 그렇게 해 봤는데 해악은커녕 이러이러한 유익이 있었습니다" 하고 조용히 설득하고 인증(引證)해 줘야 한다.

우리가 늘 영원히 사는 문제를 생각하는 이유가 바로 우리 전부가 죽음의 노예가 되어 있다는 증거입니다. 한 사람도 예외 없이 죽음이라는 무서운 폭정 아래서 신음하고 있습니다. 사랑하는 사람이 세상을 떠나는 것을 볼 때 가슴이 찢어지는 아픔을 느끼는 것도, 자녀들을 옆에 두고도 '이 자녀들이 잘못돼서 혹 일찍 죽지나 않을까?' 하는 불안감을 갖는 것도, 병원에 가서 암으로 혹은 치명적인 어떤 병으로 한 생명이 갑자기 사라지는 것을 볼 때 '나도 갑자기 저렇게 되지 않을까?' 하는 불안감이 드는 것도 우리가 다 죽음의 노예가 되어 있기 때문입니다.

그러므로 '이런 비참한 삶을 벗어나서 죽음과는 관계없는 좀 새로운 어떤 삶이 없을까?' 하는 생각을 우리가 한번씩은 다 하게 되는 것입니다. 만약 이런 문제를 전혀 생각지 못하는 사람이 있다면 대답은 하나입니다. 너무 무딘 사람입니다. 어쩌면 마음이 너무 어두운 사람입니다. 어떤 사람이 이 덧없는 인생을 놓고 이렇게 이야기했습니다.

"내가 아기가 되어서 웃고 울고 떠들 때는 시간이 기어갔다. 내가 소년이 되어 꿈속에서 살며 좋아할 때는 시간이 걸어갔다. 내가 이제 성인이 되자 시간은 달음박질을 시작했다. 드디어 어느덧 내 머리에 반백이 보이기 시작하자 시간은 날아갔다."

살아갈수록 자꾸 시간은 더 빨리 가고, 이상하게 인생에 대해 허무를 느끼게 되고, 뭔가 아쉬워져서 한번쯤 몸부림을 치고 싶은 것이 우리 모두의 생각입니다. 어떤 사람이 70년을 한 인생의 시간으로 정해 놓고 계산을 해 보니까 자신이 어느 시점쯤 와 있는가를 지각하고는 정신차려야겠다고 스스로 느꼈다고 합니다. 그래서 막상 24시간을 인생의 전체 시간으로 놓고 계산해 보니까 너무나 한심합니다.

만약 나이가 서른 살이라면 인생을 24시간으로 계산해 볼 때 1시 25분에 해당되는 시간이라고 합니다. 이미 점심 시간이 끝난 때입니다. '내 나이 서른이니까 내 앞은 아직 창창하다'고 생각하지 마십시오. 따지고 보면 얼마 남지 않았습니다. 서른다섯쯤 되면 2시 59분, 3시가 다 되어 가고 이제 저녁 반찬 준비도 생각해야 하는 때가 됩니다.

마흔이 넘어가면 4시 16분입니다. 퇴근 시간이 다 되어 갑니다. 마흔다섯이면 5시 43분이 되고, 쉰 살이면 오후 7시입니다. 이제 태극기도 내려야 하고, 곧 밤이 옵니다. 인생이 별것 아닙니다. 쉰다섯 살쯤 되면 8시가 넘어갑니다. 텔레비전도 황금 시간대 프로는 다 끝나 가고 시시한 것만 나옵니다. 예순이 되면 10시가 넘고, 일흔이 되면 땡 하고 종이 치는 것입니다.

이런 것을 생각하면 '인생이란 게 뭔가? 이게 정말 내가 사는 삶의 전부인가? 이렇게 살려고 내가 밤잠 안 자고 공부하면서 뛰어다니고 매맞고 욕 듣고 살았는가?' 하는 생각이 듭니다. 참 어처구니가 없습니다.

## 하나님과 화목되었다

그러면 사람에게 정말 중요한 것은 무엇입니까? 영원히 사는 문제입니다. 이것을 해결해야 합니다. 인간이 영원히 사는 문제를 해결하지 못하면 부잣집에 있는 개만도 못합니다. 부잣집 개는 걱정 없이 태평스럽게 그 좋은 집에서 살다가 죽으면 그만입니다. 죽은 뒤에도 아마 주인이 고이고이 묻어 줄 겁니다. 그런데 그런 개 팔자에 비해 우리는 너무나 우습습니다. 왜 밤낮 없이 고민하고 진통하고 괴로워하고 조심하고 불안해하고 그래야 합니까? 사는 것이 이 땅에서의 인생뿐이라고 하면 이 인생만큼 비참하고 우스운 것이 없습니다.

영생은 하나님이 주시는 것입니다. 하나님이 예수님을 통해서 나에게 주시기로 약속한 것입니다.

> 하나님이 세상을 이처럼 사랑하사 독생자를 주셨으니 이는 그를 믿는 자마다 멸망하지 않고 영생을 얻게 하려 하심이라_요 3:16

하나님이 예수 그리스도를 우리에게 내어주시고 십자가에서 "엘리 엘리 라마 사박다니" 즉, "나의 하나님, 나의 하나님, 어찌하여 나를 버리셨나이까"(마 27:46) 하고 부르짖으며 우리를 대신해 죽게 하신 것은 예수님을 통해서 우리가 멸망치 않고 영생을 얻게 하기 위한 것입니다. 영생은 영원히 사는 것, 혹은 구원을 얻는 것을 뜻합니다.

> 또 증거는 이것이니 하나님이 우리에게 영생을 주신 것과 이 생명이 그의 아들 안에 있는 그것이니라_요일 5:11

하나님이 우리에게 영원히 사는 영생을 선물로 주셨지만 이 선물을 하나의 길을 통해서만 주셨습니다. 그의 아들 예수 그리스도를 통해서만 이 영생을 얻도록 해 주신 것입니다. 여기서 우리가 꼭 한 가지 알아 두어야 할 사실은 영생이라는 것은 사람이 노력해서 얻는 것이 아니라는 것입니다. 인간은 절대 자기 힘으로 영생을 얻을 수가 없습니다. 영생은 하나님이 주셔야만 얻는 것입니다. 사람이 달란다고 해서 하나님이 주시는 것이 아닙니다. 하나님이 기뻐서 주셔야만 내가 얻을 수 있는 것이 영생입니다.

이런 점에서 많은 사람들이 속고 있습니다. 자기 스스로의 힘으로 얻을 수 있다고 착각하고 철학이니, 예술이니, 자선 사업이니 하는 것들을 통해 얻으려고 합니다. 이 영생이 자동적으로 굴러 들어올 것으로 알고 있습니다. 천만에요. 하나님이 주셔야 합니다.

그러면 영생이란 의미가 무엇입니까? 영원히 산다는 것은 무슨 뜻입니까?

곧 우리가 원수 되었을 때에 그의 아들의 죽으심으로 말미암아 하나님으로 화목하게 되었은즉 화목하게 된 자로서는 더욱 그의 살아나심으로 말미암아 구원을 받을 것이니라_롬 5:10

이 말씀에는 영생에 대한 두 가지 의미가 나옵니다. 먼저는 하나님과 화목하게 되었다는 것입니다. 영생이 무엇입니까? 첫째는 하나님과 화목하게 되는 것입니다. 그러면 둘째는 무엇입니까? 구원을 얻는 것입니다. 영생의 또 다른 의미는 마태복음 25장 34절에 나옵니다.

내 아버지께 복 받을 자들이여 나아와 창세로부터 너희를 위하여 예

하나님이 준비하신 나라, 곧 천국에 들어가는 것입니다.

영생의 의미를 정리해 보면, 첫째는 하나님과 화목되는 것입니다. 우리는 하나님 앞에서 원수 된 관계였습니다. 그래서 하나님과 대화를 하려고 해도 할 수 없고 찾아가려 해도 찾아갈 수 없고 하나님께로 가는 문을 두드리려 해도 두드릴 수도 없는, 완전히 단절된 상태에 빠져 있었습니다. 우리의 죄 때문입니다. 그런데 예수님이 나의 죄를 위해 십자가에 죽으시고 삼 일 만에 살아나심으로 인해 하나님과 우리 사이의 원수 된 관계가 다 해소되었습니다.

내가 해소시킨 것이 아닙니다. 하나님이 그 아들 예수님을 보내 주셨고, 그 아들에게 우리 대신 십자가를 지게 하셨고, 하나님이 그 아들을 무덤에서 살리신 것입니다. 하나님과 우리 사이에 있는 담을 하나님께서 헐어 주셨습니다. 이것이 화목입니다. 그래서 하나님과 우리는 언제든지 만날 수 있고 대화할 수 있고 또 맡길 수 있는 아버지와 아들의 관계가 되었습니다. 이것이 구원입니다. 이것이 영생입니다.

인간의 첫째 죽음은 하나님과 원수된 관계로 전락한 죽음입니다. 그러므로 이제 하나님과 화목되었다는 것은 우리가 다시 하나님과 연결되었다는 말입니다. 하나님과의 관계가 다시 연결되고 개선되었다는 것입니다. 하나님은 생명입니다. 창조자입니다. 영원히 사는 분입니다. 하나님께는 죽음이 없습니다. 그런데 우리가 하나님께 이처럼 다시 연결됨으로 인해 하나님의 생명이 누구의 생명이 됩니까? 나의 생명이 됩니다. 하나님의 영원한 그 존재가 바로 나의 존재로 돌아옵니다. 그래서 영원히 사는 것이 결정되는 것입니다.

인간이 아무리 혼자서 몸부림쳐도 생명이신 하나님과의 관계가 이

어지지 않는다면 그 사람에게는 영원히 사는 생명이란 것은 불가능합니다. 하나님으로부터 한번 떨어져 나가면 다시 붙기가 이렇게 힘듭니다. 사람이 아무리 붙이려고 해도 잘 안됩니다. 하나님이 다시 붙여 주셔야 합니다. 하나님께서 예수님을 통해 우리를 자신과 하나가 되게 하셨습니다. 그래서 우리는 화목되었습니다.

## 하나님의 지배인가, 악령의 지배인가?

두 번째로, 영생의 의미는 구원을 얻는다는 것입니다. 이 말은 죽음의 지배에서 벗어난다는 뜻입니다. 악령의 세계에서 해방된다는 말입니다. 지금까지 예수님을 안 믿고 사는 사람들은 잘 때도 동서남북을 가려서 자야 된다

> 본문에서 설교자는 한국 사회에서 불신자들이 가장 보편적으로 금기시하는 여러 이교적 습관(택일, 사주팔자, 풍수지리 등)을 소재로 삼아 그것과는 비교할 수 없이 자유롭고 유익한 기독교 신앙을 대비, 대조함으로써 관심을 불러일으키고 있다.

고 합니다. 그리고 팥죽을 하든 뭘 하든 왜 그걸 집 앞에 뿌려 버리는지 모르겠습니다. 이런 것을 볼 때 예수님을 안 믿는 모든 사람들은 누구의 지배를 받고 있습니까? 악령의 지배를 받고 있습니다.

이것은 여러분이 인정해야 합니다. '나는 그런 것과 관계없이 내 마음대로 산다'고 하지만 천만에요. 성경을 보면 사람이 자기 마음대로 살 수 있는 것이 아닙니다. 인간은 피조물이기 때문에 하나님의 지배를 받든지 악령의 지배를 받든지 둘 중 하나입니다. 인간에게는 중간 지대의 휴전선이 없습니다.

그러므로 하나님 없이 사는 사람들은, 악령의 지배를 받기 때문에 동서남북을 재가면서 자야 하고 이사도 마음대로 못합니다. 그렇게 노예 생활을 하면서도 그것이 좋다고 예수 믿으라고 하면 벌벌 떱니다. 어떤 분이 전도집회에 가서 복음을 듣고 목사님이 "예수님 믿기로 작

정하는 분은 조용히 일어서십시오" 하는데 자기는 믿고 싶은 마음이 들어도 못 일어섰다고 합니다. 만약에 일어서면 자기나 자신의 가정에 어떤 우환이 덮칠지 몰라 겁이 나서 못 일어섰다는 것입니다. 겁이 나서 못 일어서는 이유가 뭡니까? 악령의 지배 아래 있기 때문입니다.

밥을 먹어도 잠을 자도 시집을 가도 장가를 가도 악령의 허락을 받아야 합니다. "어느 날이 길일(吉日)입니까? 궁합이 어떻게 됩니까?" 하면서 이렇게 불쌍하게 사는 게 세상 사람인데, 이렇게 악령의 지배를 받고 죽음의 지배를 받는 데서 해방되는 방법이 무엇입니까? 영생, 즉 구원입니다. 예수님 믿는 사람들을 한번 보십시오. 동서남북을 재고 자는 사람이 있습니까? 베개를 가지고 이쪽으로도 잤다가 잠이 안 오면 거꾸로 자기도 하고 맘대로 해도 뭐라고 할 사람이 하나도 없습니다. 이사도 마음대로 합니다. 저는 남들이 이사 못한다는 날 이사를 한번 해 봤습니다. 무엇이 어떻게 됩니까? 아무 일도 없습니다. 하나님이 나를 지배하시는데 무엇이 와서 나를 건드립니까?

예수님을 안 믿는 사람이 세상 떠나는 것을 본 적이 있습니까? 저는 제 무릎에서 세상 떠나는 분들을 여러 분 보았습니다. 목사가 되면 어떤 때는 참 힘든 경우를 당합니다. 사람들이 참 약해서 제아무리 자신만만하던 사람도 마지막에 아무런 손도 쓸 수 없는 상황에 빠지면 목사를 찾습니다. 혹시 예수님을 안 믿는 사람들이 죽을 때 얼굴이 시커멓게 되면서 일그러지는 것을 본 적이 있습니까? 예수님 믿는 사람과 안 믿는 사람은 죽을 때도 차이가 납니다. 천사가 데리고 가는 사람인지 마귀가 와서 끌고 가는 사람인지 벌써 표가 납니다.

이것은 무엇을 의미합니까? 모든 사람은 죽음의 노예이며 악령의 노예, 마귀의 노예라는 것입니다. 예수 그리스도의 이름은 우리를 그 노예 된 상태에서 해방시킵니다. 예수님을 믿으십시오. 예수님을 믿으면 믿는 그 순간부터 죽음의 자리에서 영생의 자리로 옮겨지고 우리를 지배하던 모든 악령이 손들고 다 도망갑니다.

우리나라가 불교의 지배 아래서 그처럼 비참하게 살다가 오늘날 이만큼이라도 눈을 뜨게 된 것은 바로 예수 그리스도 때문입니다. 만약 그렇지 않았더라면 오늘날 가는 곳곳마다 다 절일 것입니다. 나무마다 새끼줄을 걸어놓고 절해야 하고 구석구석마다 돌멩이를 세워 놓고 지나가고 해야 할 것 아닙니까? 그런 민족치고 오늘날 제대로 된 민족이 어디 있습니까? 악령의 지배를 벗어나고 싶습니까? 예수를 믿으십시오. 죽음을 두려워하지 않고 살고 싶습니까? 예수 믿으십시오. 예수님은 우리를 이런 두려움에서 해방시킵니다. 이것이 영생입니다.

세 번째로, 영생은 우리를 하나님의 나라로 인도합니다. 그 나라가 정말 있습니다. 날마다 그 나라를 생각하면 정말 너무 좋습니다. 세상을 떠나는 예수 믿는 사람들을 가만히 보면서 저는 '죽는 당신이 복 있는 거요' 하고 마음속으로 생각합니다. 제3차 세계대전이 앞으로 얼마 남지 않았다고 떠드는 사람들 이야기를 들으면 잠자리가 좀 뒤숭숭해질 만큼 불안하고, 이 세상이 앞으로 어떻게 돌아갈지 전혀 예측할 수 없습니다.

최근 우주에 다녀온 미국의 한 우주인이 말하기를 지구는 지금 오염된 공기층으로 쫙 덮여 있어서 앞으로 참 큰 문제라고 합니다. 이 지구가 앞으로 어떻게 돌아갈지 모르겠습니다. 그래서 어떤 사람은 그저 그날그날 사는 게 제일이라고 하면서 흥청망청 살다가 죽을 때 죽겠다고 하는데, 그렇게 한다고 해서 문제가 해결되는 게 아닙니다.

그러므로 이런 상황에서 예수님 믿고 세상을 떠나는 사람을 보면 먼저 가든 늦게 가든 간에 '야, 당신 참 복 있다' 하고 생각하게 됩니다. 죽는 사람이 복 있는 사람입니다. 예수 믿고 죽는 사람만큼 복 있는 사람이 없습니다. 장가가면 뭐하고 시집가면 뭐합니까? 조금 오래 살면 또 뭐합니까? 그게 그겁니다. 예수님 믿는 사람들이 '세상에서 살아야 한다'는 생각을 하는 이유는, 자녀들에 대한 부모로서의 책임을 져야 하고 또 주

전도설교의 성패를 가름하는 설교자의 자질 중에 하나가 불신자인 청중의 심리를 얼마나 폭넓고 깊게 이해하고 있는가이다. 회화(繪畵)로 말하면 정밀묘사처럼 불신자의 심리를 이해하고 표현해 내는 기술이 설교자에게 필요하다.

님 앞에 갔을 때 아무것도 한 일이 없이 구원만 받고 가면 너무 부끄러울 것 같아서 이 세상에서 하나님의 일을 위해 좀 더 헌신하고 살다가 가야겠다는 사명감 때문입니다. 이것 때문에 좀 더 건강하고 좀 더 열심히 일해야겠다는 생각을 하는 것이지, 사는 것 자체가 즐겁고 기뻐서 오래 살겠다고 발버둥치지는 않습니다. 우리에게 너무 좋은 곳이 있기 때문입니다.

몇 시간 동안 죽었다가 살아 돌아온 사람들이 이구동성으로 하는 말이 있습니다. 그들은 다시 눈을 떴을 때 너무 절망했다고 합니다. '안 돌아왔으면 좋았을걸' 하는 마음이었습니다. '참 오기 싫었습니다' 하는 것입니다. 이런 이야기를 써 놓은 글을 제가 여러 군데에서 보았습니다. 그만큼 하나님을 믿는 자녀에게 죽음 이후에 주시는 복이 너무나 좋습니다. 어디입니까? 영원한 나라, 다시는 곡하는 것도 없고 눈물도 없고 슬픔도 없고 하나님과 함께 영원히 거하는 곳인 그 나라가 우리 앞에 기다리고 있습니다.

○ ○ ○ ○
**천국 비자**

그곳에 가면 모든 사람이 천사와 같습니다. 이전에 제가 심방을 갔다가 어느 교수와 함께 둘이서 돌아오는데 이 교수가 여자분입니다. 제가 크리스마스 카드를 보냈는데 남편 이름으로만 보내고 자신의 이름

으로는 보내지 않았다고 "목사님은 남자 여자 차별하시네요" 하고 농담 비슷하게 말을 합니다. 그래서 제가 "어디 남자 위에 한번 올라서서 보세요. 행복한지 않은지"라고 했습니다. 여자가 남자 위에 올라서면 행복합니까? 자리가 잘못되면 불편한 겁니다.

아마 부인들 생각에는 사람 대우 좀 해 달라는 것이겠죠. 물론 압니다. 한국 여자들이 한 가지 불행한 것은 과거의 전통 때문인지 너무 남자들에게 속박을 받는 면이 많다는 겁니다. 그러나 예수님 앞에서는 남자와 여자가 어떻습니까? 다 똑같습니다. 예수님 앞에서는 남자와 여자가 다 평등합니다. 2천 년 세계 역사에서 오늘날 여자들의 신분을 이만큼 올려준 것은 기독교입니다. 예수 정신입니다.

그런데 천당 가도 여자 남자가 있을까요? 하나님 나라에 가면 모든 사람이 천사와 같다고 합니다. 그러니까 여자 남자가 없습니다. 이젠 그 나라가 우리를 기다리고 있습니다. 그것이 영생입니다.

그러면 그 나라에 들어가는 비자는 언제 얻습니까? 미국에 이민 가는 사람들을 보면 비자 받느라고 애를 많이 먹습니다. 그래서 미리 시간을 두고 준비하기 때문에 한 4개월 정도 여유를 두고 비자를 받습니다. 그런데 그렇게 미리 비자를 받은 사람들을 보면 벌써 미국에 가서 사는 것처럼 막 흥분을 하고 야단입니다. 비자를 받았다는 것은 곧 그곳에 들어간 것이나 다름이 없습니다. 단지 그곳에 실제로 들어가는 현실이 아직 눈앞에 안 나타난 것뿐이지 들어간 것이나 다름이 없습니다.

한국에서 쫓겨나서 미국에서 몇십 년 살다가, 한국 정부가 이제 들어와도 좋다고 허락해 줘서 한국에 들어가려는 사람이 비자를 받고 나면 잠을 못 자고 정신이 없습니다. 너무 기쁘기 때문입니다. 비자를 받고 나면 그 사람은 한국에 온 것이나 다름이 없습니다.

이처럼 우리 예수님을 믿는 사람들이 하나님 나라에 들어가는 영생의 비자를 언제 받습니까? 예수님을 믿는 그 순간에 하나님께서 그에게 비자의 도장을 '탁' 하고 찍어 주십니다. 그러니 비록 내 몸은 아직 하나님 나라에 들어가지 않았지만 이미 들어간 것이나 다름이 없습니다. 이것이 예수 믿는 사람입니다.

본문에서 설교자는 '영생의 비자'의 도장을 '탁' 하고 찍어 주셨다는 말로 구원의 개념과 도리를 설명하고 있다. 사탄의 나라에서 하나님의 아들의 나라로 옮겨지는 구원 사건의 유비로 이것만큼 청중에게 익숙하고 적합한 비유물은 없을 것이다. 예수 믿는 사람이 하나님 나라의 입국사증을 받아 놓고 이미 들어간 것처럼 좋아하고 당당해한다는 비유는 현실적이면서도 상징적인 함축성을 가지고 있다.

그래서 예수 믿는 사람이 영생을 얻었다고 말할 때는 "지금 영생을 얻었다"고도 하고, "영생을 얻을 것이다"라고도 합니다. 이미 영생을 얻었다는 것은 하나님 나라에 들어갈 비자를 얻었다는 말이고, 앞으로 영생을 얻을 것이라는 말은 죽은 후에 천국에 들어갈 것이라는 말입니다. 이 두 가지는 하나로 통하는 말입니다. 이것이 영생입니다.

여러분이 세상에 살 때 이런 준비도 못 해 놓고 산다면 참 안타깝습니다. 불쌍합니다. 참 불쌍한 사람입니다. 그래서 예수님을 믿으라고 이렇게 전하는 것입니다. 얼마나 좋습니까? 하나님이 큰 선물을 주시는 것입니다. 예수만 믿으면 주십니다.

그러면 하나님이 영생을 주시기 위해 우리에게 요구하는 것은 무엇일까요? 믿음입니다. "주 예수를 믿으라 그리하면 너와 네 집이 구원을 받으리라"(행 16:31)고 했습니다. 내가 예수님을 믿으면 내가 구원을 받을 뿐만 아니라, 우리 집안 식구들이 다 예수님을 믿게 되어 집안이 구원을 받는다는 것입니다.

또 에베소서 2장 8절에 보면, "너희는 그 은혜에 의하여 믿음으로 말미암아 구원을 받았으니 이것은 너희에게서 난 것이 아니요 하나님의 선물이라"고 합니다. 믿음을 통해서 구원을 받습니다.

○ ○ ○ ○ ○ ○ ○ ○ ○
## 귀 있는 자는 들을지어다

그러면 믿음이라는 것에 대해 생각해 봅시다. 믿는다는 것이 무엇입니까?

첫 번째로, 믿는 것은 듣는 데서 시작됩니다. 로마서 10장 17절은 "믿음은 들음에서 나며 들음은 그리스도의 말씀으로 말미암았느니라"고 말합니다. 무엇을 듣는 것입니까? 예수님의 복음을 듣는 것입니다. 여러분이 이 메시지를 듣고 있는 것도 이미 믿음의 시작인 것입니다. 듣지 않으면 믿음은 절대로 생기지 않습니다.

두 번째로, 믿음은 하나님이 주셔야만 합니다.

> 너희는 그 은혜에 의하여 믿음으로 말미암아 구원을 받았으니 이것
> 은 너희에게서 난 것이 아니요 하나님의 선물이라_엡 2:8

믿음은 하나님의 선물입니다. 하나님이 우리 마음을 조금씩 조금씩 열어 주셔서 믿도록 해 주신 것입니다. 하나님의 도움 없이는 안 됩니다. 지금도 여러분이 이 메시지를 들을 때에 누가 뒤에서 돕고 있는지 아십니까? 여러분이 믿을 수 있도록 열심히 돕고 계시는 분이 있습니다. 성령 하나님입니다.

그래서 예수님을 믿는 분들을 만나서 이야기를 들어 보면 "목사님, 참 이상해요. 제가 예수를 믿다니 참 이상해요. 제가 어떻게 믿었는지 몰라요"라고 하는 분들이 많습니다. 어떻게 믿었는지 자신도 모르는 이유가 있습니다. 내 뒤에서 내가 예수님을 믿도록 도와주신 분이 계시기 때문입니다. 그렇기 때문에 하나님의 선물입니다. "하나님이 도와주시니까 내가 믿겠습니다" 하고 응답하는 것입니다.

그런데 하나님이 적극적으로 도와주시는데도 끝까지 안 믿는 사람이 있습니다. 참 무서운 사람입니다. 여러분, 주위의 이웃들이 여러분에게 자꾸 예수님 믿으라고 찾아와서 강요하지 않습니까? 우연히 버스 안에서 옛 친구를 만났는데 그 친구가 교회 나가라고 말하지 않습니까?

이상하게 요즘은 주변에 온통 예수 믿으라는 소리밖에 안 들린다고 불평하는 사람들이 있습니다. 그것은 하나님께서 이웃을 통해서, 내 형제를 통해서 우리 마음을 열라고 두드리는 것입니다. 하나님께서 자꾸 두드리시는 것입니다. 여러분이 그 말에 귀를 막아 버리면 큰일납니다. 밤에 잠자리에 들었는데 잠이 안 와서 뒤척일 때, 낮에 예수 믿으라고 찾아온 사람의 이야기가 자꾸 생각납니다. 그리고 그 사람을 내가 얼굴을 찌푸리고 사납게 대해서 돌려보낸 것이 자꾸 마음에 걸리면서, '예수님이 누굴까?' 하고 자꾸 생각이 납니다.

이런 것이 바로 하나님이 내 마음을 돕고 있기 때문입니다. 하나님이 자꾸 마음을 두드리시는 것입니다. 믿음은 하나님이 도와주셔야 생기는 것이지, 나 혼자서 되는 것이 아니기 때문입니다. 그런데 어떤 사람은 끝까지 반대합니다. 이런 사람을 제가 많이 봤습니다.

제가 미국에 있을 때 전도를 하다가 신통한 결과를 보지 못하고 끝난 사람이 한 사람 있습니다. 그 사람은 서울대 의대를 나오고 미국에 교포로 가서 의사로 활동하는 분입니다. 부인도 경기여고와 서울대 약대를 나오고 그 아버지도 대법원 판사였습니다. 그러니까 자신만만한 사람들입니다. 나이는 이제 30대 중반이 넘어갑니다.

그분들에게 전도를 참 많이 했는데 열매가 신통치를 않았습니다. 그런데 나중에 그 남편이 큰 병이 들었습니다. 신장이 두 개 다 망가지는 병을 혹시 아십니까? 강남성모병원에 있는 인공 신장실에 가 보면

이 병에 걸린 사람들이 있습니다. 제가 그곳에 가서 보니 돈이 많아 보이는 부인들이 침대에 누워서 사람이 만든 콩팥을 가지고 피를 걸러 내고 있습니다. 그 사람들의 얼굴을 보니 죽음의 그림자가 까맣게 서려 있습니다. 얼마나 불쌍한 사람들인지 모릅니다. 내가 조금이라도 그 사람을 안다면 뛰어들어가서 예수 믿느냐고 묻고 싶을 정도로 가슴에 충격이 왔습니다.

요즘에는 인공 신장도 많이 발달되어서 성모병원에 있는 것을 보니 크기가 작은 상자만 합니다. 그런데 그 의사가 치료를 받을 때만 해도 인공 신장의 크기가 피아노만 했습니다. 콩팥이 두 개 다 망가졌으니 며칠만 지나면 얼굴이 꺼멓게 되고 퉁퉁 붓습니다. 몸에서 나쁜 독이 빠져나가지 못하기 때문입니다. 그러니 일주일에 적어도 세 번 정도 인공 신장기에 피를 보내서 그 인공 신장기를 통해 깨끗한 피를 받는 치료를 해야 합니다. 이 치료를 하기 위해서는 한 번 주사기를 꽂으면 4시간을 기다려야 합니다.

그 상황을 한번 생각해 보십시오. 차라리 죽는 것이 낫습니다. 이런 어려움을 당하고 있는 상황이 되었을 때 제가 주사 맞는 시간을 골라서 자주 그 집을 찾아갔습니다. 찾아가서 부인이 남편을 돕는 동안 저는 옆에서 그 의사에게 예수님에 관한 이야기도 하고 찬송도 불러주고 성경도 읽어 주고 기도도 해 주었습니다.

그런데 그 사람이 자신에게 이렇게 관심을 보여 준다는 데 대한 고마움 때문에 제가 하는 대로 그냥 다 따라 하긴 해도, 마지막에 "예수님 믿겠습니까?" 하면 "하나님이 살아 계신다면 나를 이렇게 만들 수가 있습니까?" 하고 믿지를 않습니다. 자신이 하나님을 모르고 제멋대로 산 것은 생각 안 하고, 하나님이 살아 계시다면 어떻게 자기에게 그와 같은 비극이 일어날 수 있겠냐는 반항의식을 가지고 있습니다.

제가 결국 그 의사가 낫는 것을 보지 못하고 귀국을 했습니다. 너무 답답한 부부입니다. 그야말로 가슴이 꽉 막혀 있는 것이 느껴집니다. 그래서 제가 떠날 때도 참 마음이 아팠습니다. 나중에 듣기로는 그 의사는 자기 남동생이 신장을 줘서 어느 정도 효과를 보았답니다. 그래서 인공 신장기를 의지하지 않고 정상적인 생활을 할 수 있도록 되었다는데 그것도 얼마나 갈 수 있을지 장담을 못 한답니다. 그런데 그 얼마 후 부인이 어떤 미국 사람에게 불려 나갔다가 시체가 되어 돌아왔다고 합니다. 어린애 둘을 남겨 놓고 죽었습니다.

제가 그런 이야기를 들을 때 '왜 하나님이 그렇게 구원해 주시려고 믿으라고 할 때 안 믿었을까? 왜 사람들이 그렇게 마음이 완고할까? 명문 학교 나온 것이 하나님 나라와 바꿀 만한 것일까? 의사가 되어 돈 많이 번다는 것이 영원한 영생과 바꿀 만한 가치가 있는가? 머리가 좋다는 것이 하나님과 바꿀 수 있는 것일까?' 하는 생각이 듭니다. 하나님이 예수 믿으라고 도와주려고 하는데도 마음으로 받아들이지 않고 거부하는 사람들은 정말 불쌍한 사람들입니다. 믿음은 하나님이 도와주셔야 됩니다.

○ ○ ○ ○ ○ ○ ○ ○ ○
## 나의 온 마음으로 맡길 때

또한 믿는다는 것은 머리로 막연히 긍정하는 정도에서 끝나는 것이 아닙니다. 흔히들 믿음을 사랑과 많이 비교합니다. 사랑이 진짜 사랑이 되려면 그 속에 무엇이 담겨야 합니까? 마음이 담겨야 합니다. 마음은 자기 인격의 전부입니다. 나의 전부가 담겨야 합니다.

이것처럼 기독교에서 말하는 믿음은, '나를 온통 그분에게 준다'는 말입니다. 이것이 기독교에서 말하는 믿음입니다. 머리로만 알아서,

"예수님이 십자가에서 죽었다가 삼 일 만에 살아났지. 나도 성경 그거 다 알아" 하는 것은 믿음이 아닙니다. 그건 막연히 지적으로 동의하고 수긍하는 것일 뿐입니다. 기독교에서 말하는 믿음은 자기를 온전히 주는 것입니다.

제가 미국에 있을 때 처음 운전을 배워서 자동차를 몰고 가는데 교인들이 제가 운전하는 것을 보고는 "목사님, 운전 잘하십니다. 그렇게 짧은 시간에 이렇게 잘할 수가 있네요" 하고 입이 마르도록 칭찬을 합니다. 그래서 신이 나서 운전을 했습니다. 그런데 주일에 예배를 마치고 나서 "차 없는 분들은 제 차에 좀 타십시오" 하니까 한 사람도 안 옵니다. 그래서 이상하다 생각했는데, 한 일 년이 지나고 나서 제가 운전을 익숙하게 하게 되니까 교인들이 그때서야 실토를 하는 것입니다. "목사님, 우리가 그때 왜 목사님 차에 안 탄 줄 아세요? 불안하고 겁이 나서 탈 수 없었습니다."

이런 것은 믿음이 아닙니다. "목사님, 운전 참 잘하시네요" 하고 옆자리에 털썩 앉아서 잠을 쿨쿨 잘 정도가 돼야 그게 믿음이지, 잘한다고 해 놓고 막상 타라고 하면 안 타는 것은 진짜 믿음이 아닙니다. 그렇지 않습니까? 예수님이 나를 위해 십자가에 죽으시고 삼 일 만에 살아나셨다는 것을 분명히 믿는다면, 그다음에는 "주님, 나는 완전히 주님의 것입니다" 하면서 완전히 주님에게 의지할 겁니다.

"가시밭길로 가시면 나도 따라갈 것이고, 골고다로 가셔도 따라갈 것이고, 장미꽃이 만발한 정원으로 가셔도 그곳으로 따라갈 것입니다. 어디든지 저는 주님만 따라갑니다. 내 마음 전부 주님의 것입니다" 하고 완전히 맡기는 것이 기독교에서 말하는 믿음입니다. 교회를 다니고 예수님을 믿는다고 하면서도 엉터리들이 왜 그렇게 많은가 하면, 머리만 믿었지 마음은 하나도 안 주는 사람들이 많기 때문입니다. 마음이 안 가니까 그 사람의 인격에 전혀 변화가 일어나지 않는 것입니다.

남자분들, 혹시 이런 여자를 사랑해 보았습니까? "나 당신 사랑해요" 하면서도 공원 같은 곳에서 좀 만나자고 하면 "아이, 다음에 만나요" 합니다. 커피숍에 들어가서 커피를 마시는데 남자가 돈이 없습니다. 그런데 그걸 알면서도 '남자가 얼마나 못났으면 커피값도 없어서 여자한테 돈을 얻어서 낼까?' 하고 모른 척합니다. 그리고 결혼 얘기가 나오면 입을 꾹 다물고 가만히 있습니다. 프로포즈를 해도 반응이 전혀 없습니다.

이런 사람을 뭐라고 합니까? 마음을 주지 않는 사람이라고 합니다. 마음이 안 가니까 대답을 못하는 게 아닙니까? 진짜 마음이 있으면 밤 12시에 나오라고 해도, 엄마 아빠가 아무리 빗장을 질러놔도 나갑니다. 이것이 사람의 마음이 아닙니까? 뭐 다른 것이 눈에 보입니까? 안 보입니다. 예수님을 믿는 사람도 똑같습니다. 나를 위해서 십자가에서 죽으신 분이라는 것을 내가 믿는다면 세상에서 그분밖에는 내 마음을 바칠 분이 없습니다. 그렇지 않습니까? 이게 믿음입니다.

또 믿음은 고백에서부터 증거가 됩니다. "내가 예수 믿습니다" 하는 고백에서부터 증거가 됩니다. 또한 믿음은 돌아서는 것입니다. 과거의 잘못된 것에서 완전히 돌아서는 것을 믿음이라고 합니다. 진실로 믿으면 자연적으로 돌아서게 됩니다.

영국의 어떤 술집 주인이 빌리 그레이엄(Billy Graham, 1918-2018) 목사가 전도집회 할 때 와서 복음을 듣고는 마음의 변화가 일어나서 "나 예수 믿겠습니다" 하고 벌떡 일어나 앞에 나가서 무릎 꿇고 기도하고 돌아갔습니다. 그러고는 곧바로 자기 술집 앞에 "나 엊저녁에 예수 믿었소. 오늘부터 술집 영업 안 합니다" 하고 써 붙였습니다. 바로 이것입니다. 바로 이것이 변하는 것입니다. 이것을 믿음이라고 합니다. 만약에 예수 믿는다고 하면서도 이와 같이 완전히 돌아서는 변화가 나에게 일어나지 않는다면 둘 중의 하나입니다. 엉터리 믿음이든지 아니면 믿음이 너무 어린 것입니다.

믿음은 순종하는 데서 성장합니다. 한번 예수님께 마음을 온통 바치고 나면 예수님이 성경 말씀을 통해서 나에게 명령하시는 것은 무엇이나 순종하기를 기뻐하는 사람이 믿음을 가진 사람입니다. 예수님을 믿으십시오. 그 이상 좋은 것이 없습니다.

○ ○ ○ ○ ○ ○ ○ ○
## 선행은 조건이 아니다

> 율법의 행위로 그의 앞에 의롭다 하심을 얻을 육체가 없나니 율법으로는 죄를 깨달음이니라_롬 3:20

율법의 행위라는 말은 사람의 선행이라는 말입니다. 선행은 하나님 앞에 인정받지 못합니다. 어떤 사람은 자기가 죄가 없다고 생각합니다. 죄가 무엇인지 모르는 사람입니다. 또 어떤 사람은 하나님이 자기를 인정해 주리라고 믿고 있습니다. 그는 하나님이 누구인지를 잘 모르는 사람입니다. 또한 어떤 사람은 공을 세워야만 구원을 받을 수 있다고 생각하고 공을 세우려고 야단입니다. 그는 하나님의 조건을 잘 모르는 사람입니다.

하나님의 조건은 단 하나, 무엇입니까? 믿음입니다.

> 그런즉 자랑할 데가 어디냐 있을 수가 없느니라 무슨 법으로냐 행위

"얼마나 선하게 살았느냐?" 하는 것이 하나님이 구원해 주시는 조건은 아닙니다. 하나님이 요구하시는 것은 예수 믿는 것 하나뿐입니다. 그러므로 돈 없는 자도 올 수 있고 못 배운 사람도 올 수 있고 가난한 사람도 올 수 있고 몸이 온전치 않은 자도 올 수 있습니다. 누구나 다 믿음 하나면 하나님 앞에 나올 수 있습니다. 이것이 하나님의 조건입니다.

영생과 함께 하나님이 나누어 주시기로 한 푸짐한 축복들이 많이 있습니다. 첫 번째 축복은, 무엇입니까? 죄 용서를 받습니다. "우리가 믿음으로 의롭다 하심을 받았으니"(롬 5:1). 완전히 의롭다는 죄 용서를 받았습니다. 그러나 내가 하나님 앞에 인정을 받을 만큼 깨끗해졌기 때문에 하나님이 나를 죄 없다고 하시는 것이 아닙니다. 하나님은 순전히 나를 대신해서 죗값을 전부 지불해 준 예수님을 보시고 나의 죄를 무조건 없는 것으로 인정해 버리는 것입니다. 이것이 용서입니다.

사형선고를 받은 사형수가 갑자기 8·15 특사를 받고 나올 때는 그가 그만큼 깨끗해졌기 때문에 특사를 받은 겁니까, 아니면 대통령이 단독으로 결정하는 겁니까? 대통령이 단독으로 결정해서 내보내는 것입니다. 그 사람이 아직도 사람 죽일 생각을 하고 있는지 아닌지는 염두에 두지를 않고 그저 그 사람을 내보내는 것이 특사입니다. 하나님께서도 내가 깨끗해졌느냐, 깨끗해지지 않았느냐를 묻지 않고 무조건 예수님을 믿는다는 그 조건 하나만 보

해마다 8월이면 광복절을 기념하여 이뤄지는 반복되는 특별사면이라서 청중들에게는 이미 익숙한 개념이다. 그런데 설교자는 이 국가적 관심사를 기독교 교리(속죄, 칭의론)를 설명하는 비유로 사용하고 있다. 속죄 교리를 신학적으로 설명하기보다는 8·15 특사를 받아 풀려나는 죄수에 비유함으로 힘 있게 메시지를 전달하고 있다. 이렇게 함으로써 구원은 하나님과 사람의 합작물이 아니요 하나님의 주권적인 결정이며, 따라서 사람의 기분과 조건에 따라 좌우되지 않는 것임을 분명히 보여 주고 있다.

시고 무조건 용서해 주십니다. 과거의 죄와 현재의 죄, 그리고 미래의 죄까지 모두 용서해 주십니다.

과거의 죄도 어디까지 거슬러 올라가는 과거의 죄입니까? 아담의 죄까지 거슬러 올라가는 과거의 죄입니다. 이러한 과거의 모든 죄를 용서하시고 현재의 죄도 회개할 때 용서하시며, 미래의 죄도 용서하시기 때문에 우리가 하나님 나라에 들어갈 때는 죄가 하나도 없는 사람으로 들어갑니다.

"예수님 믿고 나서도 내가 약해서 어쩔 때는 죄를 많이 짓기도 하는데 그때는 어떻게 합니까?" 하는 분들이 있는데, 대답은 하나입니다. 회개하면 다 용서받습니다. 예수님을 믿고 나서는 하나님이 나에게 아버지가 되시기 때문입니다. 즉, 나는 하나님의 자녀입니다. 여러분, 아들이 부모가 하지 말라는 일을 하고 또 한다고 해서 호적에서 빼 버리겠습니까? 그런 법이 없습니다.

하나님이 우리 아버지가 되었다는 말은 이제 앞으로는 끝까지 용서한다는 말입니다. 우리가 하나님의 자식이 되었다는 말은 끝까지 용서받는다는 말입니다. 보장이 되는 겁니다. 아무리 하지 말라고 해도 아들이 자꾸 하면 가끔씩 부모가 화가 나서 때릴 수는 있습니다. 그러나 호적에서 빼고 쫓아내지는 않습니다. 그렇게 한다면 그건 부모가 아닙니다. 우리 하나님도 마찬가지입니다.

## 부모보다 더 크고 완전한 사랑

영생과 함께 나눠 주시는 두 번째 축복은, 하나님의 자녀가 된다는 것입니다. 얼마나 좋습니까?

무릇 하나님의 영으로 인도함을 받는 사람은 곧 하나님의 아들이라_롬 8:14

하나님께서 인도하셔서서 예수님을 믿게 된 사람은 다 하나님의 아들이라는 것입니다.

세 번째 축복은, 하나님의 보호를 받습니다. 요한일서 5장 18절에는 "하나님께로부터 나신 자가 그를 지키시매 악한 자가 그를 만지지도 못하느니라"고 했습니다. 하나님께로부터 나신 자는 예수님입니다. 예수님이 우리를 지키시는데 어느 정도로 지키시느냐 하면 악한 자, 악령, 마귀, 이 세상의 모든 악한 사람들이 우리를 만지지도 못할 정도로 강하게 지키십니다. 사랑이 있는 아버지가 자녀를 안 지키겠습니까? 사랑이 많은 어머니가 얼마나 자녀를 걱정합니까? 그러므로 하나님께서는 그 이상으로 우리를 지키시지 않겠습니까?

젖을 먹이는 어미만큼 늘 자식을 생각하는 사람도 없을 겁니다. 그러나 그러한 어머니도 가끔 잊어버릴 수가 있습니다. 예전에 한 목욕탕에서 불이 났는데 어머니가 아이들을 데리고 목욕하다가 불이 났다고 하니까 아이들은 내버려 두고 엄마만 밖으로 뛰어나왔다고 합니다. 그런 엄마가 세상에 어디 있냐고 사람들은 비난할지도 모르지만, 뜨거워서 못 견디면 자식이 어디 있습니까?

6 · 25 때 피난가면서 애를 업고 나온다는 게 베개를 업고 나온 사람도 있다고 하지 않습니까? 세상에서 제일 큰 사랑이 어머니의 사랑이라고 하지만 그 사랑도 사실은 완전하지 못합니다. 그런데도 어머니가 얼마나 자식을 보호하려고 애를 씁니까? 하물며 하나님께서 우리를 그의 자녀로 삼으신 다음에야 얼마나 잘 보호해 주시겠습니까? 그러므로 예수 믿는 사람은 그만큼 겁이 없습니다. 불안이 없고 마음

이 평안합니다. 걱정 근심 앞에서도 당황하지 않습니다. 내 아버지 하나님이 도와주신다는 걸 믿기 때문입니다. 이것이 얼마나 큰 선물입니까?

마지막으로, 영생을 얻으면 하나님께서 우리에게 성령을 선물로 주십니다.

> 너희가 회개하여 각각 예수 그리스도의 이름으로 세례를 받고 죄 사
> 함을 받으라 그리하면 성령의 선물을 받으리니_행 2:38

성령은 하나님의 영입니다. 즉, 성령도 하나님입니다. 그분이 예수님을 믿는 사람들의 마음에 오셔서 일생 동안 떠나지 않고 우리를 붙들고 지키십니다. 그래서 우리의 마음을 지배하던 마귀들이 전부 쫓겨나 버립니다. 이제부터 하나님의 영인 성령이 나를 지키고 인도하시는 것입니다.

성령이 오셔서 그 마음에 거하는 사람은 우선 믿음이 강해집니다. 또 성령님은 하나님이 내 아버지라는 것을 날마다 믿게 하십니다. 그래서 언제나 하나님 앞에 가서 "아버지" 하며 기도하게 만듭니다. 성령이 함께하시는 사람은 항상 어떤 사람 앞에서도 "내가 하나님을 믿는다. 예수님을 믿는다"라고 담대히 말하게 됩니다. 또 성경 말씀을 읽을 때 그 말씀을 깨닫게 됩니다. 성령이 우리 안에 거하십니다.

지금 예수님 믿기로 결단하십시오. 어쩌면 다시는 예수 믿으라는 말을 듣지 못할지도 모릅니다. 우리 중의 누구도 오늘 오후의 일을 예측하지 못합니다. 하나님께서 지금 우리에게 기회를 주실 때 믿어야 합니다. 예수님을 믿고 영원한 영생을 소유하여 장차 하나님 나라에 들어가서 영원토록 하나님의 복을 누리는 귀한 자녀들이 되기를

바랍니다.

> 하나님이 세상을 이처럼 사랑하사 독생자를 주셨으니 이는 그를 믿
> 는 자마다 멸망하지 않고 영생을 얻게 하심이라_요 3:16

> 주 예수를 믿으라 그리하면 너와 네 집이 구원을 받으리라_행 16:31

주님이 여러분을 부르고 계십니다. 마음을 여십시오. 그리고 '예수님, 나는 죄인입니다. 이 시간부터 예수님이 나의 구원자요 하나님인 것을 믿고 내 마음 전부를 예수님께 의탁합니다' 하는 진실한 고백이 여러분의 마음속에 있기를 바랍니다.

자신을 예수님께 완전히 맡기고 하나님이 선물로 주시는 영생을 믿으십시오. "이제부터 예수님의 사람이 되겠습니다" 하고 예수님을 의지하여 새로운 인생을 결단하고 새로운 출발을 합시다. 내가 아무리 젊어도 내 인생을 내가 보장하지 못합니다. 오직 우리의 구원자 되신 예수님만이 우리에게 영원한 삶을 약속합니다. 주저하지 마십시오. 예수님을 믿는 그 순간, 우리를 지배하던 모든 마귀의 역사는 물러갑니다. 내가 예수님을 믿기로 작정하면 우리가 예수님 믿는 것을 방해하던 모든 사람들이 더 이상 방해하지 못하도록 막아 주실 것입니다. 우리가 예수님을 믿는 이상 우리를 감히 해칠 자가 아무도 없습니다. 하나님의 자녀가 됩시다. 함께 기도합시다.

하나님 아버지, 예수님을 나의 구주, 나의 주님으로 영접하는 이 아름다운 순간을 주신 것을 감사합니다. 주님, 이제 이들이 영적으로 변하여 새사람이 되고 남은 생을 전부 주님께 의탁하고 하나님의 자녀로서 힘차게 하나님의 복과 하나님의 인도함을 받으면서 새 생활을

시작할 수 있도록 도와주시옵소서. 예수님 이름으로 기도드립니다.
아멘.

# 4

# 원
# 웨이

다른 사람들이 가진 것은 가짜 보석반지고 내가 가진 반지는
진짜 보석반지라는 것을 알면, 누가 와서 '네 거나 내 거나 다 똑같은 거다'라고 말할 때
'내 반지는 진짜다'라고 고집하지 않겠습니까?

로마서 1:17

복음에는 하나님의 의가 나타나서 믿음으로 믿음에 이르게 하나니 기록된 바 오직 의인은 믿음으로 말미암아 살리라 함과 같으니라

누가복음 19:1-19

1 예수께서 여리고로 들어가 지나가시더라 2 삭개오라 이름하는 자가 있으니 세리장이요 또한 부자라 3 그가 예수께서 어떠한 사람인가 하여 보고자 하되 키가 작고 사람이 많아 할 수 없어 4 앞으로 달려가서 보기 위하여 돌무화과나무에 올라가니 이는 예수께서 그리로 지나가시게 됨이러라 5 예수께서 그곳에 이르사 쳐다보시고 이르시되 삭개오야 속히 내려오라 내가 오늘 네 집에 유하여야 하겠다 하시니 6 급히 내려와 즐거워하며 영접하거늘 7 뭇 사람이 보고 수군거려 이르되 저가 죄인의 집에 유하러 들어갔도다 하더라 8 삭개오가 서서 주께 여짜오되 주여 보시옵소서 내 소유의 절반을 가난한 자들에게 주겠사오며 만일 누구의 것을 속여 빼앗은 일이 있으면 네 갑절이나 갚겠나이다 9 예수께서 이르시되 오늘 구원이 이 집에 이르렀으니 이 사람도 아브라함의 자손임이로다 10 인자가 온 것은 잃어버린 자를 찾아 구원하려 함이니라 11 그들이 이 말씀을 듣고 있을 때에 비유를 더하여 말씀하시니 이는 자기가 예루살렘에 가까이 오셨고 그들은 하나님의 나라가 당장에 나타날 줄로 생각함이러라 12 이르시되 어떤 귀인이 왕위를 받아가지고 오려고 먼 나라로 갈 때에 13 그 종 열을 불러 은화 열 므나를 주며 이르되 내가 돌아올 때까지 장사하라 하니라 14 그런데 그 백성이 그를 미워하여 사자를 뒤로 보내어 이르되 우리는 이 사람이 우리의 왕 됨을 원하지 아니하나이다 하였더라 15 귀인이 왕위를 받아가지고 돌아와서 은화를 준 종들이 각각 어떻게 장사하였는지를 알고자 하여 그들을 부르니 16 그 첫째가 나아와 이르되 주인이여 당신의 한 므나로 열 므나를 남겼나이다 17 주인이 이르되 잘하였다 착한 종이여 네가 지극히 작은 것에 충성하였으니 열 고을 권세를 차지하라 하고 18 그 둘째가 와서 이르되 주인이여 당신의 한 므나로 다섯 므나를 만들었나이다 19 주인이 그에게도 이르되 너도 다섯 고을을 차지하라 하고

# 원
## 웨이

어느 병자나 병원에 가서 진단을 하면 그 진단에 따른 처방이 나옵니다. 이것은 병을 고치는 작업입니다. 제가 존경하는 한의사가 한 분 있는데, 제가 몸이 좀 안 좋아서 그분에게 전화를 했습니다. 그런데 그 의사의 말이 처방이 좀 복잡하다는 것입니다. 일반적으로 한의사가 처방을 내릴 때 "좀 복잡합니다"라고 하면 우리는 "어느 정도로 복잡합니까?" 하고 묻습니다. 대부분 복잡한 처방을 아주 싫어하기 때문입니다. 그러나 살기 위해서는 그 처방을 다 들어야 합니다.

설교자는 복음 메시지는커녕 교회에서 쓰는 말부터가 너무 어렵고 낯설어서 교회 나오기 싫다는 불신자들이 많이 있다는 점을 간파하고 있어야 한다.

그래서 물었더니 대충 7가지를 말하는데, 이 7가지를 다 지켜야 병을 고칠 수 있다고 합니다. '육류를 먹지 말아라, 인스턴트 음식을 피해라, 짜게 먹지 말아라, 물을 많이 마시지 말아라, 심한 운동을 하지 말아라, 되도록 정신적 충격을 피해라, 걱정을 하지 말아라' 하는 7가지를 지키는 것이 건강 비결이라고 합니다. 그리고 몸에 병이 있는 사람은 이런 것은 기본적으로 지켜야 한다고 합니다.

그런데 가만히 생각해 보니 이 7가지를 지키는 게 보통 일이 아닙니다. 이 7가지를 신경 쓰느라고 하루를 다 보내게 생겼습니다. 이처럼 처방이 복잡하면 환자가 얼마나 시달리는지 모릅니다. 아시다시피 요즘 약봉지를 받아 보면 식후 30분이라고 되어 있는데, 이 식후 30분이라는 것을 누가 정했는지 세상에 그처럼 귀찮은 게 없습니다. 그냥 밥 먹고 물 마시면서 먹으면 간단한 것을 30분을 기다리라고 해 놓으니 어떤 때는 한두 시간이 지나도 잊어버려 못 먹기도 하고 또 어떤 때는 급하니까 10분 정도 되면 먹고 나갈 때도 있고 그렇습니다. 그래도 어떻게 합니까? 병을 고치기 위해서는 그 처방대로 해야지요.

## 주님이 주시는 처방전

하나님께서 만약 우리가 구원받을 때 취해야 할 처방을 한 7가지 정도 주셨다면 정말 아무도 구원받지 못할지도 모릅니다. 그런데 구약시대에는 사람들이 구원받는 것을 굉장히 복잡한 것으로 오해했습니다. 예를 들면, 안식일에는 절대 움직이지 않고 길도 너무 많이 걷지 않아야 구원을 받는 것으로 생각했고, 부정한 것에는 절대 입도 대지 않고 음식을 먹기 전에는 반드시 손을 씻어야 하며, 매년 한 차례씩 남자는 성지순례를 해야 한다는 것 등입니다. 그런데 그 가운데는 하나님이 명령한 조건도 있고 사람들이 일부러 만들어 낸 조건들도 있습니다.

방글라데시의 이슬람교도들은 하루에 일곱 번 머리를 숙였다가 엉덩이를 하늘로 치켜들고 절을 해야 한다고 합니다. 참 보통 일이 아닙니다. 얼마나 한심한 사람들입니까? 그렇게 해야 자기들이 구원을 받는다고 생각하니 얼마나 불쌍한 사람들입니까? 만약에 하나님이 우리에게 구원을 받으라고 하시면서 이렇게 복잡한 절차를 거치라고 했다면 저도 구원 못 받고 여러분도 구원받지 못할 것입니다.

그런데 하나님이 주신 처방은 하나입니다. "오직 예수님을 믿기만 하면 구원받는다"는 것입니다. 얼마나 감사한지 모릅니다. 믿기만 하면 됩니다. 성경을 아무리 뒤져봐도 그 외의 다른 조건들은 없습니다. 믿기만 하면 다른 조건이 전부 해결됩니다. 이것이 기독교의 진리입니다. 더 보탤 것이 없습니다.

저는 하나님 앞에 감사하는 것이 여러 가지 있지만 가장 감사하고 싶은 것은 구원받을 수 있는 길을 너무 쉽게 열어 주셨다는 것입니다. 그저 믿으면 구원받는다니, 얼마나 기막힌 선물입니까? 그래서 기독교의 복음을 '기쁜 소식'이라고 부릅니다. 그런데 사람들이 너무 쉬우니까 오히려 의심하고 안 받습니다. 제가 전도해 본 사람들 가운데 너무 쉬우니까 싱겁게 생각하고 오히려 멸시하는 사람들을 보았습니다.

인간이 얼마나 간사합니까? 어려우면 너무 어렵다고 안 하고, 쉬우면 너무 쉽다고 안 합니다. 아직 예수님을 안 믿는 분들, 도대체 어떻게 비위를 맞춰야 구원받겠습니까? 하나님이 어떻게 해 주시면 하나님 곁으로 오겠냐는 것입니다. 인간은 한마디로 속물입니다. 하나님께서 우리에게 주신 이 구원의 길을 감사해야 합니다.

주 예수를 믿으라 그리하면 너와 네 집이 구원을 받으리라_ 행 16:31

하나님께서는 구원받는 길을 쉽게 열어 주셨을 뿐 아니라, 이 말씀을 보니까 프리미엄까지 붙여 놓으셨습니다. "네 집이 구원을 받으리라"는 것입니다. 우리나라의 부인들은 대부분 남편을 참 끔찍이도 위합

가족 구원의 프리미엄이라는 제시가 청중에게 신선하고 충격적으로 들렸을 것이다. 우리나라처럼 가족과 혈연을 중요하게 여기는 사회에서 나 한 사람이 예수님을 믿음으로 가족 또한 구원받을 길이 열린다는 소개는 그야말로 복음이다. 이처럼 전도설교에서는 청중의 관심을 한번에 사로잡을 수 있는 접근이 필요하다.

원 웨이

니다. 그래서 자신이 구원받고 나면 남편이 가장 염려스럽습니다. 왜 그렇지 않겠습니까? 일생을 해로(偕老)하려고 만났는데 땅에서만 해로하고 영원한 나라에 가서는 이별을 해야 되니 생과부 되는 것도 보통일이 아닙니다. 꼭 같이 가야 합니다.

그런데 하나님께서 프리미엄을 약속하셨습니다. '네가 믿으면 너와 네 집이 구원을 받는다'는 것입니다. 지금 당장 남편이 믿지 않는다고 해도 너무 비관하지 마십시오. 믿는 아내를 통해서 믿지 않는 남편이 거룩해진다고 성경에서 말씀했습니다. 바가지를 긁어도, 몽둥이로 때려도, 문을 잠그고 교회 못 가게 막아서도 결국 그 사람은 예수님을 믿는 아내 때문에 하나님의 손이 미치는 팔 안에 들어와 있다는 것입니다. 이미 거룩해져 있다는 것입니다.

제가 볼 때 부인이 잘 믿는 가정치고 남편을 구원 못 시키는 집은 불과 열에 두셋 정도밖에 안됩니다. 그런 경우는 아주 특수한 경우입니다. 웬만한 경우에는 거의 식구들이 다 구원을 받습니다. 거짓말이 아닙니다. 그리고 그 조건은 단 하나, 믿으라는 것입니다.

> 복음에는 하나님의 의가 나타나서 믿음으로 믿음에 이르게 하나니
> 기록된 바 오직 의인은 믿음으로 말미암아 살리라 함과 같으니라
> _롬 1:17

'복음에는 하나님의 의가 나타난다'는 말이 무슨 뜻일까요? 복음을 들으니까 그 안에 의가 나타난다는 것입니다. 믿기만 하면 의롭게 되는 의가 나타납니다. 저는 예전에는 의롭게 되는 것이 선행을 하고 수도를 해야 하고, 또 태어날 때부터 성품이 선해야 되는 것이라고 생각했는데 하나님께서는 믿기만 하면 의롭게 된다고 하십니다. 복음 안

에 의가 숨어 있습니다. 그래서 믿으면 그 의가 나타납니다.

그리고 믿기만 하면 믿음에 이르게 됩니다. 그래서 믿고 의인이 된 사람은 처음부터 마지막까지 믿음으로 말미암아 삽니다. 세상에서도 믿음으로 살고 하나님 나라에 들어가서도 믿음으로 삽니다.

역시 우리 예수님은 명의(名醫)입니다. 명의는 복잡하지 않습니다. 서툰 의사가 복잡합니다. 영어를 가르치든 수학을 가르치든 정말 실력 있는 교사는 쉽게 가르칩니다. 대학에서 철학 강의를 들어 보면 좀 어설픈 강사가 항상 말이 어렵습니다. 듣기가 어찌나 힘이 드는지 모릅니다. 그러나 아주 권위 있는 철학 교수에게 들으면 그렇게 쉬울 수가 없습니다. 저는

> 본문에서 설교자는 마스터(장인)와 마스터피스(대작)는 항상 쉽게 말하고 단순 명쾌하게 전달한다는 점을 예수 그리스도의 복음에 연결시킨다. 예수 그리스도의 복음이 흔히 가지고 있는 편견처럼 '알쏭달쏭한 철학'이 아님을 우회적으로 말하고 있다. 예수님을 가리켜 '전지전능하시고 무소부재하시며 편재하신 독생성자, 삼위 중 제2위격'이라고 소개하지 않고 '명의'라고 한마디로 압축, 소개하고 있는 것에 주목하라.

연극이라는 것이 아주 어려운 것인 줄만 알았습니다. 좀 실력 없는 교수에게 연극 강의를 들었더니 연극에 관해서 여러 가지를 이야기하는데 너무나 복잡합니다. 그런데 이미 세상을 떠난 분이지만, 연세대에 계시던 한 교수님이 일 년간 강의하시는 것을 들었는데 제가 완전히 반해 버렸습니다. 연극이라는 게 그렇게 멋있는 것인 줄 몰랐습니다.

예수님은 자신이 하나님 나라의 진리요, 최고 권위자요, 선지자 중의 선지자이기 때문에 구원받는 일을 구약성경에서처럼 복잡하게 이야기하시지 않습니다. 오직 "믿으라"는 한마디입니다. 그러므로 이 믿음이 무엇인지 정확히만 안다면 신앙생활이 완전히 정상궤도에 올라선 것입니다.

## 오직 한 길

그러면 누구를 믿어야 하며, 왜 믿어야 합니까? 예수님을 믿어야 합니다. 예수님은 자신을 일컬어서 "내가 곧 길이요 진리요 생명이니 나로 말미암지 않고는 아버지께로 올 자가 없느니라"(요 14:6)라고 말씀하셨습니다. 기독교를 다른 모든 종교들 중의 하나로 생각하는 사람들이 있습니다. 종착점은 다 같은데 길이 다른 것이라고 말합니다. 누구는 우이동을 통해서 백운대로 올라가고 또 어떤 사람은 구파발을 통해서 백운대로 올라가는 것처럼 방향이 다른 것뿐이지 종착점은 똑같다고 합니다.

뭘 몰라서 그런 말을 하는 것입니다. 모르니까 너도 좋고 나도 좋고 하는 것이지, 진실을 알면 고집이 나옵니다. 다른 사람들이 가진 것은 가짜 보석 반지고 내가 가진 반지는 진짜 보석 반지라는 것을 알면, 누가 와서 "네거나 내 거나 다 똑같은 거다"라고 말할 때 "내반지는 진짜다"라고 고집하지 않겠습니까? 그것이 잘못되었다고 말할 수 있습니까? "종

다원주의와 그리스도의 유일성 문제를 불신자들이 쉽게 이해할 수 있도록 설명하는 것은 힘든 일이다. 그런데 '가짜 보석 반지=타 종교, 진짜 보석 반지=예수 그리스도'라는 등식은 본체와 상징물, 실체와 그림자, 메시지와 전달도구의 내외관계가 아귀가 잘 맞는 건축물처럼 서로 긴밀하게 연결되어 있을 뿐더러 쉽게 이해할 수 있다. 이렇듯 일상생활에서 찾아낸 일상의 언어로 풀어낸 비유야말로 전도설교를 힘 있게 만든다.

교는 다 하나다. 이름만 다르지 구원도 하나고 하나님이나 부처님이나 다 똑같은 신이다"라고 말하는 것은 몰라서 하는 얘기입니다.

예수님은 "내가 곧 길이다"라고 말씀하셨습니다. 어디로 가는 길입니까? 하나님 나라로 가는 길, 구원받는 길입니다. 또 "내가 곧 진리다"라고 하셨습니다. 하나님 나라에 가는 길은 예수님밖에 모릅니다. 다른 곳에는 그 길에 대한 진리나 지식이 없습니다. 또 "내가 곧 생명이다"라고 하셨습니다. 우리가 영원히 생명을 얻는 길은 예수님밖에

없습니다.

예수님은 "나로 말미암지 않고는 아버지께로 올 자가 없느니라" (요 14:6)라고 하십니다. 나를 통하지 않고는, 즉 나를 믿지 않고는 절대로 하나님 아버지께 구원받을 수 있는 길이 없다는 것입니다. 아직 예수님을 믿지 않는 분들은 잘 들으십시오. 이것은 제가 하는 말이 아닙니다. 온 우주를 만드신 하나님이 자기 아들인 예수님의 입을 통해 우리에게 가르쳐 주신 것입니다. 다른 길이 없습니다.

> 다른 이로써는 구원을 받을 수 없나니 천하 사람 중에 구원을 받을
> 만한 다른 이름을 우리에게 주신 일이 없음이라 하였더라_행 4:12

하나님이 석가모니나 알라신을 보냈다고 하지 않았습니다. 오직 예수 그리스도라는 그분만 하나님이 보냈다고 합니다. 그러므로 누구를 믿어야 합니까? 예수님, 그분을 믿어야 합니다. 그분은 우리에게 굉장히 큰 헌신을 해 주셨습니다.

로마서 4장 25절을 보면, "예수는 우리가 범죄한 것 때문에 내줌이 되고"라고 말합니다. 어디에 내주었습니까? 여러분 대신 내주었다는 말입니다. 나는 끌어들이고 예수님은 내주었다는 겁니다. 그러면 누가 이런 일을 하셨습니까? 하나님이 하셨습니다. 왼손으로는 자기 아들을 죽음으로 밀어 넣고 오른손으로는 죽음에 있는 나를 끌어냈다는 것입니다. 이것이 무엇입니까? 십자가의 죽음입니다. 무엇 때문에 예수님이 죽으셨습니까? 우리의 범죄함 때문입니다.

25절 말씀을 계속 보면 "또한 우리를 의롭다 하시기 위하여 살아나셨느니라"고 합니다. 예수님은 우리를 의롭다 하시기 위해 살아나셨습니다. 예수님이 부활하셨습니다. 드디어 우리가 하나님의 의를 얻게

되었습니다. 한 가지 꼭 알아 두어야 할 것은 예수님은 유일한 구원자, 완전한 구원자, 최종적인 구원자라는 것입니다. 이 세 가지를 꼭 기억해 두어야 합니다.

첫째로, 예수님은 유일한 구원자입니다. 비교될 만한 존재가 없습니다. 혹시라도 다른 종교를 믿는 사람들을 전도하기 위해 처음부터 절충하지 마십시오. 그들과 대화는 하더라도 절충은 하지 마세요. 다른 구원자가 없습니다. 유일한 구원자입니다.

> 설교는 성경 본문을 현실로 육화(incarnation)하는 기술, 본문과 인간의 문제 사이에 다리 놓기(bridging)의 작업이다. 더욱이 전도설교는 청중이 불신자이다. 따라서 메시지의 알맹이는 철저하게 성경적이되, 언어와 전달 방법은 초지일관 불신자들에게 친숙해야 한다.

둘째로, 예수님은 완전한 구원자입니다. 이 말은 하나님이 구원하고자 하는 사람을 구원하지 못하는 불완전한 구원자가 아니라는 것입니다. 그분이 구원한다고 하면 반드시 구원하십니다. 완전한 구원자입니다. 어떤 죄를 지은 사람이라도 하나님이 구원하려고 하면 반드시 구원합니다. 저는 혹시 구원받을까 싶어서 겁을 낸 사람이 있는데 그는 바로 김일성입니다. 저는 그 사람은 구원받아서는 안 된다고 생각했습니다. 얼마나 많은 신자들이 피를 흘렸습니까? 그런 사람이 심판을 안 받으면 전 세계 공의가, 하나님의 공의가 무너집니다. 저는 그렇게 생각합니다.

그런데도 한 가지 알 수 없는 것은 하나님이 김일성 같은 마귀도 구원할 수 있고 그의 모든 죄도 용서하실 수 있다는 것입니다. 완전한 구원자입니다. 우리는 그것을 부인하지 못합니다. 여러분 가운데 과거에 남몰래 지은 숨은 죄악들 때문에 항상 마음에 가책을 받으며 '그것 때문에 내가 이렇게 팔자가 센가 보다. 그

> '팔자가 센가 보다, 우환이 오나 보다' 하는 대목은 이런 의미에서 불신자들의 마음을 저인망으로 훑어내는 언사이다. 왜냐하면 예수님을 믿고 난 후에도 과거의 죄 때문에 이런 생각에 시달리는 그리스도인들이 많은데 불신자들이야 말 안 해도 뻔하기 때문이다. 죄책감의 문제를 통해서 설교자는 구원의 완전성을 강렬하게 대비시키며 복음을 제시한다.

것 때문에 우리 집에 우환이 오나 보다. 그것 때문에 앞으로 어떤 일을 당할지 몰라. 나는 이제 마음에 소망이 없어' 하고 마음에 고통받고 있는 사람이 있을지 모릅니다. 그러나 예수님 앞에 나오면 그것은 전혀 문제가 안 됩니다. 예수님은 완전한 구원자입니다. 그것 하나 제대로 해결하지 못해서 "나는 너를 감당하지 못하니 돌아가라"고 하시지 않습니다. 어떤 사람도, 어떤 죄도 다 포용하시고 용서하시며 구원하시는 완전자입니다.

셋째로, 예수님은 최종적인 구원자입니다. 예수님 외에 다른 구원자가 오지 않습니다. 그러므로 예수님 이름을 가지고 믿으라고 할 때 믿으세요. 예수님의 이름을 전하는 시기가 끝나고 나면 다시는 구원자가 없습니다. 마지막 구원자입니다.

## 간절히 찾는 자가 만날 것이다

본문의 이야기를 한번 봅시다. 예수님이 여리고로 지나가시게 되었습니다. 그곳에는 삭개오라는 사람이 있었는데 직업이 세리장입니다. 그는 부정하게 많은 돈을 착취해서 부자가 된 사람입니다. 그가 예수님이 어떤 분인가 해서 보고 싶어 합니다. 관심이 있는 것입니다. 아무리 세상에서 부자로 살고, 직업이 대단해서 많은 사람들을 지휘해 가며 살더라도 이런 관심을 가진 분들이 있습니다. 아마 지금 이 메시지를 듣고 있는 분들 가운데도 이런 관심을 가진 분들이 많을 겁니다.

그런데 삭개오가 예수님이 어떤 사람인가 보려고 할 때 키가 작고 사람이 많아서 잘 보이지 않았습니다. 만약에 이 사람이 '에이, 모르겠다. 그 사람 안 보면 어때?' 하고 돌아갔다면 어떻게 됐겠습니까? 돌아갔으면 그것으로 끝입니다. '아휴, 오늘은 비가 오는데 뭐, 교회 가지 말지' 하고 귀찮아서 중간에 포기해 버리는 사람은 참 아까운 세월을 많이 놓칩니다.

어떤 사람은 10년을 그렇게 허송세월하는 사람도 있습니다. 나중에 하나님이 또 부르실 수도 있지만 그런 자세는 좋지 않습니다. 내가 좀 젊을 때, 그래도 뭔가 내가 하나님 앞에 내 삶을 좀 바친다고 생각할 수 있는 나이에 교회에 들어오면 얼마나 좋겠어요? 그런데 그게 "귀찮으니까, 교회도 멀고 가 보니까 마음에 안 들더라. 또 목사가 생긴 게 뭐 그래?" 하면서 이런저런 핑계로 나오지 않는다면 기회를 많이 놓치게 됩니다.

그러나 삭개오는 어려움이 있어도 포기하지 않았습니다. 4절을 보면, "앞으로 달려가서 보기 위하여 돌무화과나무에 올라가니 이는 예수께서 그리로 지나가시게 됨이러라"라고 합니다. 여러분은 누군가를 보기 위해 나무나 자동차 위에 올라가 본 일이 있습니까? 아마 저나 여러분은 체면상 그렇게까지는 잘 못할 겁니다. 그러니 이 사람은 참 대단합니다.

5절을 봅시다. "예수께서 그곳에 이르사 쳐다보시고 이르시되 삭개오야 속히 내려오라 내가 오늘 네 집에 유하여야 하겠다 하시니." 이 말은 예수님께서 삭개오에게만 하시는 말씀입니까? 아니면 예수님께 관심을 갖는 모든 사람에게 하시는 말씀입니까? 관심을 갖는 모든 사람에게 하시는 말씀입니다. 우리에게 아직 믿음이 없어도 주님은 이 말씀을 하십니다. "내가 오늘 너희 집에 가서 쉬어야겠다." 주님은 여러분의 마음속에, 여러분의 가정에 들어가기를 원하십니다.

삭개오의 반응을 보십시오. 떨어질까 겁이 나서 조심스럽게 내려오지 않고, 얼마나 좋았는지 "급히 내려와 즐거워하며 영접하거늘"(6절)이라고 기록되어 있습니다. 이것을 일컬어서 믿음이라고 합니다.

이것이 믿음입니다. 믿음이라는 것이 다른 게 아닙니다. 그저 막연한 관심을 가지고 '예수가 누군가? 교회가 어떤 곳인가? 예수 믿는다는 것이 뭔가?' 하고 와서 보다가 '아, 예수님을 믿어 볼 만하구나' 하고 생각되었을 때 주저하지 않고 "주여, 제가 예수님을 믿겠습니다" 하는 것입니다. "제가 이때까지 찾았는데 오늘에서야 발견했군요" 하고 마음을 활짝 열고 받아들이면 그것을 믿는다고 합니다. 그것이 믿음 입니다.

예수를 10년을 믿어도 아직 이것이 안되는 사람이 있습니다. 즐거워서 마음을 활짝 열고 영접해야 하는데, 이리 재고 저리 재고 합니다. 뭔가 믿기는 믿어야겠고 안 믿으면 벌받을 것 같기도 한데, 믿자니 귀찮고 주일에 교회 안 나오면 전도사님이 전화하고 순장이 찾아오고 골치 아픕니다. 이런 분이 있습니까? 저는 이런 분들이 세상에서 제일 불쌍한 사람들이라고 생각합니다. 차라리 다 집어던져 버리고 마음대로 하세요. 에어로빅을 하든 등산을 가든 실컷 즐기세요. 아예 구원 못 받을 바에야 세상에서라도 즐기다가 가는 것이 낫습니다.

한 번밖에 없는 인생 아닙니까? 저는 엘리자베스 테일러(Elizabeth Taylor, 1932−2011) 같은 여자가 오히려 지혜롭다고 봅니다. 이왕 지옥 가고 천당 못 갈 바에는 살고 싶은 대로 사는 겁니다. 그런데 교회를 다니면서 믿는 것도 아니고 안 믿는 것도 아니고, 이렇게 어중간하게 살면 그야말로 세상에서 가장 불쌍한 사람입니다. 나중에 하나님 앞에 가서 "세상에 내가 이럴 줄 알았으면 실컷 즐기다가라도 올 텐데 변상이나 좀 해 주세요"라고 할 수 있습니까? 이왕 믿을 바에는 삭개오처럼 되어야 합니다.

이렇게 해서 삭개오가 예수님을 영접했는데 주변 사람들은 어떻게 했습니까? 그 모습을 보고 수군거렸습니다. 우리도 누가 처음 예수님을 믿으면 주위에서 얼마나 말이 많습니까? 남편, 시부모님, 심지어 친구들까지 "야, 너 참 꼴 좋게 변했구나. 언제 그렇게 되었니? 야, 너만 그렇게 성자가 되면 되겠냐?" 하면서 비꼽니다. 그런데도 삭개오는 눈 하나 깜짝 안하고 예수님을 모시고 자기 집으로 갑니다.

## 하나님과의 일대일 관계

삭개오는 자신의 집으로 가서 넓은 응접실 소파에 모시고 커피를 대접하면서 주님과 함께 아주 기분 좋게 대화합니다. 그 사이에 다른 사람은 아무도 없습니다. 삭개오와 예수님뿐입니다. 예수님을 믿고 내 마음속에 영접하면 주님은 다른 사람의 주님이 아닙니다. 나 하나만의 주님입니다. 남편과도 얘기 못할 것들을 눈물 흘려가면서 이야기할 수 있습니다.

사람에게는 아무리 내 마음을 표현하려 해도 완전히 전달되지가 않습니다. 인간은 어떤 때는 좋다가도 어떤 때는 화를 내기도 하는 믿을 수 없는 존재입니다. 그러므로 진정한 교제는 인간과 인간 사이에서는 잘 이루어지지 않습니다. 사춘기의 아이들 외에는 누군가에게 완전히 눈이 멀 수가 없습니다. 그래서 부부 사이나 부모 자식 간에도 항상 거리를 두고 교전을 하기 마련입니다.

그런데 이러한 간격이 전혀 없는 사귐이 하나 있습니다. 그에게는 내 속에 있는 것을 다 털어놔도 부끄럽지 않고 아무리 하소연하고 아무리 떼를 써도 미안하지도 않습니다. 화장을 안 하고 눈물 콧물이 범벅이 되어도 부끄럽지도 않고, 밤중도 좋고 새벽도 좋고 기분 좋을 때도 좋고 기분 나쁠 때도 좋고 언제 어느 때나 사귐이 가능한 존재가 한 분 있습니다. 누굽니까?

저는 목사라는 저의 위치를 생각해서 늘 여러 가지로 조심을 합니다. 다만 제가 전혀 조심하지 않는 분이 있습니다. 목사 체면이고 뭐고 없습니다. 바로 예수님 앞에서입니다. 어쩌면 그렇게 잘 받아 주시는지 모릅니다. 예수님과 삭개오 사이의 대화를 가만히 한번 생각해 보세요. 사귐이 없기 때문에 인간은 고독한 겁니다. 사람에게서 그와 같은 아름다운 교제와 아름다운 사랑을 기대했지만, 모든 것이 물거품이라는 것을 알고 난 다음부터 인간은 고독합니다. 누구나 예외 없이 고독합니다. 결국은 하나님과 나 하나뿐입니다.

어떤 부인이 전쟁통에 죽게 되었을 때 남편에게 "당신, 나 대신 죽어줄 수 있느냐?"고 물었답니다. 얼마나 고독하면 그런 말을 하겠습니까? 남편이 "그래, 죽어 주지" 하고 대답한다고 해서 정말 그럴 수 있겠습니까? 어떤 아내는 자기가 사랑하는 남편이 병이 들어서 4개월, 5개월을 넘어가니까 "아이고, 차라리 하나님이 빨리 데리고 갔으면 좋겠다"고 합니다. 그렇게 사랑하는 남편이면 병이 들어서 뒷수발을 해도 칠십 까지는 해로를 해야 하는 것 아닙니까? 그게 원칙 아닙니까? 그런데 한 5개월 시달리고 나니 "하나님이 좀 빨리 데리고 갔으면 좋겠어요" 하는 겁니다. 남편을 위한 것도 있지만 결국은 자신이 "아휴, 죽겠다" 하는 것입니다.

인간은 결국 너는 너, 나는 나입니다. 냉정하게 따지면 너는 너고 나는 나인 것입니다. 사람은 고독합니다. 그러나 유일한 생수, 유일한 하나님의 선물이신 예수 그리스도를 영접하면 그분은 내가 병이 나서 정말 절망적인 삶이 될 때, 그럴수록 내 곁에 더 바짝 붙어 계십니다. '내가 세상에서 완전히 실패자가 되어 친구도 다 떠나고, 그

냉정할 때는 냉정하게 현실을 직시하도록 도전하는 것이 또한 전도설교의 요체이다. 불신자들에게 교회의 좋은 인상을 주기 위해 전전긍긍할 필요는 없다. 본문에서 설교자는 깊은 고독(solitude), 하나님 앞에 선 단독자적인 인간이라는 주제를 서슴없이 날린다.

좋던 이웃들도 다 고개를 돌리고 나만 남았구나' 하고 좌절하는 때일
수록 더 나를 떠나지 않으십니다. 이분이 주님입니다.

## 삶을 바꾸는 회개

삭개오는 친구도 없습니다. 이웃도 없습니다. 돈만을 위해서 한생을
바친 사람이기 때문에 얼마나 고독한 사람인지 모릅니다. 그처럼 고
독하고 죄 많은 사람인데도 예수님은 지금 그와 함께 계십니다. 그러
니 삭개오가 얼마나 신이 나는지 모릅니다. 이처럼 예수님과 교제하
면서 은혜를 받으면 놀라운 변화가 일어납니다.

8절을 보십시오. 삭개오가 서서 주님께 고백합니다. 이것을 회개라
고 합니다.

> 주여 보시옵소서 내 소유의 절반을 가난한 자들에게 주겠사오며 만
> 일 누구의 것을 속여 빼앗은 일이 있으면 네 갑절이나 갚겠나이다

주님께 뭘 보라는 말입니까? 지금까지 그가 죄 지으면서 벌어 놓은
이 호화찬란한 집과 재산을 보라는 것입니다. "지금까지 이 세상에서
갖가지 악을 범하던 나를 좀 보세요. 이제는 숨기고 싶지 않습니다"
하고 고백하는 것, 이것이 회개입니다.

주님과의 깊은 교제로 믿음을 갖게 되면 이러한 회개는 필연적으로
따라옵니다. 삭개오는 그렇게 자신을 보여 주고서 어떻게 합니까? 그
저 눈물만 흘리고 끝납니까? 아닙니다. "주님, 주님이 지금 보시는 이
모든 것의 절반을 가난한 자들에게 사죄하는 마음으로 갚겠습니다.
그리고 제가 기억나는 것이든, 장부에 써 있는 것이든 내가 속죄하지

않으면 안 되는 죄가 있으면 네 배로 갚겠습니다"라고 합니다.

믿음은 반드시 회개라는 열매를 맺습니다. 주님을 만났다고 하면서 회개하지 않고 있는 사람은 아직 주님을 만난 사람이 아닙니다. 주님을 만나면 완전히 삶이 변화됩니다. 생각이 바뀝니다. 오늘날까지 자신이 잘못했다고 생각했던 것을 주님 앞에 고백하고 이제는 그 생활에 종지부를 찍는다는 것입니다.

지금까지는 항상 사랑받기만을 원하고 남편이 나에게 잘해 주기만을 원하던 아내가 예수님을 믿고 주님과 깊이 교제하다 보면 그것이 순 이기주의요, 사랑이 아니라 죄라는 것을 발견하고 그다음부터는 자기도 모르게 태도를 바꾸고 생각을 바꾸게 됩니다. 이것을 일컬어 회개라고 합니다.

삭개오에게 일어난 이 놀라운 변화가 예수를 믿는 사람들에게 일어납니다. 목사가 아무리 설교를 잘해도 목사 부인이 은혜를 못 받으면 그 목사는 설교자가 아니라는 말이 있습니다. 어떤 목사가 설교를 아주 잘합니다. 그런데 집에만 오면 엉망이에요. 그래서 부인이 "솥을 가지고 저 강단에 올라가서 식구들이 살았으면 좋겠다"고 했다고 합니다. 강단에만 올라가면 그렇게 사랑하라고 하고 성자처럼 하는데, 집에서 진짜 사는 모습은 그렇지 않으니 부인이 오죽 답답했으면 살림도구 다 가지고 강단에 올라가서 살았으면 좋겠다고 했겠습니까?

그러니 목사가 부인이나 그 자녀가 들었을 때 은혜를 받는 설교를 한다면 괜찮은 목사라고 할 수 있습니다. 설교와 가정의 실제 생활이 모순되지 않는다는 것이기 때문입니다. 여러분은 모두가 다 작은 목사입니다. 여러분의 가정에 있는 남편과 자녀들이 여러분의 말과 모든 행동에서 먼저 은혜를 받아야 합니다. 그래야 진짜 크리스천이라고 할 수 있습니다.

사실 정말 사람 대우해 주고 싶지 않은 남편도 있을 수 있습니다. 인간의 힘으로는 해결이 안 되는 문제들도 있습니다. 그러나 일반적인 범위에서 예수님을 믿는 사람이 되었다면 남편에게 칭찬받는 대상이 되어야 합니다. 남편이 고개를 푹 숙이게 해야 합니다. 그러면 그 다음부터 전도는 어렵지 않습니다.

자녀들에게도 마찬가지입니다. 아침에 눈만 떴다 하면 고래고래 고함을 치고, 온 집안을 떠들썩하게 하다가 그 입으로 나중에는 또 찬송하고 기도하고 하는 것을 보면 누가 예수 믿고 싶어 하겠습니까? 과거에 예수님을 믿던 집안, 목사 집안, 장로 집안의 자녀 중 상당수가 자라서 교회를 떠나고 예수님을 안 믿는 이유가 여기에 있습니다. 믿음과 함께 따라오는 회개가 없기 때문입니다. "예수님 믿는다는 사람이 저렇다면 나는 차라리 안 믿겠다" 하게 되는 것입니다.

> 누구든지 나를 믿는 이 작은 자 중 하나를 실족하게 하면 차라리 연자 맷돌이 그 목에 달려서 깊은 바다에 빠뜨려지는 것이 나으니라
>
> _마 18:6

어린아이 하나라도 실족하게 하면 그 사람에게는 큰 화가 있으니, 차라리 큰 맷돌을 목에 매고 바다에 빠져 떠오르지 못하는 게 낫다는 말입니다. 내가 예수님을 믿는다고 하면서도 바로 살지 못해서 다른 사람들이 나를 보고 예수님을 믿지 않아야겠다고 마음먹게 되면 이것이 바로 그 사람을 실족하게 하는 것입니다. 그 사람을 지옥 가게 하는 것입니다. 얼마나 끔찍한 일입니까? 진정한 믿음은 회개가 따라야 합니다.

# 5

## 접견
## 요청

물에 빠진 사람이 발광을 하면 아무 일도 못합니다.
'내가 그래도 양심적으로 사는데 예수 안 믿으면 어때?' 하는 생각을
가진 분이 있습니까? 아무 소용없는 발버둥입니다.

## 요한복음 3:1-21

1 그런데 바리새인 중에 니고데모라 하는 사람이 있으니 유대인의 지도자라 2 그가 밤에 예수께 와서 이르되 랍비여 우리가 당신은 하나님께로부터 오신 선생인 줄 아나이다 하나님이 함께하시지 아니하시면 당신이 행하시는 이 표적을 아무도 할 수 없음이니이다 3 예수께서 대답하여 이르시되 진실로 진실로 네게 이르노니 사람이 거듭나지 아니하면 하나님의 나라를 볼 수 없느니라 4 니고데모가 이르되 사람이 늙으면 어떻게 날 수 있사옵나이까 두 번째 모태에 들어갔다가 날 수 있사옵나이까 5 예수께서 대답하시되 진실로 진실로 네게 이르노니 사람이 물과 성령으로 나지 아니하면 하나님의 나라에 들어갈 수 없느니라 6 육으로 난 것은 육이요 영으로 난 것은 영이니 7 내가 네게 거듭나야 하겠다 하는 말을 놀랍게 여기지 말라 8 바람이 임의로 불매 네가 그 소리는 들어도 어디서 와서 어디로 가는지 알지 못하나니 성령으로 난 사람도 다 그러하니라 9 니고데모가 대답하여 이르되 어찌 그러한 일이 있을 수 있나이까 10 예수께서 그에게 대답하여 이르시되 너는 이스라엘의 선생으로서 이러한 것들을 알지 못하느냐 11 진실로 진실로 네게 이르노니 우리는 아는 것을 말하고 본 것을 증언하노라 그러나 너희가 우리의 증언을 받지 아니하는도다 12 내가 땅의 일을 말하여도 너희가 믿지 아니하거든 하물며 하늘의 일을 말하면 어떻게 믿겠느냐 13 하늘에서 내려온 자 곧 인자 외에는 하늘에 올라간 자가 없느니라 14 모세가 광야에서 뱀을 든 것같이 인자도 들려야 하리니 15 이는 그를 믿는 자마다 영생을 얻게 하려 하심이니라 16 하나님이 세상을 이처럼 사랑하사 독생자를 주셨으니 이는 그를 믿는 자마다 멸망하지 않고 영생을 얻게 하려 하심이라 17 하나님이 그 아들을 세상에 보내신 것은 세상을 심판하려 하심이 아니요 그로 말미암아 세상이 구원을 받게 하려 하심이라 18 그를 믿는 자는 심판을 받지 아니하는 것이요 믿지 아니하는 자는 하나님의 독생자의 이름을 믿지 아니하므로 벌써 심판을 받은 것이니라 19 그 정죄는 이것이니 곧 빛이 세상에 왔으되 사람들이 자기 행위가 악하므로 빛보다 어둠을 더 사랑한 것이니라 20 악을 행하는 자마다 빛을 미워하여 빛으로 오지 아니하나니 이는 그 행위가 드러날까 함이요 21 진리를 따르는 자는 빛으로 오나니 이는 그 행위가 하나님 안에서 행한 것임을 나타내려 함이라 하시니라

접견
요청

　　　　　　　　사람은 누구나 출생을 두 번 경험하는 것을 불가능하게 여기고 그럴 필요조차 없는 것으로 여깁니다. 자신의 출생이 자신의 전부를 결정했다고 믿고 있습니다. 태어난 그 모습 그대로 구원을 받을 수 있고 하나님도 만날 수 있다고 자부하고 있습니다. 그러나 하나님은 그 생각이 크게 틀렸다고 말씀하십니다. 또 다른 출생을 통한 변화를 체험하지 못한 사람은 하나님과 아무 관계가 없다고 말씀하십니다. 그러므로 이 시간에 우리는 새사람이 되는 문제에 대해 생각을 해 보겠습니다.

**사람은 두 번 태어난다?**

새사람, 이것은 참 중요한 문제입니다. 자신이 본질적으로 바뀌지 않으면 하나님과 전혀 관계가 없는 사람이고, 하나님 앞에 가서도 구원받을 수 없는 사람인 것을 하나님은 말씀으로 가르쳐 주고 있습니다. 그러나 이 문제가 일반 사람들에게는 얼마나 어색한 이야기인가 하는 것을 성경에 있는 한 사건을 통해서 알 수 있습니다.

본문을 보면, 니고데모라는 당시의 유명한 한 사람이 예수님과 대화하는 장면이 나옵니다. 그는 당시 유대인 지도자 중의 한 사람입니다. 유대인 관원이요, 바리새인입니다. 그 시대는 요즘으로 말하면 행정부와 사법부가 하나로 통합되어 지배를 하던 시대입니다. 그러므로 니고데모는 사법권을 행사할 수 있는 법관의 지위와 국가의 모든 행정을 담당할 수 있는 장관의 지위를 함께 가지고 있던 최고급 관리인 셈입니다.

이 사람이 밤에 예수님을 찾아와서 굉장한 이야기를 했습니다. 어떻게 보면 예수님께 아부하는 것처럼 보이기도 하지만, 자기 마음에 있는 그대로를 예수님께 이야기했습니다. 우리가 들을 때는 하나도 잘못된 것이 없습니다.

니고데모가 예수님께 "당신은 하나님께로부터 오신 선생인 줄 아나이다"(2절)라고 고백합니다. '예수님 당신이야말로 하나님이 보내서 오신 분이 틀림없다'는 것입니다. 또 "하나님이 함께하시지 아니하시면 당신이 행하시는 이 표적을 아무도 할 수 없음이니이다"(2절)라고도 말합니다. 예수님께서 하는 일을 보면 하나님과 함께하는 사람임을 알 수 있으므로 자신이 믿는다는 것입니다. 우리가 볼 때에 이 정도면 예수를 믿는 사람이라고 할 수 있고, 또 구원 문제도 이미 해결된 사람처럼 보입니다.

그러나 예수님은 이것에 대해서는 전혀 말씀을 안 하시고 "진실로 진실로 네게 이르노니 사람이 거듭나지 아니하면 하나님의 나라를 볼 수 없느니라"(3절)고 말씀하십니다. '진실로 진실로'라는 말은 '아멘, 아멘'이라고도 할 수 있는데, 예수님께서 아주 중요한 말씀을 하실 때 쓰시는 표현입니다. '사람이 거듭나지 아니하면'이라는 것은 '사람이 두 번 나지 않으면'이라는 말입니다. 즉, 사람이 다시 한번 태어나지 않으면 하나님의 나라를 볼 수 없다는 것입니다.

니고데모가 얼마나 당황했겠습니까? 그 점잖은 어른이 당황해서 얼마나 눈빛이 달라졌을지 상상이 갑니다. 자신은 그래도 예수님에 대해 호의적인 견해를 가지고 "당신은 하나님이 보낸 사람입니다"라고 고백하기까지 했는데, 주님께서는 니고데모가 두 번 태어나지 않으면 안 된다고 하니 그가 얼마나 당황했겠습니까?

그는 무슨 말인지 알아듣지를 못했습니다. 그래서 "나 같은 늙은이가 어떻게 또 어머니 뱃속에 들어갔다가 다시 나올 수 있겠습니까?" 하고 말했습니다. 꼭 아인슈타인(Albert Einstein, 1879~1955) 앞에 앉은 초등학생 같습니다. 그러니까 예수님께서 다시 설명하십니다.

> 사람이 물과 성령으로 나지 아니하면 하나님의 나라에 들어갈 수 없
> 느니라 육으로 난 것은 육이요 영으로 난 것은 영이니 내가 네게 거
> 듭나야 하겠다 하는 말을 놀랍게 여기지 말라_요 3:5~7

이 말은 "내가 두 번 태어나야 한다고 한 말을 너는 이상하게 생각하지 마라. 내가 말하는 것은 육신이 어머니 뱃속에 다시 들어가는 것을 말하는 것이 아니다. 사람에게는 중요한 것이 있는데 그것은 영혼이다. 너는 스스로 자신은 완전하다고 생각할지 모르지만 내가 볼 때너에게 한 가지 문제점이 있다. 영적으로 다시 태어나지 않으면 너는하나님 나라에 들어갈 수도 없고 하나님을 볼 수도 없다"는 것입니다.

니고데모는 그제야 '아, 영혼이 새로워져야 한다는 말이구나' 하고 예수님의 말씀을 조금 깨닫습니다. 그러나 그 말씀대로 받아들이기에는 자기와 너무나 맞지 않습니다. 그래서 예수님께 한마디 또 합니

다. "어찌 그러한 일이 있을 수 있나이까"(9절). 그러자 예수님이 근엄한 얼굴로 "너는 유대의 지도자요 높은 신분(이스라엘의 선생)에 있으면서 그런 것도 모르느냐?"고 핀잔을 주십니다(10절 참조).

예수님과 니고데모의 이 대화는 참 중요한 진리를 우리에게 가르쳐 주는데, 무엇보다 현대인들과 지식인들 또 세상에서 상당히 존경받는 위치에 있는 사람들은 영적으로 거듭나는 것에 대해 유치원생과 같은 사고를 가지고 있다는 것입니다. 도대체 통하지를 않습니다. 지금 이 메시지를 듣는 분들 중에도 제가 지금 무슨 말을 하는지 잘 모르는 분들이 있을지도 모릅니다. 그만큼 여러분들이 이런 면에는 어두운 것입니다. 다른 모든 면에서는 앞설지 몰라도 영적인 면에서는, 즉 하나님의 진리를 깨닫는 데는 어둡다는 것입니다.

○ ○ ○ ○ ○ ○ ○ ○
## 죄로 죽었던 우리를

그러면 영혼이 다시 태어난다는 것이 무슨 말입니까? 당신의 옛사람은 구제 불능의 존재입니다. 어머니에게서 태어난 옛사람은 구제 불능입니다. 하나님의 말씀을 들어 보십시오. "허물과 죄로 죽었던 너희를"(엡 2:1)이라고 합니다. 우리는 우리의 허물과 죄로 죽었다고 하십니다. 그리고 "그때에 너희는 그 가운데서 행하여 이 세상 풍조를 따르고 공중의 권세 잡은 자를 따랐으니 곧 지금 불순종의 아들들 가운데서 역사하는 영이라 전에는 우리도 다 그 가운데서 우리 육체의 욕심을 따라 지내며 육체와 마음의 원하는 것을 하여 다른 이들과 같이 본질상 진노의 자녀이었더니"(엡 2:2-3)라고 합니다. 우리 하나님께서 하시는 말씀입니다.

여기에 우리가 알아야 할 중요한 포인트가 있습니다. 첫째는, 소위 우리가 말하는 옛사람이라고 하는 것, 즉 자연인으로 태어난 나의 본자아는 하나님이 보실 때 죽은 존재라는 것입니다. 왜 죽었는지 아십니까? 생명의 원천이신 하나님과 멀리 떨어져 있기 때문입니다. 마치 꽃가지가 아무리 파랗게 살아 있고 아무리 꽃이 아름답게 피어 있다고 해도 나무에서 꺾여져 있다면, 이미 죽은 존재나 마찬가지인 것과 같습니다.

생명의 원천이신 하나님과 떨어져 있는 사람은 죽은 자입니다. 하나님께서 우리를 산 자로 보지 않고 죽은 자로 봅니다. 사형수입니다. 기껏 살아봐야 6, 70년인 사형수요 사형을 앞에 놓고 기다리는 사람입니다. 이런 의미에서 하나님은 우리를 죽었다고 합니다.

이렇게 죽어 있을 동안 우리는 한두 가지 특징을 갖는데, 하나는 공중의 권세 잡은 사람의 지배를 받는 것입니다. 이 공중의 권세 잡은 자란 마귀를 말하는데, 이 마귀는 대단히 간교한 존재입니다. 우리가 거부반응을 일으키지 않도록 은밀하고 교활하게 조종을 합니다. 그래서 마귀는 모습을 드러내지 않습니다.

또한 우리는 날 때부터 죄와 허물로 죽은 자이기 때문에 죽은 자의 근성이 있습니다. 그 근성이 무엇이냐 하면 육체의 욕심에 따라 살기를 원하고 마음이 원하는 대로, 제 욕심대로 살기를 원하는 것입니다. 이 욕심을 요한일서 2장 16절에서는 "육신의 정욕과 안목의 정욕과 이생의 자랑"이라고 말합니다. 이와 같은 정욕들이 우리를 가득 사로잡고 있기 때문에 우리는 그러한 정욕에 따라 살기를 원합니다. 이것이 우리의 본능입니다. 죽은 자의 본능입니다.

그런데 마귀는 이 같은 인간의 본능이 정상인 것처럼 착각하게 만듭니다. 그래서 그 본능이 되도록이면 더 잘 나타나도록 뒤에서 조종합니다. 욕심내는 자는 더 욕심내도록 하고, 쾌락을 누리고자 탐닉하면 더 쾌락에 몰두하도록 뒤에서 유도하고, 하나님을 생각하지 못하게 하고, 교만을 잔뜩 내세우려 할 때는 그것이 아주 정상인 것처럼 교만하게 만듭니다. 풍선에 바람을 불어넣듯이 잔뜩 교만하게 만드는 것입니다.

이처럼 마귀가 우리의 본능을 조종하면서 하나님으로부터 점점 멀어지게 만들고 하나님을 거역하게 만들기 때문에 인간은 이렇게 되는 것이 정상이라고 생각합니다. 자기가 자신의 의지로 그렇게 하는 것이라고 생각합니다. 그러나 내가 하는 것이 아닙니다. 내 뒤의 마귀가 조종하는 것입니다. 사람이 물 속에 있으면 물결이 흐르는 대로 떠내려가니까 자신이 스스로 가고 있는 줄 압니다. 그러나 사실은 물결이 나를 끌고 내려가는 것입니다. 이처럼 모든 세상 사람들은 마귀가 시키는 대로 하는 것에는 별 거부반응을 일으키지 않습니다. 응당하다고 생각합니다. 내 자유의지를 가지고 한다고 말합니다.

그러나 하나님이 보실 때는 죽은 시체가 떠내려가는 것입니다. 마귀의 요구나 이야기는 거절하지 않는데 왜 하나님의 말씀은 거절합니까? 본능적으로 내가 하고자 하는 것을 하나님이 틀렸다고 하니까 하나님을 거부하는 겁니다. 그러므로 내가 어느 쪽에 속해 있는 것입니까? 본능에 따라 행동하는 것을 잘한다고 하는 마귀 쪽에 속할 수밖에 없습니다. 우리의 삶이 이런 삶입니다. 이것이 옛사람입니다.

둘째는, 옛사람은 세상 풍조를 따라갑니다. 예수님께서는 이런 사람들을 보고 넓은 길로 가는 사람들이라고 합니다. 넓은 길에는 사람들이 얼마나 많이 갑니까? 세상 가는 대로, 세상 도는 대로, 유행대로 사는 것입니다. 저나 여러분이 과거에 다 그랬습니다. 예수님을 믿는 분들도 과거에는 다 그랬습니다. 자기 주관이 뚜렷하다고 고집해도 세상이 바뀌면 주관도 바뀌고, 아무리 내 가치관이 높다고 고자세를 해도 세상의 가치관이 달라지면 상황윤리에 따라서 또 내 가치관도 달라져 버립니다.

지금도 세상 가치관이 얼마나 많이 달라졌습니까? 부부간의 관계라든지 부모 자식의 관계라든지, 이 사회의 여러 가지 생활풍속들이 현대화되는 사회 속에서 변화된 가치관과 함께 우리 자신도 모르게 얼마나 많이 변해 버렸습니까? 텔레비전이 나도 모르는 사이에 나의 생각을 완전히 바꾸는 그런 무서운 작용을 오늘도 하고 있고, 또 신문이 그렇게 하고 있지 않습니까? 세상풍조입니다. 우리는 그것을 따라가고 있습니다. 이것이 죽은 자입니다.

빌리 그레이엄 목사는 "세상은 항상 발전하는 것같이 보이지만 인간은 조금도 나아진 것이 없었다"고 말했습니다. 그래서 인간의 더러운 옛사람은 야수가 되어 잔혹성과 비열성을 계속 우리에게 보여 주고 있습니다. 칼 융(Carl G. Jung, 1875~1961)이 말한 것처럼 "현대인의 심장 한구석에 송장처럼 들어앉아 우리의 더러움을 그대로 노출시키고" 있습니다. 역사는 발전하고 있지만 인간은 발전된 것이 없습니다. 과학은 발전되고 있는지 모르지만 인간의 본능은 원시인의 본능과 똑같습니다. 자기의 동생을 돌로 쳐 죽이던 가인의 본능이나 우리의 본능이나 조금도 다를 바가 없습니다. 하나도 달라진 것이 없습니다.

많은 사람들이 생각할 때, 문명이 발달되고 생활 여건이 나아지면 인간도 많이 개선될 것으로 생각하고 근대화 작업이니 식생활 개선이니 이런 일들을 합니다. 과거에는 전혀 생각지도 못했던 영양 보충도 많이 합니다. 그러나 영양 보충을 해서 몸이 점점 건강해지면 그만큼 더 거룩해지고 선한 사람이 될 줄 알았지만 나중에 보니까 더 못된 짓만 하려고 달려듭니다. 이상하게 더 더러운 생각만 하게 됩니다.

옛날에 배가 고플 때에는 못했던 것들을 자꾸 생각해 내게 되고, 영양실조에 걸려서 허덕이던 시절을 벗어난 지금은 정력이 왕성하게 되어 별의별 짓을 다 하려고 달려듭니다. 나아진 것이 뭐 있습니까? 나아진 것이 하나도 없습니다. 교육이 인간을 바꿀 수 있습니까? 어느정도는 바꿀 수 있을지 모르지만 근본은 바꾸지 못합니다. 그래서 오늘날 교육자들이 다 손을 들고 말았습니다. "도대체 어떻게 해야 될지 모르겠다"고 제일 먼저 탄식하는 사람들이 초등학교 선생님들입니다. 중·고등학교 선생님들이나 대학교 교수들은 말할 것도 없고 제가 만나 본 분들 가운데 오늘날 현대 교육을 희망적으로 보는 사람들은 열명 중 한 명도 없습니다.

우리의 자식들을 우리가 얼마나 애지중지합니까? 그러나 자식들을 잘 먹이면 잘먹일수록, 그들을 잘 대우하면 할수록 그들의 나쁜 본성, 더러운 본성, 부모를 거역하는 본성이 아귀같이 점점 더 얼굴을 내미는 것을 볼 수 있습니다. 형무소를 개조하면 죄수들이 형무소에서 나올 때 새사람이 되어서 나올 것 같지만, 형무소를 개조해서 수세식 화장실을 만들고 온수, 냉수 다주고 침대를 주고 이부자리도 매일 갈아 주고 해도 더 못된 일들이 많이 일어나고 결코 인간이 변하지 않습니다. 잘해 줄수록 인간은 더 야수가 되어서 나옵니다.

교육 수준이 높고 생활이 안정된 중산층일수록 '건강'과 '자녀 교육'에 관한 관심이 높은 법이다. 설교자는 바로 이 점을 파고든다. 마치 "당신들, 여기 점잖은 척 앉아 있지만 집안에는 속썩이는 아들딸 하나쯤은 두고 있지 않습니까?" 하고 묻는 듯하다. "돈 벌어 자식들 잘 먹이고 좋은 교육 받게 했지만 그 애들이 뭐가 나아졌습니까?" 하는 힐난하는 논조 속에 인간의 전 존재와 전 인격이 변하지 않고는 소망이 없다는 기독교적 선언을 실어 보내고 있다. 가정교육에서 사회문제로 점층법적인 수사를 구사하면서, 불신자들이 수긍하지 않을 수 없는 인간 본성의 깊은 문제를 찔러대고 있는 것이다.

새마을 운동, 새정신 운동, 별의별 운동 다 해 보세요. 대통령 이하 모든 정치인들, 오늘 이 사회를 지도하는 모든 지도자들의 인간 근본이 바뀌는 새로운 창조를 맛보지 않는 이상, 이 땅의 그 어떤 것도 변화시킬 수 없습니다. 근대화가 되어 가면 되어 갈수록 썩는 냄새가 천지를 진동하게 될 것입니다. 근대화가 무엇입니까? 돼지를 끌어다가 화장시켜 놓고 향수를 뿌려 준 것밖에 더 있나요?

역사가 증명하는 이 사실을 우리는 긍정해야 합니다. 하나님이 이를 진단하실 때 옛사람은 죽은 자요, 죽은 자이기 때문에 도무지 구제 불능이라는 것을 말씀하십니다. 우리는 그 사실 앞에 굴복할 줄 알아야 합니다. 이것이 굴복되지 않을 때는 예수님을 믿지 못합니다. 내자아가 살아 있기 때문입니다.

## 하나님을 알지도, 순종하지도 못하는 사람들

옛사람은 하나님을 위한 일에는 전적으로 무능합니다. 로마서 8장 7절에는 "육신의 생각은 하나님과 원수가 되나니 이는 하나님의 법에 굴복하지 아니할 뿐 아니라 할 수도 없음이라"고 합니다. 하나님께 순종하지 못합니다. 육신에 있는 자들은 하나님을 기쁘게 할 수 없습니다. 내가 문화인으로서 길에 앉아 있는 거지에게 동전 한 푼을 줄 수는 있어도 하나님의 이름으로 거지에게 동전 하나 주는 데는 거부반응을 일으킵니다. 도저히 하나님의 일에는 굴복을 못합니다.

여러분이 어디 노는 자리에 가서 아가씨에게 팁을 만 원, 이만 원 쥐어 줄 수는 있어도 예수의 이름으로 하는 일에는 천 원짜리 한 장 내놓지 못합니다. 하나님의 일에 대해서는 항상 무능한 것이 옛사람입니다. 또 교회 안에 많은 사람들이 있지만 예수님이 말씀하신 대로 구원받지 못한 옛사람의 모습을 그대로 지니고 교회만 왔다 갔다 하는 사람들이 상당수 있습니다. 주님이 오시는 그 마지막 때에 이런 사람들은 결국 구원받지 못하는 불행을 겪는다고 주께서 예언하셨습니다.

이런 사람을 가리켜 쭉정이, 가라지라고 합니다. 이런 사람들은 겉으로는 모든 것을 다 하는 사람들입니다. 주일예배에도 잘 참석하고, 교회에서는 굽실굽실 잘 순종하고, 무슨 좋은 직책을 주면 남보다 먼저 열심을 가지고 일합니다. 그러나 자기가 선을 그어 놓은 한계선 안에서 순종합니다. 그 한계선을 넘어 버리면 순종하지 않습니다. 굴복을 못합니다. 예수님께 굴복하는 것을 싫어합니다.

예를 들어 봅시다. 마태복음 19장에는 예수님께 찾아온 부자 청년에 대한 이야기가 나옵니다. 그는 대단한 문화인입니다. 그는 "주님, 사람이 어떻게 하면 영생을 얻을 수 있습니까?" 하고 묻습니다. 이 얼마나 고상한 질문입니까? 부자가 그와 같은 고상한 질문을 하는 것은 대단한 것입니다. 주님이 그에게 말씀하십니다. "살인하지 말라, 간음하지 말라, 도둑질하지 말라, 거짓 증언 하지 말라, 네 부모를 공경하라, 네 이웃을 네 자신과 같이 사랑하라"(18-19절). 그러자 그가 "예수님, 그런 것은 제가 어릴 때부터 다 지켰습니다"라고 대답합니다.

얼마나 경건한 생활을 한 사람입니까? 부자가 그만큼 경건하게 살았다는 것은 놀라운 일입니다. 그런데 예수님이 이제 그의 가장 중요한 문제점을 다룹니다. 그 이전까지는 그 청년은 다 순종하고 하나님의 뜻대로 사는 것 같습니다. 그러나 그 청년은 부자입니다. 마음이 돈에 가 있는 사람입니다. 그래서 예수님이 그 문제를 말씀하십니다. "내가 보니 너에게 한 가지 부족한 것이 있다. 네가 지금 가지고 있는 재산을 다 팔아서 하늘나라에 보화를 쌓기 위해 가난한 자에게 다 나누어 주어라. 그리고 나에게 와서 내 제자가 되어라."

그 청년의 얼굴은 순식간에 흙빛으로 변했습니다. 그에게는 순종할 수 있는 한계선이 있었습니다. 그 선 안에서는 하나님 앞에 얼마든지 순종하는 것처럼 보일 수 있었습니다. 그러나 돈 문제가 언급되자 그것은 끝까지 양보할 수 없었습니다. 그래서 그는 슬픈 얼굴로 돌아가고 말았습니다. 예수님이 그 모습을 보시고 '마음이 돈에 가 있는 자가 하나님의 나라에 들어가는 것이 얼마나 어려운지, 낙타가 바늘귀에 들어가는 것이 차라리 쉽겠다'고 하셨습니다.

오늘날의 교회 안에서도 조건적인 순종자들이 있습니다. 과거에 한국의 모 소주 회사의 사장은 교회에선 장로였습니다. 지금도 그런지는 모르겠지만, 만약에 그분이 참으로 구원받은 사람이라면 어떻게 했을까요? 아마 그분은 교회 봉사는 잘할 것입니다. 신자들 앞에서 할 수 있는 일은 다 하는 것처럼 보입니다. 그러나 한 가지는 절대로 양보 안 합니다. "사업은 손대지 말라. 나 이것만은 양보 못한다"는 것입니다. 소주 때문에 한국에서 망하는 사람들이 얼마나 많습니까? 그러니 이 사람은 '사람들이야 망하든지 어떻든지 내 사업은 해야 된다'는 생각을 가진 것입니다. 구원받지 못한 사람은 굴복이 안 됩니다.

옛사람은 절대 굴복하지 않습니다. 어떤 사람이 참으로 열심히 교회에 다녔습니다. 그런데 나중에 알고 보니 그에게 첩이 있었습니다. 예수 믿고 구원받는다고 말할 때는 좋았습니다. 기도하는 대로 하나님이 응답해 주신다고 하니 그야말로 "아멘!"입니다. 예수님 믿으면 마음이 평안해지고, 하나님께서 은혜를 주신다고 하니 "아멘, 아멘!"입니다. 그런데 한 가지만은 양보를 안 합니다. 예수 믿는 사람은 아내를 한 사람만 데리고 있어야 한다는 것에는 양보하지 않습니다. 자기가 그어 놓은 선을 넘어가지 않는 이상은 언제나 순종하는 것처럼 보였지만, 자기가 그어 놓은 선을 넘게 되면 굴복하지 않는 것입니다.

교회에서 돈 문제만은 언급하지 말았으면 좋겠다고 말하는 교인들이 있습니다. '내 재산을 축내는 소리는 하지 말아라. 십일조든 건축헌금이든 아무것도 얘기하지 말아라' 하는 마음입니다. 그래서 돈 이야기를 하지 않는 교회만 찾아다니는 사람이 있습니다. 이런 사람이

접견 요청

•

신자인지 뭔지는 모르지만, 그래서 우리 교회에도 왔다가 우리 교회가 대지를 사서 건축한다고 하니까 슬그머니 다른 교회로 가 버린 사람이 있었습니다. 그런데 불행하게도 옮겨간 그 교회에서도 건축 헌금 문제가 일어났습니다. 그 사람이 다음에는 또 어느 교회로 갔는지 모르겠습니다.

미시간에서 제가 만난 물리학자 두 사람은 교회를 다니는데도 제가 볼 때 중생받은 사람이 아니고 옛사람 그대로입니다. 계속 이야기하는 가운데 결론은 이것입니다. "나는 하나님의 존재를 믿는다. 나는 교회도 사랑한다. 내 딸이 미국 교회에서 반주를 한다. 나는 다 하는데 한 가지만은 못 믿는다. 예수님이 삼 일 만에 부활했다는 소리는 믿을 수가 없다"는 것입니다. 그래서 제가 "왜 믿을 수가 없느냐?"고 했더니 "나는 물리학자로서 그와 같은 비과학적인 이야기는 믿을 수가 없다"는 것입니다.

자신이 합리적으로 생각할 수 있는 분야까지는 다 믿습니다. 그러나 너무나 고자세로 굳어 있는 자기 두뇌에 맞지 않는, 비합리적으로 보이는 그런 분야에서는 양보할 수 없는 것입니다. 굴복하지 않습니다. 절대로 긍정하지 않습니다. 이런 사람을 일컬어서 옛사람을 가진 사람이라고 말합니다. 교회를 평생 다녀도 소용이 없습니다.

여러분은 어느 쪽입니까? 만약 이런 문제에 해당되는 사람이 있다면 성령님께서 여러분의 마음에 오셔서 지금 여러분의 마음속에 여리고 성과 같이 난공불락처럼 버티고 있는 그 악, 하나님 앞에 굴복하기를 싫어하는 마지막 보루, 최후의 전선을 무너뜨려 주시기를 바랍니다.

## 새로 태어나기

깨어져야 합니다. 그것이 안 깨지면 우리는 하나님의 사람이 되지 못합니다. 깨지려면 우리는 다시 태어나야 합니다. 옛사람 가지고는 안됩니다. 옛사람은 그 종말이 영원한 멸망입니다. 하나님 나라를 절대 볼 수 없습니다.

> 진실로 진실로 네게 이르노니 사람이 거듭나지 아니하면 하나님의
> 나라를 볼 수 없느니라_요 3:3

근본적으로 새사람이 되지 않으면 하나님의 나라에 들어갈 수 없고 구원받을 수 없다는 말입니다. 누구든지 옛사람인 자아를 조금이라도 신뢰하는 사람은 어리석은 자입니다. 인생의 궁극적인 문제는 나와 세상과의 관계가 아니라 나와 하나님과의 관계에 놓여 있습니다. 가장 중요한 문제에 대해 전적으로 무능한 자아는 하루빨리 처치해야 합니다.

무엇으로 처치할 수 있습니까? 선행입니까, 고행입니까, 아니면 출세입니까? 이런 것은 태어날 아기를 위해 만들어 놓은 옷가지에 지나지 않습니다. 그 옷이 아기를 태어나게 할 수는 없습니다. 우리의 문제는 다시 태어나는 것입니다. 우리를 다시 태어나게 하는 것은 하나님의 일이지 우리가 할 수 있는 일이 아닙니다.

하나님은 우리가 합법적으로 태어난 그분의 자녀가 되도록 법적 절차를 밟아 주셨습니다. 어떤 법적 절차입니까? 로마서 4장 25절을 보면, "예수는 우리가 범죄한 것 때문에 내줌이 되고 또한 우리를 의롭다 하시기 위하여 살아나셨느니라"고 합니다. 하나님의 아들 예수님은 우

리의 죄짐을 지기 위해, 즉 죄에서 죽었던 존재인 우리를 구원해 주시기 위해 십자가에 못 박히게 되었습니다. 속죄양으로 우리 대신 희생을 당하게 되었고, 그 후에 그는 삼 일 만에 살아나셨는데 그것은 우리를 새사람으로 만들어 의롭다 하심을 받도록 하기 위한 것입니다.

예수님의 십자가는 우리의 옛사람, 도무지 하나님의 법에 굴복할 수도 없고 하나님 나라로 들어갈 수도 없고 하나님을 볼 수도 없는 이 무능한 옛 자아, 아담이 우리에게 상속시켜 준 이 무능한 자아를 십자가에 못 박은 작업입니다. 그러므로 예수님을 믿는 사람에게는 믿는 그 순간부터 옛 자아가 죽는 사건이 일어납니다.

또 주님이 삼 일 만에 살아나신 것은 우리에게 새 생명을 주신 하나님의 첫 열매의 작업입니다. 그러므로 예수님을 믿으면 이 생명을 부여받습니다. 예수님이 무덤을 이기고 죽음을 이기고 율법을 이기고 사탄을 이기고 살아나셔서 우리에게 새 생명을 부여하신 새 생명의 탄생입니다.

아직 부활을 믿지 못하는 분이 있습니까? '부활은 교회가 만들어 낸 이야기일 뿐 도무지 있을 수 없는 이야기다'라고 생각한다면 여러분과 변론하고 싶지 않습니다. 칼 바르트(Karl Barth, 1886~1968)는 "여러분이 부활 사건을 믿든지 안 믿든지 그것은 여러분의 자유입니다. 그러나 여러분이 안 믿는다고 해서 성경에 기록된 그 확실한 사건을 여러분이 뒤집을 수는 없습니다"라고 말했습니다. 진리를 비진리로 바꿀 수는 없습니다. 내가 안 믿어도 그 사건은 진리요, 내가 믿어도 진리입니다. 나의 영향을 받지 않는 하나의 진실한 사건인 것입니다.

그러므로 2천 년 동안 성경을 난도질하려고 그렇게도 달려든 머리 좋다는 사람들, 불트만(Rudolf Bultmann, 1884~1976) 같은 신학자들이 평생을 바쳐 그런 몹쓸 작업을 했지만 성경은 여전히 오늘도 살아 있습니다. 그래서 많은 죽은 영혼들을 예수의 새 생명으로 태어나게 만들고 있습니다. 이것은 이 말씀이 진실이기 때문에 일어나는 사건입니다. 거짓말이라면 어떻게 수억의 사람들이 그 말씀, 그 사건 때문에 새로운 생명으로 탄생하겠습니까?

제자들이 "예수님이 살아났다. 너희가 십자가에 못 박아 죽인 예수가 살아났다"라고 외치며 온 예루살렘에 떠들고 다닌 것은 예수님이 살아난 지 불과 50일밖에 안 되었던 때였습니다. 만약에 그들이 떠드는 것이 거짓이었다면 하루아침에 거짓말로 판명되었을 것입니다. 그리고 유대의 지도자들과 로마의 지도자들이 합작해서 예수님을 죽인 것이기 때문에 예수님이 부활했다고 말하는 것은 국가에 대한 반역 행위요,

기독교를 신화(神話), 민담(民譚), 요설(饒舌)로 생각하는 불신자 가운데 상당수는 예수님이 이 땅에 계시던 당시의 역사적 상황과 사회 구조에 어둡기 때문에 그런 선입견을 갖게 된 사람들이다. 때로 성경의 고고학적인, 배경사적인 지식이 없어 성경의 부활 선포가 갖는 역사성을 쉬운 말로 증거하지 못할 때가 있다. 본문을 유심히 보면 소위 과학적 세계관으로 무장하거나 사회과학적인 분석에 경도된 불신자들에게 상당히 설득력 있게 들렸으리라는 것을 짐작할 수 있다. "자, 따져 볼 테면 따져 보자. 따지고 들면 우리 쪽에 더 많은 방증, 과학적 데이터가 있다" 하고 자신만만하게 나온다.

요즘 말로 하면 하나의 데모입니다. 그러니 그들이 거짓말을 했다면 한 사람도 살아남을 자가 없습니다.

그런데도 예수님이 죽은 지 50일 밖에 안 됐지만 예수님을 죽인 사람들이 도저히 반증을 하지 못했습니다. 제자들의 입을 막지 못했습니다. 심지어 무덤을 지키던 군인들이 예수님의 부활을 목격한 대로 말하는 것을 막기 위해 그들에게 돈을 주었습니다. 그리고 예수님을 재판할 때에 "저 놈을 십자가에 못 박아라. 십자가에 못 박아라" 하고 야수와 같이 떠들던 수천 명의 사람들이 나중에는 베드로의 설교 앞에 거꾸러지고 말았습니다.

예수님이 살아났다는 베드로의 설교에 그들은 "형제여, 내가 어떻게 하면 좋겠느냐? 하나님의 아들을 십자가에 못 박아 죽인 죄인이니

내가 어떻게 하면 용서를 받을 수 있겠느냐?" 하고 머리를 숙이고 가슴을 쥐어뜯으면서 하나님 앞에 회개하는 역사가 일어났습니다. 예수님이 정말 살아나지 않았다면 그들은 미친 사람이요, 정신 나간 사람이요, 무엇엔가 홀린 사람들일 것입니다. 어떻게 그와 같은 사건이 일어날 수 있습니까?

그러나 진실 앞에서는 모든 사람이 굴복하게 되어 있습니다. 만약에 예수님의 부활을 믿지 않는다면 성경을 잘 읽어 보기 바랍니다. 제발 마태복음이라도 좀 읽어 보고 예수님의 부활이 있느니 없느니 이야기를 하란 말입니다. 여러분은 지성인이 아닙니까? 합리주의자가 아닙니까? 합리주의자라면 반대를 해도 좀 똑똑히 알아보고 이야기해야 할 것 아닙니까? 여러분을 모독하기 위해서 하는 이야기가 아닙니다. 상식적인 일을 가지고 너무나 무모하게 아니라느니 맞다느니 하고 있기 때문입니다.

현대인들에게는 좀 저질적인 면이 있습니다. 그러나 절대로 이 진실 앞에서는 반기를 들 수 없을 것입니다. 예수님은 살아나셨습니다. 우리의 구원자입니다. 그러므로 예수님 안에서 하나님은 산 자의 하나님이지 죽은 자의 하나님이 아닙니다. 하나님께는 모든 사람이 살아납니다. 그러므로 옛사람을 그대로 가지고 있는 죽은 사람과는 하나님이 만날 수가 없습니다. 옛날 로마 시대에 남편이 죽으면 여자도 그와 함께

사람들은 거의 본능적으로 옛날 이야기를 좋아한다. 설교자는 옛사람을 처리하는 문제, 즉 기독교 구속론의 핵심을 설명하면서 로마 시대 관습과 형법을 원용(援用)함으로써 두 지평을 자연스럽게 묶고 이런 작업을 통해 불신자들을 기독교 안으로 흡입력 있게 빨아들인다. '으음, 로마 시대에 그런 법이 있었군… 그거 참 듣고 보니 그러네' 하는 수준으로 은근히 이끌어오는 것이다. 하지만 이렇게 이야기를 사용할 때는 특별한 기술이 요구된다. 성경의 진리를 단지 옛날이야기체로 만든다거나 완전히 옛날이야기로 환원시켜서 윤리적인 교훈 정도를 끄집어내는 수준에 그쳐서는 안 된다.

묻기도 했고, 악한 죄를 범한 사람을 벌할 때는 그 사람을 죽이지 않고 그가 죽인 시체를 끌어다가 죄를 범한 그 사람과 같이 묶어서 방치해

놓았다고 합니다. 얼마나 기가 막힌 일입니까? 살아 있는 생명과 죽은 시체는 같이 있을 수가 없습니다.

하나님도 마찬가지입니다. 하나님은 살아 있는 하나님입니다. 그러나 우리는 죄와 허물로 죽은 자입니다. 그러니 어떻게 만날 수 있습니까? 어떻게 하나님과 대화할 수 있습니까? 죽음과 삶이 어떻게 만난다는 것입니까? 그럴 수가 없습니다. 그러므로 자신이 변화 받지 않고 하나님 앞에서 새사람으로 태어나지 않는 이상 하나님을 만날 생각은 아예 하지 마십시오. 절대 불가능합니다. 새로 태어나야 합니다. 예수의 부활을 믿는 그 순간 우리에게는 이 사건이 일어납니다.

○ ○ ○ ○ ○ ○ ○ ○ ○ ○
## 하나님의 세 가지 창조 작업

그러므로 이렇게 다시 태어나는 일은 예수 안에서 맛보는 새 창조의 사건입니다.

> 그런즉 누구든지 그리스도 안에 있으면 새로운 피조물이라 이전 것은 지나갔으니 보라 새것이 되었도다_고후 5:17

이 말씀에서 새로운 피조물이라는 말은 대단히 중요합니다. 이것은 예수님의 부활을 통해 하나님이 보여 주신 그 새 생명을 부여받아서 다시 태어난 존재라는 말입니다.

옛것을 적당하게 바꾸어 놓은 것이 아닙니다. 옷을 갈아입힌 것을 말하는 것이 아닙니다. 잘못된 것을 조금 수정해 준 것을 말하는 것도 아닙니다. 중고차를 새 차처럼 페인트칠해서 새로 내놓았다는 말이 아닙니다. 모든 옛것은 전부 무덤에 처넣어 버리고 내가 죽고 다시 태어났다는 말입니다. 이것이 새로운 피조물이라는 말입니다.

하나님은 창조자입니다. 하나님은 창조작업을 세 번 하십니다. 첫 번째 창조작업은 창세기 1장 1절에 있는 창조입니다. 이 우주 만물을 지을 때의 창조입니다. 물질적인 것을 말합니다. 두 번째 창조작업은 장차 하나님의 나라에서 살 수 있는 새 백성을 창조하는 작업입니다. 그것은 죄를 지은 사람들 가운데서 자기의 자녀를 생산하는 작업입니다. 우리를 거듭나게 하는 것입니다.

그러므로 예수님을 믿는다는 말은 하나님의 자녀로 태어난다는 말입니다. 이것이 제2의 창조작업으로 하나님께서 오늘도 전 세계를 통해 이 창조작업을 하고 계십니다. 하나님의 새로운 창조작업이 지금 세계를 통해서 활발하게 전개되고 있습니다. 하나님의 새 백성이 계속해서 태어나고 있습니다.

오늘날의 우리나라도 마찬가지입니다. 예수님을 안 믿던 사람들이 한 사람씩 교회로 오고 있습니다. 하나님의 새로운 창조작업이 활발하게 움직이는 것입니다. 예수의 새 생명이 모든 사람의 마음속에 주입되는 새로운 창조작업입니다. 이것이 지금 일어나고 있습니다.

그런데 하나님은 또 하나의 창조작업을 하고 계십니다. 예수님이 오실 때 바람 빠진 공처럼 되어 있는 이 지구는 하나님이 없애 버리고 새 하늘과 새 땅을 다시 창조하십니다. 그리고 그곳에 우리를 두시고 영원토록 그가 왕이 되시며, 우리의 하나님이 되시고 우리를 향한 하늘의 태양이 되셔서 우리를 통치하시는 아름다운 세계가 전개됩니다. 영원한 나라입니다.

그것 때문에 우리는 이 세상에서 고난을 당해도 기뻐하고 감사하며, 어려운 처지와 절망스런 일을 당해도 그 나라를 바라보며 희망을 잃지 않습니다. 새로운 백성, 새로운 하나님의 백성들이 살 수 있는 그 나라를 우리 하나님께서 지금 창조하고 계십니다.

이 세상에서 땅에 붙은 생각만 하고 넓은 길 가기만을 좋아하는 사람들은 무슨 말인지 잘 모를 것입니다. 눈을 뜨십시오. 여러분은 지금 잠자고 있는 것입니다. 너무나도 중요한 것을 모르고 있는 것입니다.

사람들은 오해합니다. 기독교가 말하는 새로 태어나는 작업이라는 것은 내가 도덕적으로 수양을 하면 되는 그런 것, 내가 선행을 좀 하면 되는 그런 것이라고 생각합니다. 그러나 그렇지 않습니다. 오히려 그러한 생각이 하나님이 여러분을 새로 태어나게 하는 창조작업을 방해합니다.

아이를 낳아 본 부인들은 알 수 있을 겁니다. 뱃속에 있는 아이가 태어날 때 엄마를 도와줄 수 있습니까? 의학적으로는 뱃속의 아이가 엄마를 어느 정도 도와줄 수 있는 어떤 면이 있는지 모르지만, 우리가 볼 때는 순수하게 어머니의 힘으로 나옵니다. 아기는 오히려 가만히 있어 주는 게 더 낫다고 저는 생각합니다. 엄마가 하는 대로 가만히 있어야지, 애가 배 안에서 손발을 버둥거리며 나온다면 엄마가 살 수 있겠습니까? 어떤 아기는 머리부터 나와야 하는데 발부터 나오는 경우가 있습니다. 그러면 그것은 오히려 엄마를 죽이는 것입니다.

불신자들이 가지고 있는 복음에 대한 심리적 저항감에 마지막으로 쐐기를 박으며, 동시에 신앙의 비약(leap of faith)이 일어나도록 대단히 정동적인 어휘, 어조, 수사법을 사용하여 결단을 요구하며 들어간다. 생명 탄생의 신비와 영적 거듭남(중생)의 이치를 절묘하게 뒤섞으면서 청중이 동의하지 않을 수 없을 정도로 정서의 파고를 높여 간다. 마치 예수님이 "너희들이 하늘을 보면서 비가 오겠다, 날이 개겠다고 날씨를 예측하면서 어찌 영적인 기상은 분별하지 못한단 말이냐"(마 16:2-3 참조) 하고 말씀하신 것처럼. "육적으로도 생명에 관한 이치가 이런데 왜 영적인 생명에 관해서는 이 점을 수긍하고 받아들이지 않는가?" 하고 접근하고 있다.

거듭나는 것도 마찬가지입니다. 새로 생명을 태어나게 하는 것은 하나님의 작업입니다. 그러니 "하나님 맘대로 하세요. 이제는 주님 앞에 내 자신을 다 맡깁니다" 하고 완전히 자기를 포기하고 주께 맡길 때 하나님이 나를 새사람으로 태어나게 하십니다. 괜히 우리가 무엇인가를 해 보려고 시도하는 것이 오히려 우습습니다.

그런데 자꾸 "내가 좀 선한 생활을 해서 하나님께 보탬이 되어야겠다" 하고 발버둥치는 것은 하나님이 누군지 모르고 떠드는 인간의 교만입니다. 한강에 빠져 죽어 가는 사람을 구하러 들어갔을 때 물에 빠진 사람이 정신없이 발버둥을 치면서 잡아당기면 둘 다 죽습니다. 그럴 때 물에 빠진 사람은 가만히 있어야 합니다. 그래서 지혜로운 구조대는 금방 뛰어들지 않고 좀 가만히 놔두었다가 물에 빠진 사람이 힘이 다 빠지면 그제야 끌고 나온다고 합니다. 아니면 머리를 좀 쳐서 기절을 시킨 뒤 데리고 나온다고 합니다.

물에 빠진 사람이 발광을 하면 아무 일도 못합니다. '내가 뭐 좀 선한 생활을 해 봐야지. 내가 그래도 양심적으로 사는데 예수 안 믿으면 어때?' 하는 생각을 가진 분이 있습니까? 하나님 앞에 그와 같은 일은 하지 마십시오. 아무 소용없는 발버둥입니다.

## 하나님 아버지라 부를 수 있습니까?

새로 태어난다는 것은 예수 그리스도를 믿는 것과 동시에 얻어지는 것으로, 하나님의 자녀로서 특권을 보장받는 엄청난 축복입니다.

> 영접하는 자 곧 그 이름을 믿는 자들에게는 하나님의 자녀가 되는
> 권세를 주셨으니 이는 혈통으로나 육정으로나 사람의 뜻으로 나지
> 아니하고 오직 하나님께로부터 난 자들이니라_요 1:12-13

영접한다는 말은 예수의 이름을 믿는다는 뜻입니다. 우리 마음에 받아들인다, 나의 구주로 모신다는 말입니다. 그렇게 되는 순간 우리

는 하나님의 자녀가 됩니다. 다시 태어나는 것입니다.

자녀는 태어나야 자녀가 됩니다. 예수님을 안 믿는 사람 중에 하나님을 아버지라고 부를 자신이 있는 사람이 있습니까? 부를 수 없습니다. 어떻게 감히 하나님을 아버지라고 부릅니까? 내가 태어나지 않고서는 아버지라고 부를 수 없으며 하나님도 자기가 낳지 않으면 내 자식이라고 하지 않습니다.

예수님을 믿는 그 순간, 하나님께서 나를 태어나게 하십니다. 이것은 하나님의 독특한 성령의 작업입니다. 혈통으로 안 됩니다. 아버지가 목사니까 자신 역시 자동적으로 중생받은 하나님의 자녀라고 생각하면 큰 착각입니다. 혈통을 가지고는 안 됩니다. 집안 식구가 모두 예수님을 믿고 기독교적인 분위기 속에서 살았어도 나 자신이 거듭나서 새사람이 되지 않으면 하나님 나라에 들어갈 수도 없고 하나님의 자녀가 될 수도 없습니다.

육정으로도 안 됩니다. 내 마음에 욕심을 가지고 내가 원한다고 해서 되는 것도 아닙니다. 또 사람의 뜻으로도 되지 않는다고 합니다. 의지가 강하고 자기 자신이 어떤 목적을 수행하기 위해서 덤빈다고 되는 것도 아닙니다. 전적으로 하나님 자신이 우리를 낳아 주어야 합니다. 내가 무릎 꿇고 십자가 앞에 굴복할 때 예수님을 나의 구주로, 나의 하나님으로 고백하고 그분의 십자가 앞에서 내 죄를 다 고백하고 부활을 통해서 얻은 그 새 생명을 사모하는 믿음의 자세를 가질 때만 하나님께서 나에게 새로운 창조의 작업을 일으킵니다.

지금 이와 같은 작업이 여러분의 마음속에 일어나고 있는지도 모릅니다. 일어난다고 저는 믿습니다. 그렇지 않고는 우리에게 절망밖에 없습니다. 여러분이 정말 중생을 받고 싶으면 하나님 앞에 나올 때 자신의 있는 모습 그대로 나오십시오. 꾸미지 마십시오.

접견 요청

●

재미있는 이야기가 있습니다. 가랑잎이 길 위에 굴러 다니는 가을에 어떤 화가가 새벽 산책을 하러 밖으로 나갔습니다. 그런데 마을 어귀에 한 청소부가 사각모자를 푹 뒤집어쓰고 허름한 작업복을 입고서 긴 빗자루로 길을 쓸고 있는 모습이 보입니다. 화가가 이 모습을 보다가 영감이 떠올랐습니다.

'아, 멋있는 장면이다. 여러 가지를 암시할 수 있는 장면이구나. 저 사람을 모델로 해서 그림을 그려야겠다'고 생각하고는 그 청소부에게 가서 "나는 어느 화실에 있는 화가인데 저하고 잠깐 만납시다. 오늘 11시에 제 화실로 찾아와 주세요. 제가 사례는 톡톡히 하겠습니다" 하고 모델이 되어 달라고 부탁했습니다.

그 청소부가 생각지 않게 모델 요청을 받으니 얼마나 좋은지 "아, 그러지요" 하고 흔쾌히 대답을 했습니다. 이 청소부가 집에 돌아와서 시계를 쳐다보고 11시가 되기를 기다리면서 준비를 합니다. 목욕을 깨끗이 하고 면도도 다 하고 양복으로 갈아입고 넥타이까지 멋지게 매고는 시간에 맞춰 화실에 가서 노크를 했습니다. 그런데 그 청소부의 모습을 본 화가는 너무나 어이가 없어 당신은 누구냐고 묻습니다. 청소부가 "아침에 오라고 해서 온 사람입니다"라고 하자 "당신 같은 사람은 나한테 필요가 없어요"라고 했습니다.

오늘날도 많은 사람들이 하나님 앞에 나올 때 그렇게 꾸미고 나오려고 자꾸 애를 씁니다. 그래서 뭔가 하나님이 알아주시기를 바랍니다. 이렇게 교만한 사람은 무언가 자꾸 하나님보다 자기가 낫다는 생각을 가지고 하나님께 나오려고 합니다. 이런 사람은 하나님께서 새로 태어나게 할 수가 없습니다.

있는 그대로 나오십시오. 죄 있는 손 그대로 들고 나오십시오. 더러운 마음 그대로 가지고 나오십시오. 그래서 예수 앞에 나와서 무릎 꿇고 있는 모습 그대로 주님 앞에 내놓으십시오. 이럴 때에 우리 주님이 놀라운 역사를 일으키십니다. 자신을 완전히 포기하는 자를 통해 하나님은 새 생명의 창조를 일으킵니다. 죄인이라고 고백하는 그 사람을 통해서 하나님은 새로운 생명을 맛보게 합니다. 꾸미지 마십시오. 숨기거나 과장하지 마십시오. 하나님을 속이지 마십시오.

○ ○ ○ ○ ○ ○
## 너무 늦기 전에

새로운 창조를 맛보기만 하면 사람은 싹 달라집니다. 어느 정도로 달라집니까? 성경에 나오는 삭개오처럼 달라져 버립니다. 그는 유대 민족의 반역자입니다. 로마 관리의 앞잡이로서 세금을 포탈해 로마 정부에 바치는, 자기 민족의 피를 빨아먹고 사는 사람입니다. 돈밖에 모르는 사람입니다.

그러나 그 사람이 예수님을 만나 자기 집에서 예수님과 함께 지내게 되자 예수님의 말씀 앞에 녹아 버렸습니다. 예수님의 모습 앞에 녹아졌습니다. 옛사람이 완전히 깨뜨려지고 장사 지내게 되는 사건이 일어났습니다. 그는 벌떡 일어났습니다. 그리고 예수님 앞에 고백합니다. "예수님, 제가 어떤 사람에게 속여서 빼앗은 것이 있으면 네 갑절이나 갚고 내 재산의 반을 나누어 가난한 자를 위해 쓰겠습니다." 돈밖에 모르던 수전노가 예수님을 만나 예수님 앞에서 그 근본이 변화되자 지금까지 노예로 묶여 있던 돈의 쇠사슬에서 완전히 풀려나 새사람으로 태어났습니다.

이것이 중생입니다. 하나님께서 성령을 통해 여러분의 마음속에 이 새로운 창조를 이루어 주시기를 간절히 원합니다. 이것이 없으면 구원받지 못합니다. 나에게 이 근본적인 변화, 삭개오에게 일어났던 이 변화가 없으면 구원받지 못합니다. 아무리 교회에 다녀도 안 됩니다.

지옥에 가 보면 도둑질해서 온 사람이나 살인해서 온 사람, 남을 속여서 온 사람은 별로 없고, 기회를 놓쳐서 온 사람이 대부분이라고 합니다. 예수님을 믿으라고 부인이 그렇게 간청하고 친구들이 그렇게 간청하고, 교회 앞을 매일 지나다니도록 하나님께서 그 사람을 자꾸 몰아붙이고 기회를 주시는데도 "조금만 더 있다가" 하다가 자기도 모르게 마지막을 맞게 된 것입니다.

이렇게 해서 지옥에 간 사람들의 입에서 공통적으로 나오는 한마디가 있다고 합니다. 매일 매일 이를 갈면서 하는 말이 있습니다. "Too late!" 즉, "너무 늦었구나!"라는 뜻의 말입니다. 그래서 지옥에서는 사람들이 이를 간다고 예수님께서 말씀하셨습니다. 이를 간다는 말은 원통하다는 뜻이 아닙니까? 얼마나 원통하면 이를 갈겠습니까?

하나님께서 이 시간 여러분에게 예수님을 믿는 귀한 축복을 주시길 원합니다. 있는 그대로 오십시오. 있는 그대로 와서 '예수 믿겠습니다' 하는 마음으로 주님 앞에 마음을 여십시오. 하나님께서 여러분에게 새로운 창조작업을 하십니다.

내일 아침에 일어나 보면 변화 받은 사람이 되어 있을 것입니다. 일주일 후엔 나도 모르게 변한 사람으로 나타날 것입니다. 얼마 후에는 내 근본이 달라지고 내 취미가 달라지고 인생의 목적이 달라지고 인생관이 달라지고 가치관이 달라지고 모든 것이 달라질 것입니다. 과거에는 하나님께 순종할 수 없었던 내가 하나님께 순종하는 사람이 되고, 과거에는 하나님에 대해 거부반응만 일으키던 내가 하나님께 늘 감사하고 찬송하게 됩니다.

이것이 거듭난 사람입니다. 이제는 죽어도 주를 위해 죽고 살아도 주를 위해서, 이 세상 끝 날까지 하나님이 기뻐하시는 일을 위해서 살다가 영원한 나라로 들어가겠다는 큰 소망을 가지고 열심히 뛰는 사람이 됩니다. 내 사업도 이제는 하나님을 위해서 하는 사업이 되어 버립니다. 바뀝니다. 근본이 바뀝니다. 이 놀라운 변화의 역사가 이 시간 여러분에게 있기를 주의 이름으로 축원합니다. 다 같이 기도합시다.

하나님 아버지, 간절히 원합니다. 이 시간 예수 믿어야 할 자를 불러 주시옵소서. 주저하지 말게 하옵소서. 거만하지 말게 하옵소서. 하나님 앞에 죽은 송장을 가지고 자랑하지 말게 하옵소서. 주여, 죄와 허물로 죽은 불쌍한 영혼이 자기 자신인 것을 알지 못하고 아직도 하나님 앞에 가식적으로 자기 자신을 보이려고 하는 불의한 이 모든 것을 다 주께서 물리쳐 주시옵소서. 예수 그리스도, 하나님의 아들 되신 그분 앞에 있는 그대로 나와서 삭개오처럼 죄를 고백하고 예수 앞에 자기를 맡길 때 하나님이 어떻게 나 자신을 새롭게 변화시켜 주는가를 체험할 수 있게 해 주시옵소서.

하나님의 자녀가 되고 싶지 않습니까? 하나님 나라에 들어가고 싶지 않습니까? 나의 의지로도, 나의 교양으로도 다루지 못하는 내 마음의 욕심과 더러운 인간의 본능을 극복하고 하나님의 뜻에 순종할 수 있는 새로운 사람이 되고 싶지 않습니까? 이 기회에 예수님을 영접하십시오. 예수님의 십자가 부활을 믿으십시오. 하나님의 자녀가 될 것을 고백하십시오. 성령께서 이 시간 여러분을 강하고 새롭게 만들어 주실 겁니다.

# Part
## 03

꽉 찬 삶으로의 초대

그곳엔 아무것도 없습니다. 단지 십자가 하나만 서 있습니다. 그 위에 하나님의 아들 예수 그리스도가 비참하게 죽어 있습니다. 그 몸의 핏방울이 오늘도 끝없이 끝없이 떨어지고 있습니다. 그곳으로 여러분을 초대하려는 것입니다.

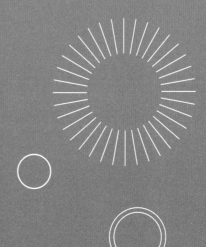

# I

## 여기
## 사랑이
## 있습니다

"하나님이 오죽 답답하면 자기 아들을 그렇게 잔인한 모습으로 죽였겠는가.
바로 당신이 잔인해서 그런 거야. 당신의 죄가 얼마나 끔찍한지 의인이신
하나님의 아들을 그렇게 죽이지 않으면 도무지 해결될 길이 없기에
하나님이 그렇게 하신 거야."

**요한일서 4:10**

사랑은 여기 있으니 우리가 하나님을 사랑한 것이 아니요 하나님이 우리를 사랑하사 우리 죄를 속하기 위하여 화목제물로 그 아들을 보내셨음이라

# 여기 사랑이
# 있습니다

맥켄지(Mckenzie)라는 사람이 말하기를 "세상에서 가장 고독한 것은 사랑이 없는 사람의 마음이다"라고 했습니다. 인간에게는 사랑이 얼마나 귀한지 모릅니다. 사랑은 곧 생명입니다. 생명은 곧 사랑입니다. 아무도 이 사실을 부인하지 못할 것입니다. 어린아이들, 특히 모태에서 갓 태어난 아이들은 더욱 그렇습니다.

미국의 어느 병원 신생아실에서 조사한 바에 따르면, 간호사의 사랑이 특별히 많이 가는 문 쪽에 놓인 아기는 건강하게 잘 자라는데 간호사의 관심이 별로 안 가는 구석 자리의 아기는 병이 잘 들고 또 어떤 경우에는 사망률도 높았다고 합니다.

전도집회에서 행해지는 간증과 설교자의 설교는 확실하게 다르다. 간증이 일어난 사건을 주관적인 입장에서 해석하여 들려주는 이야기라면, 설교는 객관적으로 인정할 만한 정교하고 촘촘한 논리와 강력한 삼단논법의 수사학을 담고 있어야 한다. 무조건 가슴 찡한 감동 실화를 나열하는 것이 때로는 역효과를 낼 수도 있음을 알아야 한다.

사랑은 생명입니다. 저는 초신자나 또는 예수를 안 믿는 분들을 만나면 대뜸 이런 건방진 질문을 잘 합니다. "당신을 제일 사랑하는 분이 누굽니까?" 제가 이런 질문을 아마 몇십 번쯤, 아니 한 백여 번쯤은 던져 보았을 것입니다. 자신을 제일 사랑하는 사람이 누구라고 자신 있게 말할 수 있는 사람이 있습니까? 이상하게도 저는 한 사람에게서도 그 답을 듣지 못했습니다. 대부분의 사람들의 반응은 그저 싱긋이 웃는 정도이거나 그렇지 않으면 좀 숙연해지는 정도였습니다.

이 이야기는 모든 인간이 사랑을 받는 것 같고 사랑을 하는 것 같지만 사실은 사랑의 갈증을 다 가지고 있고 사랑에 대한 욕구불만 때문에 가슴속이 텅텅 비어 있다는 것을 입증하는 것입니다. 인간은 남녀 간에 피어오르는 에로스(Eros)적인 사랑이나, 혈육간에 서로 교제하는 스토르게(Storge)적인 사랑만 가지고는 절대로 살 수 없는 고차원적인 존재라는 것을 아는 사람이 이 땅 위에 얼마나 될까요?

미국에서 17세 이하의 아이들 중 홀어머니나 홀아버지 밑에서 자라는 자녀들이 23%나 된다고 합니다. 17세 이하의 아이들 10명 중 적어도 3명이 홀어머니나 홀아버지 밑에서 산다는 것이 무슨 뜻입니까? 미국 사람들만큼 "사랑한다"는 말을 많이 하는

> 인간이 영적 존재임을 설명하기 위해 조직신학의 인간론(人間論)을 끌어오는 것이 아니라 미국의 사회 통계를 끌어온다. 그런데 본문에서 보듯 설교 시에 통계 자료를 인용할 때는 단순히 인용하는 수준에서 그치지 않고, 통계의 의미를 포착하고 그것을 영적 국면에까지 끌어올려야 한다.

사람들이 없습니다. 어떤 때 보면 아니꼬울 정도로 많이 합니다. 특히 우리 동양 사람들이 볼 때는 좀 경망스러울 정도로 남들 앞에서도 서로 사랑한다고 야단입니다. 그런데도 미국 사람들이 왜 그렇게 이혼을 많이 할까요? 인간은 에로스적인 사랑만 가지고는 안됩니다. 에로스 사랑이나 스토르게 사랑, 다시 말하면 남녀 간의 사랑이나 부모 형제, 친지들 간의 사랑은 한계점이 있습니다. 우리는 동식물이 아닙니다. 봄이 되면 꽃이 피고 암술과 수술이 서로 꽃가루를 나누어서 번식하듯 그렇게 남녀 간에 성생활을 하는 것이 인간에게 주어진 사랑의 전부가 아닙니다. 인간은 그것만으로 존재할 수 있는 그런 저급한 존재가 아닙니다.

어떤 사랑도 메우지 못하는 공백이 우리 마음에 있습니다. 사랑의 이방(異方) 지대가 있습니다. 이것을 일컬어서 영혼이라고 합니다. 아무리 노력해도 이 영혼의 사랑의 갈증은 해결하지 못합니다.

왜 그런가 하면 우리 영혼에게는 창조자를 찾는 본연의 끝없는 절규가 있습니다. 어린아이가 어머니를 찾고 아버지를 찾는 본능적인 마음의 절규가 있듯이, 아무리 주변의 많은 사람들이 어린아이에게 가서 위로하고 장난감을 주고 맛있는 것을 줄지라도 그 마음속 깊은 곳에 있는 엄마를 찾는 애절한 소원과 갈증은 아무도 메우지 못하는 것처럼, 모든 사람들의 마음 깊은 곳 영혼 속에는 창조자 되신 하나님을 찾는, 하나님의 사랑을 절규하는 공백이 있다는 말입니다.

모든 인간은 하나님께 지음 받은 존재이기 때문에, 즉 하나님에게서 난 그의 자녀이기 때문에 부모를 찾는 것은 당연합니다. 부모를 찾고 하나님을 찾지 못하면 세상의 그 어떤 눈에 보이는 사랑을 가지고도 우리의 마음은 채워지지 않습니다. 어거스틴이 말한 것처럼 우리는 하나님이 만든 피조물이기 때문에 하나님의 품 안으로 돌아가기 전까지는 우리에게 진정한 평안이 있을 수가 없습니다.

집을 떠난 자녀가 어머니의 품으로 돌아가기 전에는 아무리 애를 써도 그 마음에 평안이 없는 것처럼, 하나님을 떠나 하나님의 사랑이 무엇인가를 알지 못하는 인간은 그 사랑을 다시 찾아가기 전에는 마음속에 진정한 평안과 기쁨이 있을 수 없는 것입니다.

창조자 하나님의 사랑에 안기기 전에는 모든 인간은 끝없는 방황자입니다. 그래서 사람들은 하나님에게 매달리기보다는 인간에게 매달립니다. 자기가 사랑하는 여성, 자기가 사랑하는 남성, 자기가 사랑하는 자녀에게 매달려 하소연을 합니다. 내 마음을 채워 달라고 하소연을 합니다. 너 없으면 나 죽는다고까지 하면서 하소연을 합니다.

그러나 어느 인간이 그 영혼의 갈급함을 채워 줄 수 있습니까? 아무리 사랑하는 남편이라도, 아무리 생명을 바친다고 맹세하는 아내라도 영혼 깊은 곳에서 찾아 헤매는 진정한 사랑을 갈구하는 영혼의 부르짖음에 대해 응답할 인간은 아무도 없습니다. 이것이 인간입니다.

그래서 저는 여러분을 진정한 사랑이 샘솟는 곳으로 초청하려고 합니다. 하나님의 사랑이 샘솟는 곳으로 초대하려고 합니다. 그곳은 갈보리라는 곳입니다. 그곳엔 아무것도 없습니다. 단지 십자가 하나만 있습니다. 그리고 그 십자가 위에 하나님의 아들 예수 그리스도가 비참하게 죽어 있습니다. 그 몸에서 핏방울이 오늘도 끝없이 떨어지고 있습니다. 그곳으로 여러분을 초대하려는 것입니다.

## 사랑은 여기 있다

본문을 보면 첫마디가 대단히 인상적입니다. "사랑은 여기 있으니." 이 말씀을 잘 새겨들어 보십시오. 사랑은 여기 있다는 말은 '다른 곳에는 사랑이 없다. 여기 있는 것이 진짜 사랑이다'라는 것입니다. 헬라어 원어를 보면 이 말이 강조형으로 되어 문장 맨 앞에 나와 있습니다. '사랑은 여기 있다. 네 영혼이 찾는 사랑은 여기 있다'라고 되어 있습니다.

그곳은 십자가가 있는 곳입니다. 왜냐하면 그다음 이어지는 말씀에 "하나님이 우리를 사랑하사 우리 죄를 속하기 위하여 화목제물로 그 아들을 보내셨음이라"고 했기 때문입니다. 이 말은 하나님이 우리를 너무 사랑하셔서 우리 죄 때문에 자기 아들 예수를 십자가에 화목제물로 희생시켰다는 것입니다. 이 십자가만이 인간이 원하는 진정한 사랑을 주는 곳이라는 것입니다.

여러분, 십자가는 많은 사연을 담고 있습니다. 그래서 사람들이 십자가를 달고 다니거나 벽에 매달아 놓습니다. 빌리 그레이엄 목사가 이전에 소련에 갔을 때, 당시 공산주의 국가인 그곳 사람들은 자신이 크리스천이라는 것을 공공연히 드러내놓고 말할 수가 없었다고 합니다. 그런데 빌리 그레이엄 목사가 왔다는 소문은 이미 다 듣고 있었기 때문에, 길을 가다가 만난 어떤 노인은 지팡이를 들고 남이 보지 않는 데서 빌리 그레이엄 목사님 앞에다 십자가 표시를 하더랍니다. 또 버스에 탄 여자도 창 밖에 빌리 그레이엄 목사가 서 있는 것을 보고 살짝 십자가 표시를 하더랍니다. 그것은 '저도 크리스천입니다' 하는 표시였습니다.

많은 사람이 이 십자가를 사랑합니다. 그러나 십자가라는 그 형틀 자체가 어떤 의미를 가지는 것은 아닙니다. 우상적인 개념을 버려야 합니다. 제가 얼마 전에 세차장에 가서 차를 닦는데 그 세차장 사무실에 아가씨가 혼자 있길래 전도를 했습니다. 성도들에게는 전도하라고 해 놓고 목사가 전도하지 않으면 되겠습니까? 그래서 저도 만나는 사람마다 전도하는 것입니다. 그런데 그 아가씨가 목에 십자가 목걸이를 걸고 있었습니다. 그래서 물어보았더니 예수님을 믿지 않기에 "그런데 왜 십자가를 걸고 있죠?" 했더니 쌩긋이 웃으면서 "글쎄요" 합니다. 그래서 전도를 했습니다. 열심히 예수 이야기만 하고 왔습니다. 그리고 그 후에 행여나 교회 나오겠다는 말을 할까 싶어서 별로 닦지 않아도 될 차를 끌고 또 한 번 갔습니다. 그랬는데 별로 반응이 없습니다.

미사여구가 아니라 솔직 담백함이 공감대를 형성하는 기본 조건이 된다. 본문에서 설교자는 세차장 사무원의 십자가 목걸이를 전도의 매개체로 삼고 있다. 그러나 여기서 그쳤다면 누구나 할 수 있는 목사의 전도 후일담 정도로 여겨지고 말았을 것이다. 그런데 마음에 걸려 닦을 필요도 없는 차를 끌고 다시 세차장을 찾았지만 반응이 없더라는 말에서, 불신자들은 안도하며 더 나아가서는 한층 더 긴장하게 되었을지도 모른다. 목사는 전도하기만 하면 누구나 "믿겠다!"고 나설 것이라는 선입견이 신선하게 깨지면서 '실패한 전도 이야기'를 털어놓을 정도로 도량 있는 설교자의 메시지에 친근함을 느꼈을 것이다.

사람들이 이처럼 십자가를 좋아합니다. 이 십자가에는 무궁무진한 하나님의 사랑이 담겨 있습니다. 여기에는 하나님의 아들이 나를 대신해서 죽었다는 놀라운 진리가 담겨 있습니다. 영혼의 눈이 열리고 마음이 열린 사람이라면 십자가를 바라볼 때마다 "주님, 어찌해서 나 같은 것을 사랑하십니까?" 하고 눈물이 맺히고 마음이 뜨거워질 정도로 십자가 앞에서 하나님의 사랑을 알게 됩니다.

본문의 말씀에는 이 십자가 사랑의 놀라운 진리들이 담겨져 있습니다. 이 십자가의 사랑, 하나님의 사랑에는 세 가지 진리가 담겨져 있습니다. 첫 번째로, "우리가 하나님을 사랑한 것이 아니요 하나님이 우리를 사랑하사"라는 말씀대로 십자가를 통해서 나타나는 하나님의 사랑은 무조건적인 사랑인 것입니다. 우리가 먼저 하나님을 사랑하지 않았습니다. 우리 가운데 아무도 하나님을 먼저 사랑했다고 자신 있게 말할 사람이 없습니다.

우리는 아무도 하나님을 사랑하지 않았습니다. 우리 하나님이 우리를 먼저 사랑하셨습니다. 이 땅 위의 많은 사람들이 사랑을 예찬하고 사랑을 노래하고 사랑한다고 말하지만, 상대방이 사랑하지 않는데 무조건 사랑해 주는 사람은 없습니다. 천 년 동안 쌓은 성과 같은 사랑도 하루아침에 "나 당신 싫다"는 한마디면 산산이 무너지는 것이 인간의 사랑입니다.

그런데 하나님은 우리가 하나님을 사랑하지도 않는데 무조건 사랑했다는 것입니다. 이것이 십자가가 보여 주는 진리입니다. 아직 크리스천이 아닌 분들은 무슨 말인지 모를 겁니다. 그러나 여러분이 예수님을 믿으면 이 무조건적인 사랑의 놀라운 은혜를 알게 될 것입니다.

두 번째로, 이 말씀에 담겨진 진리는 십자가의 사랑은 우리를 위하여 주신 사랑이라는 것입니다. 하나님께 사랑이 필요합니까? 하나님께 사랑이 필요할 수 있죠. 그러나 하나님은 우리의 사랑이 없어도 손해 보지 않는 분입니다. 그런데도 하나님이 우리 죄를 위해서 죽으셨다고 했습니다. 십자가는 우리 죄 때문에 죽음까지 감수하신 하나님의 사랑이라고 합니다. 이것은 이타적인 사랑입니다. 순수한 이타적인 사랑입니다. 나 같은 죄인을 구원하기 위해, 나의 죄를 전부 대속하기 위해 하나님께서 사랑을 베푸신 곳이 십자가입니다.

## 가장 잔인한 형벌을 받은 까닭은

세 번째로, 십자가의 의미는 하나님의 아들을 화목제물로 바친 곳이라는 것입니다. 이것은 최대의 희생을 치렀다는 말입니다. 제가 군복무중일 때 영등포에 있는 어느 교회를 다녔는데, 그 교회의 전도사님이 아이가 여덟이었습니다. 나이가 있기는 했지만 어쩌면 그렇게 자녀를 많이 낳으셨는지, 하나님께서 복을 많이도 주셨습니다. 옛날 같으면 자식들이 많으니 큰소리치면서 살 수 있는데, 요즘은 사정이 달라 자식 키우기가 쉽지 않습니다. 그렇게 고생하는 가운데서도 그 팔 남매가 잘 자라고 있었는데, 어떻게 된 건지 또 하나가 태어났습니다. 그래서 아홉이 됐습니다. 그러자 사모님이 멋쩍어서 하시는 말씀이 이렇습니다.

"아, 이 아홉 번째 애가 생겼을 때 우리 부부가 이렇게 의논했어요. 아홉 명 중에서 한둘은 우리 형님 댁에 주고 또 동생 집에도 주고 그러자고요. 그 집에 애들이 적으니까 좀 나누어 갖자고 하고 그것을 꼭 지키기로 약속했는데, 막상 애를 낳아 놓고는 그 좁은 방에다 일렬종대로 아홉 명을 눕혀 놓고 저녁에 이부자리 하나를 딱 펴서 자는데, 내려다보니 어떻게나 사랑스러운지 어느 놈을 뽑아서 형님 집을 갖다줄

꼬, 어느 놈을 뽑아서 동생 집을 갖다줄꼬, 아무리 쳐다봐도 뽑아낼 애가 하나도 없더라고요. 그래서 마음을 다시 고쳐먹고 아홉 명을 다 키우자고 했지요."

세상에 자기 아들딸을 내줄 만큼 어떤 사람을 사랑할 수 있습니까? 없습니다. 이것은 우리 인간의 상상을 초월하는 일입니다. 그러나 하나님은 우리를 너무나 사랑하셔서 자기의 아들을 대신 희생시켜 주셨습니다. 이것이 바로 십자가입니다. 최대의 희생, 최대의 대가를 지불하고 "내가 너를 사랑하노라"고 분명히 말씀하신 것이 이 십자가입니다. 그래서 십자가는 대단한 진리를 가지고 있습니다.

외과의사인 투르 데이비드라고 하는 사람이 십자가에 대해서 고찰한 것을 제가 여러분에게 다 소개할 수는 없습니다. 그러나 그중 한마디를 소개하면, 그가 성경을 읽으며 깊이 발견한 것은 성경은 예수님의 십자가 장면을 너무나 간단하게 요약하고 있다는 것입니다. "만약에 어떤 사람이 그와 같이 끔찍한 형틀에서 죽는다면 그것을 묘사하는 데만 몇십 장의 지면이 할애되었을 텐데, 성경을 보면 예수님이 빌라도에게 재판을 받고 채찍에 맞고 십자가에 못 박히도록 넘겨지게되었다. 그래서 골고다에 가서 십자가에 못 박혔다"고 하는 몇 마디의 간단한 이야기 외에는 십자가에 대한 자세한 묘사가 없습니다.

그래서 이 의사 데이비드는 '십자가가 무엇일까?' 하고 많이 생각했답니다. 십자가는 세로 기둥이 하나 있습니다. 그것을 일컬어서 '스타미프'라고 합니다. 세우는 기둥입니다. 또 가로 기둥이 있습니다. 이것을 '페티벌룸'이라고 합니다. 그런데 데이비드의 견해를 따르면, 예수님이 지신 십자가는 라틴형 십자가가 아니라는 것입니다. 지금 우리가 생각하는 스타일의 십자가가 아니라, 소위 타워형이라고 하는 알파벳 T자 모형의 십자가라고 합니다. 이런 십자가는 죄수에게 짐을 지우듯이 지우면, 그 위에 홈이 파져서 죄수를 못 박아 양쪽을 들어 얹으면 딱 들어가도록 만들어졌다고 합니다.

160파운드나 되는 이 가로 기둥 십자가를 주님이 지고 가시다가 쓰러져서 다시 그것을 지고 일어날 힘이 없을 때, 이 십자가를 구레네 시몬이 대신 지고 갔습니다. 우리는 흔히 생각으로 또 사진이나 그림을 통해서 예수님의 손바닥에 못이 박힌 것으로 알고 있는데, 이 외과의사의 증언에 따르면 손바닥에 못을 박아서는 살이 찢어져 버리기 때문에 도무지 몸을 지탱하지 못한답니다.

생각해 보니 그렇습니다. 저는 잔인한 사람이 되어서 그런지 모르지만 어릴 때에 개구리를 잡아다가 해부한답시고 '십자가가 도대체 어떤 것일까?' 궁금해서 한번 보느라고 개구리의 사지를 벌려 놓고 못을 쳐 보았습니다. 그러니까 개구리 손바닥이 견디지를 못해요. 그러므로 데이비드의 견해는, "손이 못 박혔다는 것은 손바닥만 이야기하는 것이 아니고 손목을 이야기하는 것으로 볼 수도 있다. 예수님께 박힌 못은 손목에 박힌 것이지 손바닥에 박힌 것이 아니다"라는 것입니다. 그 사람의 주장이 옳든 그르든 간에 우리가 알고 있는 것은 십자가만큼 잔인한 죽음이 없다는 것입니다.

로마 사람들도 이 십자가 형벌은 너무 잔인한 형벌이기 때문에 로마 시민권을 가진 사람은 아무리 흉악한 죄를 범해도 십자가 형에는 처하지 않았다고 합니다. 노예들이나 다른 이방 민족이 잘못했을 때만 십자가 형벌을 받게 했다고 합니다. 얼마나 무섭고 끔찍한 형벌입니까?

그래서 신명기 21장 23절을 보면, 하나님이 말씀하시기를 "나무에 달린 자는 하나님께 저주를 받았음이니라"고 합니다. 저주받은 자만이 죽을 수 있는 장소가 십자가입니다. 모든 사람이 침을 뱉으며 고개를 흔들고 저주하고 욕하는 가운데서 부끄러움과 수치를 당하면서 죽어야 마땅할 사람이 죽는 자리가 십자가입니다. 인간으로서의 최소한의 대우라도 받으며 죽으려는 사람은 결코 이 십자가의 죽음을 죽을 수가 없는 것입니다. 차라리 혀를 깨물고 쓰러지는 것이 낫습니다. 그런데 예수님은 아무 죄가 없으면서도 모든 사람들이 쳐다보고 침을 뱉으며 고개를 흔들고 비웃고 욕하는 저주의 대상이 되어 십자가에서 죽으셨습니다.

좀 똑똑하다고 하는 사람들은 흔히 이런 항의를 합니다. "목사님, 세상에 하나님이 왜 그렇게 잔인하세요? 무슨 다른 방법이 없어서 십자가라는 그런 끔찍한 방법으로 예수를 죽였습니까? 하나님이 그렇게 잔인한 분인가요?" 그럴 때 저는 이렇게 대답합니다. "아이고, 이 사람아! 하나님이 잔인하다니 그게 무슨 소리야? 한번 생각해 봐. 오죽 답답하면 자기 아들을 그렇게 잔인한 모습으로 죽였겠는가? 누가 정말 잔인한 건지 아나? 바로 당신이 잔인해서 그런 거야. 당신의 죄가 얼마나 끔찍한지 의인이신 하나님의 아들을 그렇게 죽이지 않으면 도무지 해결될 길이 없기 때문에 하나님이 그렇게 하신 것이지, 하나님이 잔인해서 그런 것이 아니야."

죄의 삯은 사망이라고 했습니다. 여기서 사망이라는 것은 끝나고 없어지는 것을 말하는 것이 아닙니다. 사람들은 죽음이라는 개념을 잘못 해석하고 있습니다. 죽었다가 살아났다는 사람들의 기록을 다 한번 보십시오. 죽었다고 다 없어진다고 합니까? 인간이 짐승인 줄 아세요?

성경이 말하는 사망은 죄의 값입니다. 하나님을 섬기지 않고 제멋대로 사는 인생들이 그 죗값을 짊어지고 영원한 지옥에서 하나님의 심판을 받는 것을 일컬어 사망이라고 합니다. 그리고 이 무서운 사망을 당하는 것을 저주라고 합니다. 이 저주를 십자가에서 예수님이 나 대신 받으신 것입니다. 그러므로 십자가를 바라볼 때마다 우리의 가 슴이 뜨거워지고 십자가를 생각할 때마다 나 자신이 부끄러워지고 하 나님의 사랑 앞에 고개가 숙여지는 것입니다.

그런데 이렇게 십자가가 나의 죄 때문에 하나님이 마련하신 것이요 나의 죄 때문에 하나님의 아들이 그렇게 죽으신 것이라고 하면, 현대 인들은 '내가 왜 그렇게 무서운 죄인인가?' 하고 생각합니다. 그래서 못마땅하게 생각합니다. '나는 그래도 자선사업도 좀 하고 그런대로 내 양심껏 살려고 노력하는데, 내가 왜 그렇게 악독한 죄인인가?' 하 는 것입니다.

어느 제약회사 사장과 성경공부반에서 공부할 때 제가 죄에 대해 가르치면서 이렇게 물었습니다. "사장님, 자신이 죄인이라는 것을 깊 이 깨달아 본 일이 있습니까?" 그랬더니 그분이 한참 생각하다가 하는 말이 "제가 시골에서 자랐는데, 중학교 때 남의 마늘밭에 들어가서 마 늘을 좀 뽑아 먹은 것이 생각납니다" 하는 것이었습니다. 물론 그분은 깨끗하게 살았을 겁니다. 또 제약회사를 해도 양심적으로 했을 겁니 다. 그러나 제가 볼 때 '정말 마늘 뽑아 먹은 그 정도밖에 가책을 못 받 을까?' 하는 생각이 듭니다.

○ ○ ○ ○ ○ ○ ○ ○ ○ ○
**하나님 앞에서 가출했기에**

인간은 하나님 앞에, 십자가 앞에, 죄 없이 피 흘려 죽으신 그리스도 앞에 서기 전에는 철면피와 같은 존재입니다. 양심의 가책도 없고 죄 에 대한 아픔도 없습니다. 무엇이 인간의 죄인지 궁금합니까? 만약 여러분이 죄에 대해 잘 모르겠다면 제가 세 가지로 분명히 가르쳐 드리겠습니다.

첫 번째로, 하나님을 여러분의 삶에서 추방하고 대신 자기가 하나님이 되어 살고 있는 삶 자체가 죄입니다. 만약 인간이 손 하나 까딱하지 않고, 나쁜 짓 하나 하지 않고 60평생을 살다가 하나님 앞에 간다고 해도 그 사람은 죄인입니다. 왜냐하면 인간의 삶 자체가 하나님 앞에서는 완전히 탈선된 삶이기 때문입니다.

'죄'라는 말만 없어도 교회에 나오겠다는 사람들이 많다. 그만큼 죄는 기독교의 걸림돌이다. 하지만 기독교 메시지의 중심은 '죄에서 해방된 인간'이기에 죄를 언급하지 않는 기독교란 CPU(중앙연산처리장치)가 빠진 PC와 같다. 문제는 죄의 개념을 어떻게 설명하느냐 하는 것이다. 일반인들이 가지고 있는 가장 진보한 죄 개념이 도덕적 불완전에 대한 자각 정도, 즉 '거짓말을 하지 말아야 하는데 거짓말을 했다'는 양심의 가책이다. 그러나 설교자는 아무리 진보한 죄 개념이라 할지라도 성경적인 것은 아님을 '예증'(illustration)을 통해 정확하게 설명한다. 아울러 한국인들이 선험적으로, 직관적으로 가지고 있고 동의하는 효행사상("부모에게는 죄를 지은 것입니다")을 복음 선포에 지혜롭게 활용하는 기지를 더하고 있다.

고등학생이 부모와 말다툼을 해서 "엄마는 도대체 나를 이해하지 못해!" 하고 소리치면서 집을 나간 후에 밖에 나가서 10년 동안 구두닦이 하고 신문배달하면서 나쁜 짓 안 하고 마침내 훌륭한 사람이 되었다고 해도, 그의 부모 앞에서는 죄인입니다. 집을 뛰쳐나가서 산 10년 동안의 하루하루 생활 전부가 부모에게는 죄를 지은 것입니다.

우리 인간은 하나님이 만드셨습니다. 우리는 하나님의 피조물입니다. 아메바의 후손이 아닙니다. 다 정신없는 소리입니다. 제가 소록도에 집회를 가서 참 이쁜 원숭이 한 마리를 보았습니다. 간호사가 데리고 다니면서 쉬는 시간에 같이 노는데 어떻게 이쁜지 그야말로 미국 사람들의 선조쯤 되는 것 같습니다. 코도 크고 아주 잘생겼습니다. 그래서 품에 안고 가만히 쳐다보았습니다. 이 원숭이가 인간의 선조라니 얼마나 한심한 이야기입니까? 그래서 기념으로 사진을 한 장 찍었습니다. 무슨 기념이냐 하면 '너는 내 선조가 아니다' 하는 기념입니다.

인간은 하나님이 만든 존재입니다. 하나님의 형상을 닮은 존재입니다. 원숭이의 형상은 손톱 끝도 안 닮았습니다. 그런데 왜 인간을 원숭이에 비교하며 그렇게 천시합니까?

　인간은 하나님이 만든 거룩한 존재이기 때문에 거룩한 존재답게, 하나님의 형상을 닮은 존재답게 대해야 합니다. 우리의 삶이 가장 아름답고 이상적인 삶이 되려면, 하나님을 나의 삶의 중심에 모시고 그분을 찬양하고 그분께 경배하고 그분의 뜻을 따르며 그분과 사랑의 교제를 나누면서 살아가는 삶이어야 합니다. 이것이 인생에서 최선의 생활입니다. 이것 이상이 없습니다.

　그러나 사람들이 하나님을 추방해 버렸습니다. 그리고 그 자리에 자신이 앉았습니다. 그래서 자신이 스스로의 인생을 좌우합니다. 그 사람이 아무리 공자처럼 선한 생활을 했다고 하더라도 자기가 왕이 되어서 사는 삶은 죄인의 삶입니다. 하나님 앞에 가면 얼굴을 들지 못합니다.

　두 번째로, 성경은 만물 중에서 가장 썩고 부패한 것이 인간의 마음이라고 했습니다. 우리는 태어나면서부터 더러운 마음을 가지고 태어납니다. 인간이 냄새를 피우는 세계를 한번 보십시오. 마음에서 나오는 더러운 악들이 만들어 놓은 갖가지 인간의 죄악상을 보세요. 인간의 마음이 깨끗합니까? 아닙니다. 하나님의 진리 그대로입니다. 만물 중에서 제일 더러운 시궁창이 인간의 마음이라고 했습니다. 그 마음에서 일어나는 갖가지 더러운 생각과 그 생각대로 행하는 모든 행동, 이것이 죄입니다. 하나님 앞에 가면 하나도 숨기지 못할 것입니다.

　세 번째로, 예수님을 믿지 않는 것이 죄입니다. 하나님의 아들이 십자가에 못 박혀 죽으시고 삼 일 만에 살아나셔서 나를 믿으라고 하십니다. '나를 믿으면 네 모든 죄가 다 용서받고 하나님 나라에 간다'고 초청합니다. 이렇게 하나님의 아들이 직접 세상에 오셨습니다. 하나님의 아들이 직접 인간의 몸을 입고 말구유에 태어났습니다. 세상에 오셔서 죄인들의 틈에 끼어 굶주리고 헐벗으며, 또 멸시받으면서 자신을 믿으라고 우리를 초청합니다. 그런데 사람들은 이러한 하나님의 아들의 초청을 아무 대꾸 없이 거절하고 믿지 않습니다. 이것이 죄입니다. 예수를 믿지 않은 동네가 앞으로 예수님이 다시 오실 때 얼마나 무서운 심판을 받게 될지 성경을 보면 알게 됩니다. 무서운 일입니다.

그러므로 인간이 끔찍한 죄인일 수밖에 없는 이 세 가지 사실을 여러분의 마음속에 잘 기억하십시오. 죄가 없다고 생각하는 분이 있다면 기억하세요. 하나님 없는 삶, 마음속에서 우러나오는 모든 생각과 행동, 예수 그리스도를 공공연히 배척하는 교만한 마음, 이 모든 것이 하나님 앞에는 움직일 수 없는 죄입니다.

이와 같은 죄의 삶은 영원한 저주를 당해야 할 지옥의 사망입니다. 그런데 우리 인간은 예외 없이 죄인입니다. 예수 안 믿는 사람들만 죄인이 아니라 믿는 사람들도 똑같이 죄인입니다.

의인은 없나니 하나도 없으며_롬 3:10

모든 사람이 죄를 범하였으매 하나님의 영광에 이르지 못하더니 _롬 3:23

모든 인간이 다 죄인입니다. 이 죄 문제를 해결해야 하는데, 하나님께서 우리를 너무 사랑하셔서 이 죄 문제를 해결하는 길을 우리에게서 찾지 않고 죄 없는 예수님을 통해서 찾았습니다. 그래서 예수님을 우리 대신 십자가에 처형당하게 하시고 우리는 하나님의 아들로, 죄 없는 사람으로 받기로 작정하신 것입니다. 이것이 십자가의 은혜입니다.

십자가 형장에 모인 무리들은 피를 흘리며 고통당하고 괴로워하는 예수님을 바라보면서도 그 죽음이 자기 때문에 죽는 죽음이라는 것을 아무도 몰랐습니다. 예수님이 예수님 자신의 죄 때문에 죽는다고 생각했습니다.

베드로도, 빌라도도 그랬습니다. 마리아도 그랬습니다. 예수님이 자신의 죄 때문에 죽는 것이지 나 때문에 죽는 것이라고는 생각하지 못했습니다. 그러나 나중에 그들이 성령의 은혜로 눈을 뜨고 그 십자가가 나를 위한 십자가라는 것을 알았을 때에 베드로는 가슴을 쳤습니다. 예수님의 십자가 죽음 옆에서 침을 뱉고 욕을 하던 사람들이 가슴을 치고 통곡하며, 주님 앞에 회개했습니다. 그 십자가의 사랑 앞에 울었습니다. 모든 사람이 목놓아 통곡했습니다. 그러고는 그 사랑을 발견하기 전에 자기가 좋아하던 모든 것을 다 손에서 던져 버렸습니다.

위대한 사랑, 순수한 사랑은 다른 것들을 다 포기하게 만듭니다. 무섭고 신비스런 능력이 있습니다. 그러므로 십자가를 통해 하나님의 진지한 사랑을 발견한 성도들은 세상의 것을 다 내려놓습니다. 내가 영웅이 되겠다는 이상도 포기합니다. 세상에서 내가 남보다 앞서겠다는 것도 포기합니다. 어떻게 이것이 가능합니까? 십자가 앞에서 하나님의 순수한 사랑을 발견하고 보니 그 사랑의 신비스런 능력 앞에 자기가 지금까지 움켜쥐고 있던 것들을 다 놓아 버리게 되는 것입니다.

오늘날 이 세상의 모든 사람들이 십자가를 통해 나타나는 하나님의 이 신비스런 사랑을 발견했다면, 무서운 도둑놈이나 비양심적인 존재들이 되지 않았을 것이요 더러운 인간이 되지 않았을 겁니다. 십자가를 통해서 하나님의 사랑을 발견하지 못했기 때문에 자기가 좋아하는 것에 생명을 걸고 움켜쥐고, 양심도 포기하고 인간관계도 포기하고 심지어 자기 인격까지 팔아가면서 더러운 죄의 노예가 된 것입니다.

오늘날 우리나라가 사는 길, 우리 사회가 좀 더 은혜받고 밝은 사회가 되는 길은, 영혼의 갈증을 안은 채 돈에 하소연하고 명예에 하소연하고 섹스에 하소연하는 모든 사람들이 십자가 앞에서 하나님의 사랑을 발견하고 그 사랑 앞에서 완전히 자기 자신이 녹아지는 길밖에는 없습니다. 그리고 내가 움켜쥐고 있던 모든 것을 다 손에서 떨어버리고 순수한 하나님의 은혜 안에서 하나님의 뜻대로 사는 길밖에 없습니다. 다른 길이 없습니다.

## ○ ○ ○ ○ ○ ○ ○ ○ ○ ○
## 개도 주인을 알아보는데

우리 주변의 많은 사람들이 수없이 십자가를 바라보기도 하고 십자가에 대한 이야기를 듣기도 하지만 왜 그렇게 마음들이 녹아지지 않을까요? 어쩌면 그들은 짐승보다 못한 사람일지도 모릅니다. 저는 전에 사람의교회 교인들에게 다음과 같은 예화를 하나 이야기해 주었습니다.

본문에서 설교자는 '하나님을 떠난 인간'과 '충견'(忠犬)을 대조하고 있다. 한국인은 오래전부터 줄곧 개를 난잡한 동물의 대명사로 여겨왔기 때문에 이 동물에 자신이 비견되는 것을 상당히 불쾌하게 여길 사람들이 많다. 그래서 설교자는 충견의 이름, 이야기의 발상지, 대략적인 연대 등을 제시함으로써 반감을 제거한다.

이탈리아의 어느 작은 마을에 동상 하나가 서 있는데 개의 모습을 한 동상입니다. 그 동상의 이름은 '피도'(Fido)라고 합니다. 그 개의 이름입니다. 그 개는 물에 빠졌다가 죽기 일보 직전에 어떤 신사에게 구출되었습니다. 그리고 그 신사는 그 개를 집에 데려다가 키웠습니다. 미물이고 아무것도 아닌 짐승에 불과하지만 그 개는 주인의 은혜를 알았습니다. 얼마나 주인을 따르고 사랑했는지 주인이 직장에 갈 때는 매일 버스 정류장까지 따라와서 주인을 전송하고, 주인이 직장 일을 마치고 버스를 타고 다시 퇴근할 때쯤 되면 먼저 가서 정류장에서 기다렸습니다. 이렇게 주인을 생명처럼 섬겼는데, 제2차 세계대전이 터졌을 때 주인이 버스를 타고 돌아오다가 그만 버스가 폭탄을 맞아 목숨을 잃고 말았습니다.

그 개는 그날도 어김없이 정류장에 와서 주인을 기다렸습니다. 그런데 주인이 오지 않습니다. 그래도 그 개는 낮이고 밤이고 그 자리를 떠나지 않았습니다. 장장 13년 동안 그 정류장을 떠나지 않았습니다. 그래서 사람들이 음식을 가져다가 그 개한테 먹여 주기도 했습니다.

결국 그 개는 주인이 돌아오기를 밤낮없이 기다리다가 그 정류장에서 죽었습니다. 그래서 사람들이 그 자리에 동상을 세운 것입니다. 자기를 죽을 자리에서 건져 준 주인을 잊지 못하는 짐승도 있는데, 저주받은 죄의 자리에서 구원받고 하나님 나라에 들어갈 수 있는 영원한 생명을 주기 위해 죄 없는 몸으로 친히 오셔서 나를 위해 십자가에 죽으신 예수 그리스도를 보면서도 그 은혜를 알지 못하는 사람들이 얼마나 많은지요!

이사야서에 보면 하나님이 이스라엘 백성들에게 은혜를 모르는 짐승만도 못한 존재라고 꾸짖으셨습니다. "소는 그 임자를 알고 나귀는 그 주인의 구유를 알건마는 이스라엘은 알지 못하고 나의 백성은 깨닫지 못하는도다"(사 1:3)라고 탄식하셨습니다.

십자가는 하나님의 사랑을 우리에게 전해 준, 너무나 비싼 대가를 치른 귀한 것입니다. 십자가가 무엇인지 잘 모르는 분들은 한 가지만 기억하십시오. 나를 대신해서 하나님의 아들이 죽으신 곳이라는 것을 기억하십시오. 하나님이 나를 너무 사랑하셔서 영원한 죽음에 던지지 않으려고 예수님을 나 대신 죽게 만든 곳이라는 것을 기억하십시오. 그러면 성령님께서 여러분의 마음을 열어 주실 것입니다.

그러나 만약 기독교가 십자가에 죽으신 예수 그리스도만을 생각하고 십자가만 쳐다보면서 날마다 눈물만 흘리는 종교라고 한다면 이것은 죽은 종교밖에 되지 않을 것입니다. 예수님은 우리를 위해 자기 몸을 대신 던져 주고 목숨을 던져 주었지만, 죽음이라는 것이 하나님의 아들을 감당할

대조법은 조심해서 써야 할 수사법이다. 대조하는 두(혹 그 이상의) 대상이 긴장감 있게 대척점에 서 있어야 하나, 자칫 잘못해서 그 긴장이 지나쳐 버리면 엉뚱하게 들릴 뿐더러 전달하고자 했던 메시지의 알맹이가 증발할 수 있기 때문이다.

길이 없었습니다. 죽음은 죄인만 받습니다. 죄인만 통과시키게 되어 있습니다. 그런데 갑자기 의인이 들어왔습니다. 그래서 죽음이 하나님의 아들을 받긴 받았지만 도무지 감당하지 못하고 삼 일 만에 토해 놓았습니다. 요나를 삼켜 뱃속에 넣은 고래가 견디지 못하고 다시 요나를 바닷가에 토해 놓았던 것처럼, 죽음에 들어간 예수 그리스도를 사망이 감당하지 못해서 삼 일 만에 토해 놓았습니다. 우리 예수님은 사흘 만에 부활하셨습니다.

주님이 사망의 권세, 죄의 권세를 이기고 모든 인류의 구원자로 무덤을 깨뜨리고 부활하셨습니다. 우리는 이 예수 그리스도를 믿는 사람입니다. 부활에 대해 의심이 생기면 성경을 읽으십시오. 부활에 대해 의심이 가면 부활의 사건을 뒤집어엎으려고 눈에 불을 켜고 덤벼들던 많은 신학자들을 한번 찾아보십시오. 부활에 대해 의심이 나면 부활을 부인하려고 갖가지 방법을 다 동원해서 싸우다가 나중에는 기진맥진해서 쓰러진 수많은 사람들을, 그리고 그들이 써 놓은 글을 한번 보십시오. 부활을 부인할 수 없습니다.

하나님의 아들이 부활하셨습니다. 하나님께서는 이 사실을 믿으라고 하십니다. 나의 죄를 위해 십자가에 죽으시고 삼 일 만에 다시 살아나신 그분만이 나의 영원한 구원자요 예수님만이 진정한 하나님의 사랑을 나에게 전해 주는 분이며, 내 영혼의 갈급함을 채워 주고 내 마음에 평안을 주며 하나님과 깊은 영적 교제를 나누게 하고 영원히 사는

하나님 나라로 초청해 줄 수 있는 진정한 구원자라는 것을 믿으라고 합니다. 마음을 열고 믿으라고 합니다.

> 예수께서 이르시되 내가 곧 길이요 진리요 생명이니 나로 말미암지
> 않고는 아버지께로 올 자가 없느니라_요 14:6

우리 중에 어떤 사람도 우리 자신을 방랑자라고 생각하지 않습니다. 특히 예수 안 믿고 세상에 사는 대부분의 사람들이 받을 교육 다 받았고 사회적으로 보아도 상당히 성공하고 어느 정도 긍지를 가지고 사는 사람들이기 때문에, 누가 와서 물어도 "내가 왜 방황합니까? 나는 내 뜻대로 주관을 가지고 인생을 삽니다" 하고 말할 것입니다.

아무도 방황한다는 말, 숲 속을 헤맨다는 말, 길을 잃어버렸다는 말을 좋아하지 않습니다. 그러나 하나님의 말씀에 잠시 귀를 기울여 봅시다. 하나님께서 이 세상 모든 인간을 앞에 놓고 이렇게 말씀하십니다. "그들이 목자 없는 양과 같이 고생하며 기진함이라"(마 9:36). 그래서 이 인생들을 예수님이 보시고 무척 마음 아파하시고 불쌍히 여기셨습니다. 뿐만 아니라 그분은 인생을 보고 이렇게 말씀하십니다.

> 너희가 듣기는 들어도 깨닫지 못할 것이요 보기는 보아도 알지 못하
> 리라_마 13:14

왜 그럴까요? 예수님은 다시 말씀하십니다.

> 이 백성들의 마음이 완악하여져서 그 귀는 듣기에 둔하고 눈은 감았
> 으니 이는 눈으로 보고 귀로 듣고 마음으로 깨달아 돌이켜 내게 고

귀가 둔해지고 눈이 감겼기 때문입니다. 스스로는 다 아는 것 같고 다 깨달은 것 같고 인생을 다 통달한 것 같지만 하나님께서 보실 때 우리는 듣지도 못하는 귀머거리요 보지도 못하는 맹인입니다. 그러니 더듬거리고 인생을 방황할 수밖에 없는 것입니다.

예수님의 이러한 말씀을 그대로 받아들이는 것이 지혜라고 저는 분명히 고백합니다. 사실 저나 여러분이나 공부하고 싶은 만큼 했습니다. 보고 싶은 책도 읽었습니다. 위대한 사람들의 말도 좀 들어 보았습니다. 숲 속이나 바닷가에 가서 아니면 조용한 한밤중에 무언가 인생의 진리를 찾느라고 생각도 많이 해 보았습니다. 그러나 결과는 한 가지입니다. 우리는 방랑자입니다. 우리 중 아무도 길을 찾았다고 자신 있게 말할 사람이 없습니다. 왜 살고 있는지도 모릅니다. 우리가 만약 죄인이라면 어떻게 이 문제를 해결해야 할지조차 모릅니다.

우리 교회 어떤 자매님의 남편이 암으로 세상을 떠날 때 제가 병원에 몇 번을 들르면서 마지막 임종을 지켜봤는데, 그때 옆 병상에 연세가 지긋한 아마 한 칠십 가까이 되어 보이는 분이 노병이 들어 입원해 계셨습니다. 그래서 제가 "할아버지, 예수님 믿으세요" 했습니다. 그랬더니 "아니요, 나 안 믿어요" 합니다. 제가 다시 "할아버지, 세상 떠나면 어디로 가실 거예요?" 했더니 "그런 거 나 몰라요" 합니다. "지금이라도 예수님 믿으세요" 했더니 "글쎄요" 합니다.

우리 인생이 이와 같습니다. 아무것도 준비가 안돼 있고 아무것도 모르고 전혀 대답을 찾지 못한 것이 우리 인생입니다. 그래서 사람들은, 특히 현대인들은 쉬운 길을 찾으려고 합니다. 쉬운 길이 무엇입니까? 관심을 갖지 않는 것입니다. 그까짓 것 모르면 끝나는 거지 하고 마음의 문을 다 닫아 버립니다.

　도피처가 하나 있습니다. '현실을 한번 즐겨 보자' 그리고 '잊어 보자' 하는 것입니다. 현대인들이 가장 좋아하는 것입니다. 현대인들은 자기 자신을 가장 좋아하고 돈을 좋아하고 쾌락을 좋아한다고 합니다. 이 세 가지 우상을 앞에 놓고는 낮에 절하고 밤에 절하고 새벽에 절합니다. 그들은 그 속에 몰입하면서 모든 것을 잊어 보자고 합니다.

　오스카 와일드(Oscar Wilde, 1854-1900)는 문학을 좀 공부한 사람이라면 다 아는 유명한 사람입니다. 백과사전에도 그의 경력이 상당한 부분을 차지하면서 나옵니다. 그만큼 유명한 사람이지만 그는 이렇게 말합니다. "나는 고상한 것이 다 싫다. 하나님이고 뭐고 고상한 이야기를 하면 골치가 아프고 싫으니까 좀 더 즐기는 방향으로 나가고 싶다." 그래서 그는 돈과 명예를 있는 대로 다 즐기는 데에다 쏟아 바쳤습니다.

　그러나 나중에 그가 감옥에 들어가서 "내가 골방에서 혼자 즐기면서 하던 일 때문에 훗날 내가 지붕 위에서 통곡할 줄은 몰랐다. 내가 쾌락에 나 자신을 맡기자 내 영혼은 이미 방향을 잃었다"고 탄식했습니다. 모든 인간이 정말 심각한 문제에 대해서는 관심을 갖지 않고, '이곳에서 즐기고 잘살다가 끝내자' 하는 식으로 산다면 이와 같은 결론에 도달할 것입니다.

　제가 이전에 시골을 갔을 때입니다. 차를 타고 가면서 보니까 가로수들이 모두 미니스커트를 입었더군요. 짚을 가지고 예쁘게 스커트를 만들어 가로수의 허리에 돌돌 감아 놓았다는 말입니다. 저는 처음에는 '저게 뭘까?' 했습니다. '왜 저렇게 해놨을까? 겨울이 오면 나무도 허리가 아픈가? 그래서 묶어 놓았나 보다' 했습니다. 그런데 나중에 물어보니까 날씨가 추워지면 가로수 나뭇잎에 붙어 있던 벌레들이 모두 그 따뜻한 짚더미 속으로 들어간다고 합니다. 그 안에 들어가면 편안하게 겨울을 지낼 것 같고 잘 넘길 것 같아서 주저하지 않고 전부 다기어 들어갑니다. 그렇게 짚 속으로 다 들어가면, 사람들이 와서 그 짚을 풀어 불에 집어넣는 것입니다.

얼마 후 사람들이 와서 불에 집어넣을 것도 모르고 정신없이 지푸라기 속으로 기어 들어가는 이 벌레들처럼 많은 인생들이 고상한 문제, 심각한 문제들에 대해서는 생각하지 않고 그저 즐기자는 식으로 행동합니다. 우리는 길을 찾아야 합니다. 죄악의 숲 속에서 인생이 비참한 수렁에 빠져 허우적거리며 약간의 즐거움을 생의 전부인 것처럼 착각하고 사는 이 혼돈 속에서 우리는 길을 찾아야 합니다.

○ ○ ○ ○ ○ ○ ○ ○ ○ ○ ○
## 전 세계 최대의 관심사, 예수

어디에서 찾을 것입니까? 누가 우리에게 길을 가르쳐 주겠습니까? 저는 우리에게 이 놀라운 길을 가르쳐 주신 예수 그리스도를 여러분들에게 소개하려고 합니다. 요한복음 14장 6절에는 "내가 곧 길이요 진리요 생명이니 나로 말미암지 않고는 아버지께로 올 자가 없느니라"고 했습니다. 이것만큼 놀라운 예수 그리스도의 선언이 없습니다. 이 지구상의 어느 인간도 자신을 길이요 진리요 생명이라고 한 사람이 없습니다.

캄캄한 어둠 속에서 길을 찾느라고 허우적거릴 때 예수님이 나타나셔서 "내가 길이요 진리요 생명이다"라고 하십니다. 이 말은 예수님이야말로 진리에 이르는 길이요, 생명에 이르는 길이라는 말입니다. 우리 예수님이 자신을 그렇게 선언하셨습니다. 그러면 어떻게 그분이 길이요 진리요 생명이 되시는지, 그 사실을 이야기해 봅시다.

여러분이 성경을 잘 몰라도 한 가지는 분명히 알 수가 있습니다. '왜 세계의 많은 사람들이 예수님에 대해 이렇게 요란스러울까?' 하는 것입니다. 한편에서는 예수 그리스도를 추앙하고 사랑하고 찬양하느라고 정신이 없고, 또 다른 한편에서는 예수를 잡아먹지 못해서 이를 가느라고 정신이 없습니다. 아무튼 전 세계가 예수 그리스도를 중앙에 놓고 야단입니다. 왜 그럴까요? 그분이 길이요 진리요 생명이기 때문입니다.

햄릿 보시라는 유명한 철학자가 말하기를 "소크라테스와 아리스토텔레스, 플라톤 이렇게 세 사람이 합해서 103년 동안 인류에게 지혜를 가르치고 철학을 가르쳤지만, 예수님은 단 3년을 가르쳤다. 그러나 이 3년이 위대한 고대 철학자 세 명이 가르친 103년보다 더 큰 영향을 지구상에 남겼다"고 했습니다.

이것은 아무도 부인하지 못할 것입니다. 예수 그리스도를 우리에게 소개하고 예수님이 우리에게 생명이며 길이라는 것을 분명히 증거하는 것은 성경입니다. 한 해 동안 미국과 유럽에 있는 성서공회에서 출판해서 판매하는 성경만도 모두 5억 권입니다. 우리 한국과 아시아를 다 합하면 아마 7, 8억 권은 될 것입니다.

성경은 전 세계의 1,739개 언어로 번역되어 전 인구의 97%의 사람들이 자기 나라 말로 된 성경을 가지고 있습니다. 왜 세계가 이와 같은 관심을 가질까요? 그분이 인류를 위한 유일한 길이기 때문입니다. 여러분이 다른 사람은 무시해도 좋습니다. 세상의 어떤 유명한 사람이 여러분 앞에 나타났을 때 무시해도 좋습니다. 그러나 예수님만은 무시하지 마십시오. 예수님을 무시하는 것은 자기 자신을 무시하는 겁니다. 예수님을 무시한다는 것은 있을 수가 없습니다. 그것은 천상천하유아독존 격인 교만한 사람이 아니고는 할 수 없는 일입니다. 그분만이 우리 인간에게 참진리를 가르쳐 주는 길이요 생명이기 때문입니다.

그러나 한 가지 더 중요한 문제가 있습니다. 예수님은 "내가 길이요 진리요 생명이기 때문에 나를 통하지 않고는 하나님 앞에 구원받을 수 없다"고 잘라서 말씀하셨습니다. 예수님 자신만이 진리라는 말입니다. 자신만이 유일한 구원자란 말입니다. 자신만이 인생을 구원할 수 있다는 말입니다.

여기서 우리가 기억해야 할 것이 있습니다. 예수님만이 인간과 하나님이 원수 되었던 관계에서 화목을 이루게 해 주는 길이요, 예수님만이 죄악 속에서 살다가 죄악 때문에 죽는 인간이 죄 용서함을 받을 수 있는 유일한 길이요, 예수님만이 영원히 사는 하나님 나라로 들어갈 수 있는 길이라는 것입니다.

언젠가 제가 연세대학교 캠퍼스에 전도하러 나갔다가 지금 인천 간호대학에서 교수로 일하고 있는 좋은 자매님 한 분을 만나서 예수님을 전했습니다. 그랬더니 처음부터 하는 말이 대뜸 "기독교는 싫어요. 그렇게 독선일 수가 없어요. 불교의 스님을 만나 보고 다른 종교를 믿는 사람들을 다 만나 봐도, 모든 종교는 결국 하나의 정상에 올라가기 위한 각기 다른 코스들일 뿐이라고 이야기하는데 왜 유별나게 기독교만 예수밖에 구원자가 없다고 하는지 모르겠어요. 저는 그것이 싫어요. 신사답지 못해요" 하는 것입니다.

저는 그 말을 듣고 '그런 말을 할 수도 있겠구나' 하고 생각했습니다. 그러나 거짓은 거짓에 대해 관용할 수 있지만, 진리는 거짓에 대해 관용하지 못합니다. 거짓말하는 사람들이 한집에서 같이 살 수는 있습니다. 절대 싸우지 않을 것입니다. 상대방이 거짓말한다고 해서 화를 내지도 않을 것입니다.

그러나 진리는 거짓과 한집에 살지 못합니다. 진리는 항상 거짓에 대해 칼을 뽑습니다. 타협이나 절충이라는 것은 있을 수가 없습니다. 힌두교와 마호메트교는 상황에 따라 손도 잡을 수 있습니다. 유교와 불교는 서로 손잡고 "우리는 결국은 한 진리를 향하여 같이 걸어간다"고 말할 수 있을 것입니다. 그러나 기독교는 절대 그렇게 못합니다.

예수님이 "내가 곧 길이요 진리요 생명이니 나로 말미암지 않고는 아버지께로 올 자가 없느니라"(요 14:6)고 명확하게 말씀하셨기 때문입니다. 예수님이 이렇게 분명하게 말씀하신 이상 타협이 있을 수가 없고, 다른 종교와 기독교가 같다는 그런 거짓말을 할 수도 없습니다.

제가 로스앤젤레스에 있는 멜로디랜드교회(Melodyland Church)에서 인도에서 힌두교를 믿던 교수 한 분이 와서 특강하는 것을 들은 적이 있습니다. 그분은 힌두교의 아주 유명한 학자였습니다. 힌두교에서 평판이 좋았던 학자입니다. 그러나 힌두교를 아무리 믿어 봐도 밑도 끝도 없습니다. 결론이 나질 않습니다. 힌두교에 대해서 알면 알수록 마음속에 공허감만 생깁니다.

그래서 고민에 빠져 있을 때 그를 잘 아는 어떤 자매가 찾아와서 예수를 한번 믿어 보라고 권했습니다. 그는 그 말을 예사로 듣고 넘겼습니다. 그러나 자꾸 고민이 심해지니 며칠이고 방에 앉아서 밖으로 나가지도 않게 되었습니다. 그런데 귓전에서 자꾸 "예수를 한번 믿어 보라"고 했던 자매의 목소리가 들리는 듯합니다. 그래서 예수가 무엇인지 한번 알아보기나 해야겠다고 생각하고, 예수를 알기 위해 교회를 찾아갔습니다. 그런데 그때 하나님께서 그의 눈을 열어 주셨습니다. 그리고 놀라운 사람으로 변화되었습니다.

그가 한번은 인도의 뉴델리에서 택시를 탔는데, 합승을 하다 보니 운전사까지 네 사람이 함께 탔다고 합니다. 우리나라에만 합승이 있는 줄 알았는데 거기도 합승이 있나 봅니다. 택시를 타고 가다가 서로 소개를 하게 되었는데 각기 종교가 다 다르더랍니다. 힌두교와 이슬람교, 그리고 불교인이었습니다. 그래서 그 택시의 운전사와 나머지 손님 두 사람은 서로 껄껄대면서 "아, 우리는 다 똑같은 길을 가는군요. 종교는 달라도 결과는 다 한 진리로 향하지요. 신은 하나니까요" 하고 서로가 상통한다고 하면서 인사를 하는데, 그는 가만히 앉아 있다가 "아니요. 당신들은 같은 배를 탔는지 모르지만 나는 그 배에 타지 않았어요. 나는 다릅니다"라고 말했다는 간증을 들었습니다.

옳습니다. 절대로 같은 배에 타지 않았습니다. 예수님만이 진리입니다. 예수님만이 진리이며, 예수님만이 우리 인류의 유일한 구원의 길입니다.

## 양자택일, 중립은 없다

이것이 사실임을 두 가지 이유로 증명할 수 있습니다.

첫 번째는, 예수님은 하나님이 인간에게 지정하신 유일한 구원자이기 때문입니다. 누가 구원을 시킵니까? 하나님이 시킵니다. 누가 구원을 받습니까? 인간이 받습니다. 우리가 이것을 구별해야 합니다. 구원은 사람이 시키는 것이 아닙니다. 구원을 철학자가 시키는 것이 아닙니다. 구원은 하나님이 시키는 것입니다. 우리가 하나님으로부터 버림을 받았기 때문입니다. 그래서 하나님께 구원을 받아야 하는 것입니다.

우리가 하나님에게서 멀리 떨어져 있기 때문에 우리는 방황하고 있는 것입니다. 그러니 구원은 하나님이 시키는 것입니다. 구원을 하나님이 시킨다면 구원자를 선택하는 것도 하나님의 손에 달려 있습니다. 성경에 보면 분명히 하나님이 말씀하셨습니다.

다른 이로써는 구원을 받을 수 없나니 천하 사람 중에 구원을 받을
만한 다른 이름을 우리에게 주신 일이 없음이라_ 행 4:12

예수 그리스도 외에는 아무도 구원자를 주지 않았다고 했습니다.
그러니 예수님 외에는 우리에게 참된 길이 없습니다.

두 번째는, 예수님과 같은 자격을 갖춘 구원자가 이 세상에 따로 없
기 때문입니다. 하나님에 대해서 가장 잘 가르쳐 줄 수 있는 사람은 하
나님에게로부터 와야 합니다. 예수님은 하늘에서 오신 분입니다. 또
죄인을 구원하려면 죄와 관계없는 사람이어야 합니다. 예수님은 죄가
없습니다. 또한 죄인을 구원하려면 죗값을 지불해야 합니다. 죗값을
지불하기 위해서는 죄인을 위해 죽어야 합니다. 그런데 우리를 위해
죽었다고 분명하게 역사에 기록을 남긴 분은 예수님 한 분밖에 없습
니다. 이 땅 위에 구원자로서 이 같은 자격을 갖춘 분이 없습니다.

그러므로 주님이 말씀합니다. "나는 길이요 진리요 생명이니 나로
말미암지 않고는 아버지께로 올 자가 없느니라. 내 살을 먹고 내 피를
마시지 않는 자는 영생이 없다. 내 이름을 믿지 않는 자는 분명히 하나
님의 진노가 그 위에 머물러 있다"고 말씀했습니다.

예수 그리스도를 단순히 적당한 도덕군자로 대우하지 마십시오.
아마 어떤 사람은 예수님을 위대한 성자 중의 한 사람으로 생각한다
든지, 기독교인들이 추앙하는 사람으로 생각할지 모릅니다. 그러나
그렇게 생각해서는 안 됩니다.

C. S. 루이스(C. S. Lewis, 1898-1963)는 케임브리지 대학의 교수였고
상당히 오랫동안 불가지론(不可知論)을 주장하던 사람이었습니다. 불
가지론자는 "영에 관한 것, 하늘에 관한 것은 우리가 잘 모르니까 모
르는 그대로 접어 두자"고 주장하는 사람입니다. 그런데 그가 예수님

을 믿고 구원받아 새사람이 된 다음에는 이렇게 말했습니다.

"이 세상의 사람들이 예수님을 도덕군자로 대우하는 이런 어리석은 짓을 하도록 내버려 두지 말자. 성경을 자세히 보라. 예수님의 음성을 한번 들어 보라. 그분의 말에, 그 입술에 귀를 대고 곰곰이 생각하면서 들어 보라. 세상에 '내 살을 먹고 내 피를 마시지 않는 사람은 영생이 없다'고 말하는 사람이 어디 있었는가? '내가 길이요 진리요 생명이니 나로 말미암지 않고는 아버지께로 올 자가 없느니라'고 이렇게 말하는 사람이 천하에 어디 있었는가? 예수님은 둘 중의 하나다. 정말 하나님의 아들이요 우리의 구원자이든지, 아니면 미친 사람이요 사기꾼이든지 둘 중의 하나다. 도덕군자니 뭐니 하는 그런 식의 중간은 없다."

"내 살을 먹지 않고 내 피를 마시지 않는 자는 영생이 없다"고 말하는 사람을 도덕군자라고 말할 수 있습니까? 이 말은 "십자가를 믿지 않는 자는 구원을 받지 못한다"는 말을 비유로 한 말씀입니다. 이렇게 말하는 사람을 도덕군자로 세울 수 있습니까? "나와 하나님은 하나다. 나를 본 자는 하나님을 보았고 나를 보지 못한 자는 하나님을 보지 못했다"고 말하는 사람을 도덕군자라고 말할 수 있습니까? 그럴 수 없습니다. 그러므로 양자택일을 해야 합니다. 하나님이든지 사기꾼이든지 둘 중 하나입니다. 어떻게 중간에 있습니까?

오늘날 지식인이라는 사람들, 그래도 사리를 제대로 판단한다고 하는 사람들이 예수님에 대해서 더 잘 모르는 것 같습니다. 성경을 좀 더 분명히 보시길 바랍니다. 예수님은 도덕군자라는 카테고리 속에 넣어서 적당히 해석하고 넘어갈 분이 못됩니다. 그분의 말씀을 잘 보십시오. 보통 인간은 절대 그런 소리를 못합니다. '하나님의 아들이기 때문에 이렇게 말씀하시는구나' 싶으면 이분 앞에 굴복하고, 그렇지 않은 사람은 모두 예수님을 미친 사람으로 취급하는 것입니다. 둘 중 하나입니다.

그러므로 이 예수 그리스도를 발견한 사람들은 드디어 눈을 뜨게 됩니다. '아, 예수님만이 나의 구원자구나. 예수님만이 나에게 진리를 가르쳐 주는 유일한 길이구나' 하는 것을 깨닫게 되는 것입니다. 여러분, 예수님을 잘 믿는 성도들에게 가서 여러분들이 아직도 해답을 얻지 못한 모든 문제들을 한번 물어보십시오. 그 성도들의 손에 성경 한 권만 쥐어 주고 물어보십시오. 그리고 그들이 뭐라고 대답하는지 한번 들어 보십시오. 여러분들이 박사가 되어도 도무지 깨닫지 못하는 진리를 초등학교밖에 나오지 못한 크리스천이 줄줄 대답할 것입니다. 예수님이 모든 것을 가르쳐 주셨기 때문입니다. 그러므로 예수 앞에 나오는 사람은 그분 앞에 완전히 굴복하게 됩니다. "오 주여, 당신이야말로 나의 구원자, 나의 하나님입니다. 제가 당신 앞에 굴복합니다."

굴복하기 싫다면 그분의 얼굴에 침을 뱉으십시오. 굴복하기 싫다면 그분을 하나님으로 대우하지 않는 것이기 때문입니다. 도덕군자로 생각지 마십시오. 그런 값싼 선입관을 가지고 여러분이 예수님을 대할 수가 없습니다. 마취를 할 때 쓰는 클로로폼이라는 약이 있습니다. 그 약을 처음으로 발견한 사람이 제임스 심프슨(James Simpson, 1811-1870) 경입니다.

이 사람이 말년에 제자들을 앞에 놓고 여러 가지 이야기를 나누는 중에 제자들에게서 이런 질문을 받았습니다. "선생님, 선생님의 일생 가운데 가장 위대한 발견을 했다고 생각하는 것이 무엇입니까?" 그 제자들은 자기 스승이 '내가 발견한 것 중 가장 위대한 것은 클로로폼이지'라고 대답할 줄 알았습니다. 그러나 그 노 교수의 입에서 나온 대답은 달랐습니다. "아, 나의 인생에서 최대의 발견은 나사렛 예수 그리스도가 나의 구원자라는 사실을 발견한 것이야."

성령께서 이 자리에 임재하셔서 여러분의 마음을 열어 주시기를 바랍니다. 여러분의 눈을 열어 주시기를 바랍니다. 그래서 예수 그리스도가 우리의 유일한 길이요 구원자요 생명이라는 것을 발견하는 시간이 되기를 바랍니다. 이것만이 여러분이 사는 길입니다.

## 내가 곧 길이요, 진리요, 생명이니

1973년에 제가 〈크리스채너티 투데이〉(Christianity Today)라는 잡지에서 발견한 충격과 감화를 받은 내용이 있습니다. 구 소련에 어떤 물리학도가 있었습니다. 그는 레닌그라드에서 물리학을 전공하고 있었습니다. 그런데 한번은 자기 스승의 연구실로 들어가서 스승과 자기 연구 분야에 대해 대화를 나누던 중 스승이 잠깐 자리를 비운 사이 그 학생이 무심코 그 선생님의 책상 서랍을 열어 보게 됐습니다. 그러자 이상한 책이 하나 나왔습니다. 새빨간 책입니다. 그 책을 펴 보고는 '아, 이것이 공산당이 절대 가지면 안 된다고 하는 그 성경이구나' 하는 것을 알게 되었습니다.

그 성경책을 그가 쓱 훑어보는데 그때 하나님께서 그 사람의 눈을 열어 주셨습니다. "예수께서 이르시되 내가 곧 길이요 진리요 생명이니 나로 말미암지 않고는 아버지께로 올 자가 없느니라"(요 14:6). 그는 그 말씀을 읽고 강한 인상을 받았습니다. 그런데 마침 스승이 돌아오는 발소리를 듣고는 재빨리 덮어서 서랍에 집어넣었습니다.

그는 그 학교를 졸업했습니다. 그러나 불행히도 그 스승은 성경을 가지고 있었다는 것이 후에 발각되어 행방불명이 되어 버렸습니다. 그 사실이 그 젊은 학생에게는 또 깊은 충격을 주었습니다. '내가 곧 길이요 진리요 생명이니…. 나는 공산당 외에 진리가 없는 줄 알았고, 길이 없는 줄 알았는데 예수라는 사람은 그런 말을 했구나. 스승은 탁월한 학자로 아무 어려움 없이 대우받고 살 수 있는 사람인데 무엇 때문에 그 예수를 믿어 행방불명이 되었을까?' 그는 가슴에 깊은 충격을 받았습니다.

그 학생이 후에 소련에서 손꼽히는 탁월한 물리학자가 되었습니다. 레닌의 상까지 받은 사람입니다. 그런데 그가 한번은 시골에 가다가 밤이 너무 어두워서 어떤 창고에 들어가 밤을 지내게 되었습니다. 창고에는 풀더미가 쌓여 있었습니다. 그는 풀더미 위에 올라가서 잠을 잤습니다. 그런데 한참 잠을 자다 보니 풀더미와 풀더미 사이에 푹 꺼져 있는 자리로 빠져들어 가게 되었습니다. 한참 빠져들어가다 보니 올라오려고 아무리 몸부림을 쳐도 올라오지 못하고 계속 빠져들어 갑니다. 그런데 발바닥에 책 같은 것의 감촉이 느껴졌습니다. 그래서 엎드려서 주워 보니 전에 스승의 방에서 보던 것과 비슷한 성경책이었습니다.

그는 그때 스승의 방에서 보았던 성경 구절을 생각하고 그 구절을 이리저리 찾아보았습니다. 그러자 또 우연히 하나님께서 그 말씀이 눈에 띄게 해 주셨습니다. "나는 길이요 진리요 생명이니 나로 말미암지 않고는 아버지께로 올 자가 없느니라." 그는 '야, 이것 참 이상하다' 하고 생각했습니다.

그런데 한번은 그가 소련의 대표자로 캐나다에서 열리는 국제물리학회에 참석하게 되었습니다. 그는 전혀 사상에 대한 의심을 받지 않았기 때문에 자유롭게 서방 나라인 캐나다에 갈 수 있었습니다. 그는 캐나다에 있는 힐튼호텔에 들어가 여장을 풀었습니다. 그러고는 서랍을 열어 보았는데 거기에 성경이 있었습니다. 해외 여행을 해 본 사람은 알 수 있을 겁니다. 기드온성서협회에서 보내는 무료 성경이 호텔마다 서랍에 비치되어 있습니다. 그래서 그는 이번엔 어렵지 않게 그 본문을 다시 찾을 수 있었습니다. 그리고 시간적인 여유가 있었기 때문에 곰곰이 생각해 볼 수 있었습니다. '왜 예수라는 사람은 자기를 진리라고 했을까? 길이라고 했을까? 생명이라고 했을까? 왜 우리 교수님은 그와 같은 예수 때문에 저렇게 불행한 인생을 살게 되었을까? 왜 소련에 있는 수많은 크리스천들이 생명을 빼앗기면서까지 예수를 포기하지 않고 시베리아 벌판으로 유배를 당할까? 여기에는 그야말로 길이 있구나. 진리가 있는 모양이다. 내가 이때까지 공산주의를 신봉해 왔지만 여기에는 분명히 허구가 많고 거짓이 많고 잘못된 것이 많다.'

이렇게 깊이 생각하는 가운데 성령께서 그의 마음을 사로잡았습니다. 눈을 뜨게 해 주셨습니다. 그래서 그는 캐나다에 있는 미국 대사관에 정치적 망명을 요구했습니다. 다시는 지옥 같은 곳으로 돌아가고 싶지 않았습니다. 그래서 그가 정치적 망명을 허락 받은 후에 기자회견을 한 내용이 제가 읽은 잡지에 나온 내용입니다. 기자들이 질문하고 그가 대답한 것을 그대로 옮겨 쓴 것입니다.

여러분, 예수 그리스도를 진정 바로 발견합시다. 그분만이 위대한 길입니다. 유일한 길입니다. 예수 그리스도만이 우리 인류를 구원할 수 있는 유일한 구원자입니다. 그분만이 우리 인간의 모든 문제를 해결해 주십니다. 어려운 수수께끼와 같은 인생의 복잡한 질문에 대해 예수님만이 대답할 수 있습니다.

자신의 내면 속에 있는 깊은 고민, 불안, 공포가 무엇인지 해답이 나지 않아 저녁이면 자다가 깨어나 한동안 잠을 자지 못하면서 인생의 허무를 안고 뒤척거리지 않습니까? 이럴 때 여러분이 갖는 마음의 공허감, 이 모든 것에 대해 대답할 수 있는 분은 예수 그리스도 한 분밖에 없습니다.

여러분, 지금도 예수님은 피 묻은 손으로 여러분의 마음 문을 두드리고 계십니다. 여러분은 벌써부터 그 소리를 들었을 것입니다. 아내를 통해서나 이웃과 친구를 통해서 들었을 것입니다. 아니면 회사의 직원들을 통해서 들었을 것입니다. 아니면 중고등학교 때나 초등학교 때 교회에 가서 들었을 것입니다. 아직도 예수님의 문 두드리는 소리는 끊어지지 않고 여러분의 마음을 두드릴 것입니다. 왜 지체합니까? 마음을 여세요. "오, 주님! 주님이야말로 나의 구원자입니다. 주님, 이제까지 주님 앞에 잘못한 것을 회개합니다. 내 마음을 엽니다. 주님, 내 죄를 용서하시고 내 마음의 보좌에 오셔서 나를 지배해 주옵소서" 하고 고백하십시오.

# 2

# 구조받아야
# 합니다

'내가 내 하나님이지'라고 생각하는 분들, 행복하십니까?
괜히 위장하지 마십시오. 하나님이 없는 사람의 삶에는
절대 살아가는 참 재미가 없습니다. 당신의 가장 절실한 문제가 무엇입니까?
미루지 마십시오.

로마서 3:10-27

10 기록된 바 의인은 없나니 하나도 없으며 11 깨닫는 자도 없고 하나님을 찾는 자도 없고 12 다 치우쳐 함께 무익하게 되고 선을 행하는 자는 없나니 하나도 없도다 13 그들의 목구멍은 열린 무덤이요 그 혀로는 속임을 일삼으며 그 입술에는 독사의 독이 있고 14 그 입에는 저주와 악독이 가득하고 15 그 발은 피 흘리는 데 빠른지라 16 파멸과 고생이 그 길에 있어 17 평강의 길을 알지 못하였고 18 그들의 눈 앞에 하나님을 두려워함이 없느니라 함과 같으니라 19 우리가 알거니와 무릇 율법이 말하는 바는 율법 아래에 있는 자들에게 말하는 것이니 이는 모든 입을 막고 온 세상으로 하나님의 심판 아래에 있게 하려 함이라 20 그러므로 율법의 행위로 그의 앞에 의롭다 하심을 얻을 육체가 없나니 율법으로는 죄를 깨달음이니라 21 이제는 율법 외에 하나님의 한 의가 나타났으니 율법과 선지자들에게 증거를 받은 것이라 22 곧 예수 그리스도를 믿음으로 말미암아 모든 믿는 자에게 미치는 하나님의 의니 차별이 없느니라 23 모든 사람이 죄를 범하였으매 하나님의 영광에 이르지 못하더니 24 그리스도 예수 안에 있는 속량으로 말미암아 하나님의 은혜로 값없이 의롭다 하심을 얻은 자 되었느니라 25 이 예수를 하나님이 그의 피로써 믿음으로 말미암는 화목제물로 세우셨으니 이는 하나님께서 길이 참으시는 중에 전에 지은 죄를 간과하심으로 자기의 의로우심을 나타내려 하심이니 26 곧 이때에 자기의 의로우심을 나타내사 자기도 의로우시며 또한 예수 믿는 자를 의롭다 하려 하심이라 27 그런즉 자랑할 데가 어디냐 있을 수가 없느니라 무슨 법으로냐 행위로냐 아니라 오직 믿음의 법으로니라

# 구조받아야
# 합니다

나는 정말 구원이 필요한가? 이것은 대단히 중요한 질문입니다. 당신이 무슨 대답을 하느냐에 따라 영원한 장래가 좌우됩니다. 수많은 사람들이 자기 자신이 누구인가를 잘못 알고 있기 때문에 스스로 속고 있고 구제 불능의 운명을 자초하고 있습니다. 이 분명한 대답을 위해 당신은 하나님의 말씀 앞으로 나와야 합니다. 인간의 영적 상태를 정확하게 진단할 수 있는 분은 우리의 창조자 하나님뿐입니다.

여러분 스스로가 한번 돌이켜 물어보십시오. '내가 꼭 구원이 필요한 사람인가?' 저는 이 사실을 제 말로 이야기하려는 생각은 추호도 없습니다. 제 말로 설득시킬 자신도 없습니다. 또 제 자신도 여러분과 똑같은 사람이고 하나도 나은 것이 없습니다. 단지 여러분보다 하나님의 말씀을 조금 먼저 발견하고, 하나님의 말씀을 통해서 '참 사실이 그렇구나' 하는 것을 먼저 깨달았을 뿐입니다.

그러므로 저는 성경 말씀, 즉 하나님의 말씀 그대로를 여러분에게 소개하려고 합니다. 이 성경에 대해 여러분이 어떤 선입관을 갖고 있을지도 모릅니다. 그러나 가능하면 선입관은 좀 없애 주었으면 좋겠습니다. 오늘날 현대인들 중에는 성경에 대해 지나치게 과소평가하는 사람들이 있는데 저는 그 사람들을 지성인으로 보지 않습니다. 성경을 모르면 가만히 있지, 알지도 못하면서 떠드는 것만큼 무식하고 천박해 보이는 사람이 없습니다. 모르면 차라리 가만히 있는 것이 좋습니다.

## 2천 년 동안의 베스트셀러

유명한 어떤 작가가 쓴 책이 베스트셀러라고 하면 흔히들 돈이 없더라도 꼭 사 보고, 읽고 나서는 뭐 대단한 걸 읽은 것처럼 서로 토론도 합니다. 그렇다면 도대체 이 성경은 어느 정도 파워를 가진 책입니까? 지금부터 1900년 전으로 거슬러 올라가서 그 이전의 1500여 년 동안 기록된 하나님의 말씀이 바로 이 성경입니다. 이 한 권을 기록하는 데 1500년이 걸렸습니다. 그것도 인쇄술도 없고 종이조차도 제대로 활용하지 못하던 원시시대에 1500년 동안 기록되어 한 책으로 묶여진 것입니다.

어쩌면 이 책을 조금 읽어 보신 분도 있을 겁니다. 아마 읽어 보다가 너무 어처구니가 없다고 생각하고 덮어버린 분도 상당히 많을 것입니다. 이렇게 거짓말 같아 보이고 기독교에서 따분하게 이야기하는 것을 적어 놓은 듯한 책이지만 오늘날 2000년이 지난 지금까지 이 성경책이 끼친 영향이 어느 정도입니까? 이 성경은 우리의 구원자 되시는 예수님을 이야기해 줍니다. 인류가 구원받을 수 있는 길을 가르쳐 줍니다. 동시에 인류가 어떻게 살아야 할 것인가를 보여 주는 유일한 진리입니다. 이 진리가 얼마나 큰 힘이 있는지 알아야 합니다.

메카피라는 학자는 "만약에 이 세상에서 성경을 전부 다 쓸어모아 불태워 버리고 이 땅에 하나도 남겨 놓지 않는다고 가정하자. 그러나 그렇게 한다고 하더라도 국립도서관이나 대학에 있는 도서관에 가서 각 분야의 책을 뒤지다가 그 속에서 성경을 인용한 글들을 전부 다 수집해서 다시 모으면, 성경 한 권이 그대로 다시 나올 것이다"라고 했습니다.

역사 분야를 보십시오. 과학 분야를 보십시오. 모든 인류학과 심리학, 심지어 자연과학 분야까지 전부 들어가 보십시오. 성경이 끼친 영향이 없는 곳이 어디 있나요? 그러므로 그 인용된 성경의 내용을 다 모으면 성경 전체의 내용이 다 들어 있을 정도입니다. 그만큼 하나님의 말씀은 인류 역사를 끌고 가는 원동력이 됩니다.

동시에 이 성경이 현재 1년에 어느 정도 판매되고 있는지 아십니까? 한국에서 베스트셀러가 되려면 5만 권이 팔리면 된다고 합니다. 또 미국에서는 백만 권이 팔려야 한답니다. 그런데 성경은 아시아와 아프리카를 빼고 그 외의 구미와 남미와 북미를 전부 합해서 최근 통계로 4억 권이 팔렸습니다. 그러니까 아시아와 아프리카까지 합하면 6억 권을 웃돕니다. 1년에 6억 권이 팔린다는 것입니다. 1년에 6억 권이 팔리는 책이 하나님의 말씀이라고 한다면 아무리 하나님을 반대하는 사람이고 성경에 대해 기분 나쁜 선입견을 가졌던 사람일지라도 한 번은 성경 앞에 겸손히 앉을 필요가 있습니다.

한국에서도 제일 빨리 팔리는 책이 성경입니다. 인쇄소에서 찍어내기가 바쁩니다. 그 정도로 불티나게 팔리는 이유가 어디 있습니까? 이 말씀이 살아 있는 하나님의 말씀이기 때문입니다. 또 읽는 사람의 마음을 사로잡는 이유가 무엇입니까? 하나님의 말씀이기 때문입니다.

박정희 전 대통령이 아무리 세도 있는 말을 많이 했다고 해도 그 사람이 죽고 나면 그 말도 죽어 버립니다. 요즘 누가 박 대통령 이야기를 귀담아듣겠습니까? 그러나 성경 말씀은 오늘까지 살아 있는 이유가 있습니다. 이 말씀을 기록한 하나님이 살아 계십니다. 살아 계시기 때문에 그분의 입에서 나오는 모든 말씀은 진리입니다.

동시에 하나님은 전 우주와 전 인류를 만드신 창조자입니다. 병이 들면 어디 가서 진단받습니까? 의사에게 가서 진단받습니다. 그러나 의사는 우리 내면의 영적 병은 진단하지 못합니다. '사람이란 무엇인가? 내가 누구인가?'를 찾아보려면 나를 만드신 분 앞에 가서 앉아야 합니다.

어린아이가 "엄마, 나는 누구야?" 하고 물을 때 가장 대답을 잘 해 줄 수 있는 사람은 그 아이를 낳은 어머니입니다. 마찬가지로 인간이 "나는 누구인가?" 하고 물을 때에 가장 대답을 정확하게 할 수 있는 분은 하나님입니다. 그분이 인간을 만드셨기 때문입니다. 그러면 하나님은 무엇을 통해서 대답합니까? 바로 이 성경을 통해서 대답합니다.

## 하나님을 닮은 사람

그러면 성경에서 나는 누구라고 말합니까? 나는 하나님이 만든 피조물입니다. 나는 하나님이 만든 사람입니다. 하나님이 나를 만드셨습니다.

> 하나님이 자기 형상 곧 하나님의 형상대로 사람을 창조하시되 남자
> 와 여자를 창조하시고_창 1:27

원숭이에게서 사람이 진화됐다는 말을 듣다가 이 말씀을 들으면 얼

마나 시원한지 모릅니다. 아직도 자신이 원숭이의 후손이라고 생각하는 분이 있습니까? 요즘도 초등학교 선생님들이 여전히 그렇게 가르치나 봅니다. 꼬마들이 학교에 갔다가 와서 "아빠, 우리 사람은 원숭이한테서 났대"라고 합니다. 얼마나 사람의 기를 죽여 놓습니까? 저도 도대체 무엇이 닮았기에 그러나 해서 원숭이를 자세히 쳐다보기도 했습니다만, 조금 닮은 것 같기는 해도 저게 우리 조상이고 또 사람들이 그것을 무턱대고 믿고 있다고 생각하면 사람들이 똑똑한 것 같아 보여도 그렇게 바보스러울 수가 없습니다.

요즘 진화론은 점점 시들어 가는 학설에 지나지 않습니다. 진화론을 주장하던 학자들도 지금은 이 세상은 창조자가 만든 것이라는 학설로 점점 굳어지고 있습니다. 〈타임〉(Time) 지 같은 데서 나오는 최근의 정보들을 한번 보십시오. 세계 우주의 생성문제를 논의하는 우주 과학자들이 계속해서 연구하면 연구할수록 결론은 진화론 때문에 세상이 생겨난 것이 아니라 창조자가 분명히 계시다는 쪽으로 납니다.

그러나 성경은 과학자들의 말을 듣기 수천 년 전에 이미 이 세상은 하나님이 만드셨고 그 가운데서도 인간은 하나님께서 자기 형상대로 만들었다고 말하고 있습니다. 자신의 인물에 대해서 항상 자신 있는 사람은 별로 없습니다. 누구든지 거울을 쳐다볼 때마다 '어쩌면 저렇게 못났지' 하고 생각합니다. 오늘부터는 집에 돌아가서 거울을 쳐다보고 이렇게 말해 보십시오. "나는 하나님을 닮았다."

경제적으로 안정되고 높은 교육을 받은 사람일수록 자의식(自意識)이 강하다. 외모뿐 아니라 자신의 주체성을 확보하기 위해 늘 투쟁하는 분위기로 살아간다. 한마디로 자기실현의 욕구가 강한 것이다. 하지만 욕구가 강하다는 것과 충족됐다는 것은 언제나 별개의 문제다. 설교자는 이 틈새를 파고든다. 말은 재미있게 했지만 충족되지 않는, 아니 충족될 수 없는 자의식의 뿌리에는 하나님을 떠난 상실감과 그분과 유리된 소외감이 작용함을 넌지시 흘린다.

어제까지 원숭이를 닮았다고 생각했지만 오늘부터는 하나님을 닮았다고 생각해 보십시오. 자기 자신을 보는 눈이 완전히 달라집니다.

구조받아야 합니다

우리는 하나님을 닮았습니다. 그러나 그러면 하나님이 우리와 같은 모습이 있느냐 하고 묻는다면 이것은 좀 다른 차원의 문제입니다. 왜냐하면 있다고도 할 수 있고 없다고도 할 수 있기 때문입니다. 없다고도 할 수 있는 이유는 하나님은 영이시기 때문입니다. 형체가 없습니다. 그러나 있다고도 말할 수 있는 것은 예수님이 부활하신 후 승천하실 때 우리와 똑같은 모습이었기 때문입니다. 그래서 그것은 하나님 나라에 가 봐야 알 수 있을 것 같습니다.

그러나 우리가 하나님을 닮았다고 하는 것은, 지성과 감성과 우리에게 있는 모든 의지와 영적인 자아가 하나님을 닮았다는 말이지, 단순히 외모가 닮았다는 말이 아닙니다. 우리는 하나님을 닮은 사람들입니다. 자기 가치를 발견하십시오. 우리는 하나님의 형상을 닮은 하나님의 피조물입니다.

왜 하나님이 우리를 만드셨을까요? 성경은 "이 백성은 내가 나를 위하여 지었나니 나를 찬송하게 하려 함이니라"(사 43:21)라고 말합니다. '나를 위하여 지었다'는 것은 바로 하나님을 위해 만들었다는 뜻입니다. 그러면 하나님을 위한다는 것이 무엇입니까? 하나님을 찬송하는 사람이 되도록 만들었다는 것입니다.

하나님은 우리 인간을 하나님과 깊은 교제를 나누기 위해서 창조했습니다. 어머니가 아기를 낳고 나면 점점 아기와 정이 듭니다. 아기가 어머니의 애정을 받아들이기 때문입니다. 웃기면 웃고 오라면 오고 서로 마주보며 깔깔거리고, 좀 커서는 엄마하고 대화도 나누게 되고 점점 더 깊은 애정을 나누게 됩니다. 교제가 있기 때문에 그런 것입니다.

하나님이 인간을 만드실 때도 마찬가지입니다. 하나님이 인간과 깊은 교제를 나누려고 만드신 것입니다. 하나님은 소나 나무와 교제를 나누기를 원하지 않았습니다. 자기의 형상을 닮은 사람과 깊은 교제를 나누길 원했습니다. 그것을 위해 우리를 만들었습니다. 그래서 인간은 하나님과 만나면 만날수록 하나님을 찬송하고 하나님을 기쁘게 하고 하나님을 영화롭게 하는 것이 인생의 목표가 되고, 그럴 때 가장 큰 아름다움을 나타내게 되어 있습니다. 이것이 하나님이 인간을 만드신 목적입니다. 인간을 만든 목적이 이렇기 때문에 하나님이 없는 사람의 삶에는 절대 사는 참 재미가 없습니다. 사는 목적이 없습니다. 이것을 꼭 기억하십시오.

하나님 없는 삶에는 아무리 능력이 많아도 거기에 진정한 의미와 만족이 없고, 아무리 돈을 많이 벌어도 평안이 없습니다. 하나님 없는 삶에는 아무것도 없습니다. 한국에서 가장 돈이 많은 사람을 꼽으라면 누구누구라고 대충 꼽을 수 있을 겁니다. 그 가운데 한 사람이 이런 이야기를 한 적이 있습니다. 얼마 전

일단 청중은 재벌 총수의 얼굴과 이름을 떠올리리라 분주해졌을 것이다. '누굴까? J씨, K씨, 아니면 L씨?' 전도설교에서 호기심을 불러일으키는 것만큼 선결제는 없을 것이다. 하지만 문제는 호기심을 불러일으키기 위한 방법이다. 설교자는 자신의 경험을 바탕으로 이 땅에 사는 어느 누구에게라도 관심의 대상이 될 만한 재벌 총수의 말을 인용했다.

경제인들과 정계에 계신 분들, 또 교계에 계신 여러 중요한 분들이 모인 집회에서 제가 설교를 한 적이 있습니다. 그때 그분이 그 집회를 주재했는데 그분이 이런 말을 했습니다. "미신 중에 가장 우직한 미신은 신앙이 없어도 행복할 수 있다고 믿는 미신이다."

그 사람은 크리스천이라고 하기도 크리스천이 아니라고 하기도 어려운 사람인데, 어떻게 그 사람 입에서 그런 말이 나왔는지 모르겠습니다. 미신 중에서 제일 우직한 미신이 신앙이 없으면서 행복할 수 있다고 믿는 미신이라는 말은 바꿔 말하면, 하나님이 없는 삶 속에 진정한 평안과 삶의 의미가 있다고 믿는 그 신앙이 제일 미신적이라는 말 아닙니까? 그렇습니다. 하나님이 없는 인간은 절대로 행복하지도 못

하고 의미도 없습니다. 창조 시에 이미 하나님 중심의 삶에서 의미와 평안과 목적을 찾도록 만들어 놓았기 때문에 하나님이 없으면 아무것도 없습니다.

여러분의 삶의 중심에 하나님이 계십니까? '내가 내 하나님이지'라고 생각하는 분들, 행복하십니까? 괜히 위장하지 마십시오. 제가 아파트 인생을 잘 압니다. 겉으로는 굉장히 잘사는 것 같고, 자가용 굴리면서 요란하게 꾸미고 나옵니다만 속은 텅텅 비어 있습니다. 그저 가지면 가질수록 더 허전하고 행복하면 행복할수록 불만은 더 솟구치고 남편이 잘해 주면 잘해 줄수록 더 눈을 흘깁니다. 인간의 욕망은 한이 없습니다. 왜 그럴까요? 의미가 없고 목적이 없으며, 중심이 없는 삶이니까 서로 짜증스럽고 피곤한 것입니다. 하나님이 없기 때문입니다.

우리는 하나님을 닮은 인격입니다. 온 우주를 만드신 하나님을 닮았습니다. 우리 존재가 얼마나 귀한지 모릅니다. 하나님 앞에는 모든 인간이 평등합니다. 가진 자와 못 가진 자의 구별이 없습니다. 잘생긴 자와 못생긴 자의 구별이 없습니다. 배운 자와 못 배운 자의 구별이 없습니다. 하나님 앞에 다 평등합니다. 누구를 닮아서입니까? 하나님을 닮아서 다 평등합니다.

## 죄인, 아담의 후손이기에

우리는 지금 어떤 형편에 놓여 있습니까? 우리는 죽음의 상태에 놓여 있습니다.

> 그러므로 한 사람으로 말미암아 죄가 세상에 들어오고 죄로 말미암아 사망이 들어왔나니 이와 같이 모든 사람이 죄를 지었으므로 사망

이 말씀을 처음 읽는 분들은 무슨 말인지 얼른 안 들어올지도 모릅니다. 이 의미는 다음과 같습니다.

한 사람, 즉 인류의 조상 아담 때문에 죄가 세상에 들어왔습니다. 그리고 죄가 들어오자마자 죽음이 따라 들어왔습니다. 따라서 죄는 아담 혼자 범했지만 아담 때문에 따라온 죽음은 모든 인간에게 왕 노릇 하기 시작했습니다. 이것은 아담이 범죄한 것이 아담 혼자 지은 죄가 아니라 전 인류가 같이 동참해서 지은 죄라는 것입니다. 그 결과 인류에게 죽음이 왔습니다.

이 사실이 잘 받아들여지지 않을지도 모릅니다. 그러나 결과를 놓고 볼 때에는 안 받아들일 수가 없습니다. 오늘날 죽음 앞에서 면죄되는 인간이 하나라도 있습니까? 아무리 내가 "나는 아담과는 관계가 없다. 아담은 아담이고 나는 나다. 아담이 죄를 지었으면 지었지, 왜 나를 갖고 야단이냐?" 하고 큰소리를 쳐도 한 가지는 부인하지 못합니다. 아담이 죄를 지어서 죽음에 희생되었는데, 그 죽음이 나에게도 있다는 것입니다. 우리도 죽음을 피하지 못합니다.

아담이 어떻게 범죄했습니까? 하나님이 하지 말라는 것을 했습니다. 왜 했습니까? 하나님처럼 한번 높아져 보겠다고 한 것입니다. 하나님이 그것을 하지 말라고 명령할 때 아담 혼자에게만 명령한 것이 아닙니다. "너는 인류의 대표다. 내가 너를 대표자로 세웠으니 내가 너에게 분명히 말한다. 내가 먹지 말라고 하는 것은 먹지 말아라. 그러나 먹으라고 한 것은 맘대로 먹어라. 내 명령을 순종하면 살고 순종하지 않으면 반드시 죽는다"고 하나님께서 말씀하셨습니다.

아담은 그 말을 들을 때 자기 하나뿐이 아니라 자기에게서 날 전 인

구조받아야 합니다

●

류를 대표해서 하나님과 그 약속을 한 것입니다. 그러므로 아담이 죄를 짓자 그 죄의 결과가 모든 인류에게 미치게 된 것입니다. 많은 사람들이 아담의 범죄와 그 결과에 대해 잘 수긍하지 않으려고 합니다. 그러나 그것은 어리석은 생각입니다. 토론하려고 하지 마십시오. 토론해 봐야 소용없습니다.

어떤 집에서 자녀를 앞에 놓고 "너 꼭 네 엄마 닮았구나. 왜 잘생긴 아빠를 안 닮고 못생긴 엄마를 닮았니?" 하는 사람이 있습니까? 또 그렇게 한다고 해도 이미 태어난 아이가 바뀔 수 있습니까? 우리는 이미 아담을 그대로 닮아 내려오는 아담의 후손입니다. 따라서 아담이 범죄해서 저주받았으면 우리도 똑같이 저주받은 존재입니다. 제 성이 옥 씨입니다. 아마 옥 씨를 처음 보는 분도 계실 겁니다. 이 옥 씨가 역사적으로 보면 왕 씨의 후손입니다. 고려 시대 왕 씨의 후손이라고 합니다. 이 씨 조선이 생기고 나자 왕 씨들이 완전히 몰살을 당할 위기에 처해 거제도나 함경도로 귀향을 갔습니다. 그래서 지금도 옥 씨가 제일 많은 곳이 거제도와 함경도입니다.

청중은 설교자의 자기폭로(self-disclosure)에 가장 감동을 받는다고 한다. 심지어는 그날 설교의 텍스트보다도 설교자의 자기 고백을 더 오래 기억한다. 하지만 문제가 없는 것은 아니다. 간혹 청중의 이런 습성을 오용하는 설교자들과 청중의 경박함이 맞물려서 하지 않아도 좋고 듣지 않아도 좋을 자기 간증을 금과옥조인 양 늘어놓는다.

그런데 거기 가서 연명을 하려면 왕(王)이라는 성씨를 그대로 가지고는 대단히 위험했습니다. 그래서 모두 성을 바꿔 버렸습니다. 모두 전(全) 씨와 옥(玉)씨로 바꾼 것입니다. 그런데 이 씨 조선 오백 년 동안 이 옥 씨는 모두 종살이만 하고 내려왔습니다. 그저 산골짜기에 들어가서 손바닥만 한 논마지기를 개간해서 거기에다 생명을 걸고 자자손손이 내려오면서 겨우 연명을 해 온, 한마디로 쌍놈 집안이 되었습니다.

그러면 지금 내가 우리 조상을 탓할 수 있습니까? 나는 우리 왕 씨나 옥 씨 선조와 관계없다고 아무리 떠들어봐야 소용이 없습니다. 다

행히 이렇게 살기 좋은 세상에 태어났기에 내가 목사가 되어 여러분들 앞에 섰지, 그렇지 않고 이 씨 조선이 그대로 계속되었으면 나는 지게 짊어지고 담뱃대 두드리면서 산이나 오르내리고 아리랑 타령이나 부르고 살았지 별 도리가 없었을 겁니다. 그렇다고 해서 내가 우리 조상을 탓할 수 있습니까? 탓할 수 없습니다.

마찬가집니다. 내가 아담과 관계없다고 아무리 소리쳐 봐야 소용이 없습니다. 아담의 혈통을 타고난 이상 아담의 자손입니다. 별 도리가 없습니다. "아담이 범죄한 것이 나하고 무슨 상관이냐?" 하고 아무리 여러분이 호소를 하고 아우성을 쳐도 할 수 없습니다. 우리는 아담의 후손으로 아담이 지은 죄에 같이 가담했고, 아담이 죄를 지은 것 때문에 들어온 사망이 나를 지배하게 되어 있습니다. 그래서 우리는 죽음을 벗어나지 못합니다.

○ ○ ○ ○ ○ ○ ○ ○ ○ ○ ○
## 하나님께 대한 회귀본능

그런데 죄를 범해서 죽음이 우리에게 왕 노릇 하기 시작했기 때문에 가장 치명적인 손상을 입은 것은 바로 하나님의 형상입니다. 우리에게 있던 하나님의 형상이 깨져 버렸다는 것입니다. 하나님의 형상이 부패해 버렸습니다. 그래서 의롭게 살려고 해도 의롭게 산다는 것 자체가 변질되고, 거룩하게 살려고 해도 하나님의 형상이 변질되어 인격으로서 마땅히 갖추어야 할 고귀한 성품이 변질되어 버렸습니다.

그래서 성경을 읽어 보면 아담이 죄를 짓고 하나님 앞에서 쫓겨난 후 끔찍한 사건이 일어납니다. 아담에게 가인과 아벨이라는 아들 둘이 있었는데, 형 가인이 동생인 아벨을 돌로 쳐 죽인 것입니다. 이와 같은 비극이 인간 역사의 최초부터 시작되었습니다. 하나님의 형상이 깨어지고 인간이 짐승처럼 악해져 버렸기 때문입니다. 이 악한 본성, 부패한 본성이 대대로 물려져서 우리에게까지 온 것입니다.

자기 자신을 한번 잘 돌이켜 보십시오. 인간만큼 악한 존재가 있습니까? 자신의 마음을 한번 잘 생각해 보십시오. 인간만큼 잔인한 존재가 있나요? 우리가 이렇게 죄로 인해서 죽음에 빠졌습니다. 동시에 하나님과 원수가 되었습니다.

전에 악한 행실로 멀리 떠나 마음으로 원수가 되었던 너희를
_골 1:21

예수님을 믿기 이전에는 모두가 다 하나님과 원수입니다. 왜냐하면 하나님은 죄를 용납하지 않기 때문입니다. 죄를 일단 범하고 나면 하나님과 원수입니다. 만약에 저나 여러분이 지금 갑자기 세상을 떠나게 되어 하나님 앞에 선다고 생각해 보십시오. 하나님을 똑바로 쳐다볼 수 있을 것 같습니까? 하나님 앞에 자신 있게 설 수 없습니다.

예수님을 믿는 사람들은 하나님을 누구라고 부릅니까? 아버지라고 부릅니다. 그러면 예수님을 믿지 않는 사람들은 하나님을 아버지라고 부를 수 있을까요? 아마 그렇게 부를 수 없을 겁니다. 그들은 하나님과 얼마나 거리가 먼지 모릅니다. 원수입니다. 그러므로 하나님을 아버지라고 부른다는 것은 어림도 없는 일입니다. 무슨 체면으로 하나님을 아버지라고 부르겠습니까? 자기 아이가 크게 사고가 나서 병원 응급실로 들어가면 자신도 모르게 "아이고, 하나님! 좀 살려 주세요. 우리 아들 살려 주세요" 합니다. 그러나 그때의 하나님은 신자가 부르는 하나님이 아닙니다. 막연히 생각하는 신(神)입니다.

그런데 인간이 왜 갑자기 급해지면 하나님을 찾습니까? 고아원에

있는 애들을 찾아가 보면 아주 갓난아기일 때는 뭘 모르고 자라지만 한 세 살, 네 살 되면 본능적으로 엄마, 아빠를 찾습니다. 왜 그렇습니까? 그 애에게 반드시 엄마, 아빠가 있다는 증거입니다. 그 아이를 낳은 엄마와 아빠가 있습니다. 그렇기 때문에 본능적으로 엄마, 아빠를 찾습니다.

인간이 죄를 범하고 하나님 앞에서 쫓겨나왔지만 급할 때는 본능적으로 하나님을 찾습니다. 그 말은 인간을 만드신 분이 하나님이라는 말입니다. 나는 하나님으로부터 지음을 받은 존재라는 것입니다. 급할 때 원숭이를 찾는 사람은 지금껏 한 사람도 못 봤습니다. 모두 하나님을 찾습니다.

우리는 하나님이 만드신 존재인데, 인간이 죄 때문에 하나님과 원수가 되어 하나님을 멀리 떠났습니다. 어머니 뱃속에서 나와서 오늘까지 삼사십 년을 살 동안 하나님에게서 멀리 떠난 사람들입니다. 마음에 장벽이 완전히 가리워져서 하나님을 볼 수도 없고 찾을 수도 없습니다.

우리는 아무것도 아닙니다. 하나님 앞에 이렇게 쫓겨나와서 죽음 아래 갇혀 있고 하나님과 원수 된 상태에 놓여 있기 때문에, 하나님과 나와의 관계를 놓고 볼 때는 우리는 무능한 사람입니다.

전도설교는 기본적으로 변증학(辨證學)적인 설교이다. 변증학적인 설교는 자칫 딱딱한 논리의 전개로 흐를 위험이 있다. 철학적 명제를 사용하여 사유하는 훈련이 안 된 사람에게는 무척 어렵게 들린다. 그런데 본문에서 설교자는 변증 설교의 새로운 시범을 보여 주고 있다. 기본적으로 기독교 진리를 옹호하고 증명하는 구조를 유지하지만 진리의 변호를 위해 단지 논식만을 사용하는 게 아니라 누구에게나 친근히 느껴지는 사회적 경험과 인간 심리에 관한 통찰을 적절하게 배합하여 구사한다.

의인은 없나니 하나도 없으며 깨닫는 자도 없고 하나님을 찾는 자도 없고 다 치우쳐 함께 무익하게 되고 선을 행하는 자는 없나니 하나도 없도다_롬 3:10-12

아마 이 말씀을 읽으면 기분이 상하는 사람들도 있을 겁니다. '왜 선을 행하는 자가 없다고 하지? 내가 그래도 지금까지 양심껏 살아왔는데 왜 의인이 없다고 하지? 그래도 나는 다른 사람에 비해서 의롭게 살았는데…' 하고 생각할지 모릅니다. 그러나 다 접어 두고 이 말씀대로 받아들여 보십시오. "의인은 없나니." 누구의 진단입니까? 사람의 진단이면 항의라도 하지만 우리를 만드신 하나님, 우리를 가장 잘 아시는 하나님이 이렇게 말씀하십니다.

"의인은 없나니 하나도 없다"는 말은 아무도 의인이 아니라는 것입니다. 너도 아니고, 나도 아닙니다. 또 "깨닫는 자도 없다"는 말은 무슨 말일까요? 자신이 하나님이 만든 존재라는 사실을 깨닫는 자가 없다는 것입니다. 그렇기 때문에 사람이 만든 우상 앞에 가서 절을 하고 야단입니다. 깨달았다면 어떻게 그런 미련한 짓을 합니까? 할 수가 없습니다. 몇만 원씩 주고 부적을 사서 붙여 놓고 그것이 가정을 지켜주는 줄 알고 있습니다. 참 미련한 사람들입니다. 그런 짓을 하는 이유가 뭡니까? 깨닫지 못해서 그렇습니다.

내가 어디에서 왔는지도 모를 뿐만 아니라 내가 어디를 향해 가고 있는지도 모릅니다. 왜 살고 있는지도 깨닫지 못합니다. 무엇 때문에 내가 이렇게 아침부터 저녁까지 애를 쓰면서 살아야 하는지도 모릅니다. 깨닫지를 못합니다. 심지어 예수님을 믿는 사람들이 와서 "예수 믿어야 합니다. 예수 믿지 않으면 인생의 참 의미를 모릅니다. 영원한 멸망에 떨어지게 됩니다" 하고 아무리 귀가 아프게 말해도 안 듣습니다.

또 "하나님을 찾는 자도 없고"라고 합니다. 하나님을 찾는 자가 없습니다. 하나님을 아무리 찾으려고 해도 인간의 힘으로는 찾을 수가 없습니다. 청와대에 들어가려면 얼마나 어려운지 아십니까? 비서들과 약속을 하고 시간을 맞춰야 겨우 들어갈 수 있고, 그것도 신원이 분명하지 않으면 퇴짜 맞기 일쑤입니다. 일국의 대통령을 만나는 것도 이처럼 거의 불가능하다고 보는데, 하나님을 함부로 찾아갑니까? 무슨 재주로, 무슨 염치로요? 하나님은 인간이 스스로 찾아가지 못합니다.

또 "다 치우쳐 함께 무익하게 되고"라고 했습니다. 한 사람도 예외 없이 쓸모 없는 존재가 되었다는 말입니다. 스스로 선하게 산다고 하지만 하나님이 보실 때는 전혀 선한 것이 없습니다. 인간에게 선이 있습니까? 천만에요. 절대 속지 마십시오. 자기 마음을 자기가 한번 짚어 보십시오. 선한 것이 있습니까? 어떤 여건이 주어졌을 때 겨우 선한 것처럼 행동하기도 합니다. 그러나 그 여건이 없어져 버리면 결코 선하지 않습니다. 인간만큼 악하고 잔인한 존재가 없습니다.

## 선과 행복의 기준

한 가지 분명히 알아 둘 것은 선의 기준은 내 양심이 아니라는 것입니다. 선의 기준은 하나님입니다. 초등학교 1, 2학년이 되면 글을 배웁니다. 아이들이 선생님이 써 오라고 했다면서 글을 써 갑니다. 자기 딴에는 상당히 잘 쓴다고 써 가는데 나중에 보면 점수가 나쁩니다. 이유가 무엇입니까? 글을 잘 쓰느냐 못 쓰느냐는 그 아이의 기준에 달린 것이 아니기 때문입니다. 선생님에게 달린 것입니다. 선생님이 보아서 잘 썼으면 '수'(秀)고, 못 썼으면 '미'(美)인 것입니다. 어린아이는 스스로 잘 썼다고 우쭐거리며 가지만 선생님이 봤을 때 못 썼으면 그만인 것입니다. 우리가 선하다, 선을 행한다고 하는 기준은 하나님께 있습니다. 인간을 만드시고 우주를 만드신 하나님께 그 기준이 있는 것입니다.

그러므로 내 스스로 아무리 선하다고 자만해도 하나님 앞에 가서 퇴짜 맞으면 그것은 선이 아닙니다. 조세형과 비교하면 나는 선합니다. 그러나 하나님 앞에 가면 조세형이나 옥한흠이나 다 똑같습니다. 그 사람은 담대해서 남의 것 욕심날 때에 훔친 것이고, 나는 욕심이 나도 용기가 없어서 못했다는 차이뿐이지 전혀 다른 점이 없습니다. 무엇을 가지고 내가 선하다고 자부합니까?

양심을 믿습니까? 상점에 가면 "이렇게 팔면 한 푼도 안 남는다"고 하면서 장사하는 사람들이 있습니다. 그러나 우리가 그 말을 믿습니까? 늙은이들이 "빨리 죽었으면 좋겠다"고 하는 그 말을 믿습니까? 처녀들이 "나는 죽어도 시집 안 간다"고 하는 말을 믿습니까? 아무도 안 믿습니다. 양심은 때를 따라서 변하는 것입니다. 인간의 양심은 절대 믿을 수가 없습니다.

도대체 믿을 기준이 하나도 없습니다. 인간은 선한 것이 하나도 없습니다. 하나님의 기준에 비추어 보면 '나에게는 선한 것이 하나도 없다'고 말하는 것이 진실한 고백입니다. 괜히 떠들지 마십시오. 감옥에 있는 사람과 나를 비교해 보면 한국이라는 나라의 법률을 어기지 않았다는 그것 때문에 나는 선할지도 모릅니다. 그러나 하나님 앞에서는 안 됩니다.

한국에서는 간통죄가 법으로 걸립니다(간통죄는 2015년에 폐지되었습니다. – 편집자주). 그러나 미국의 어느 주에 가면 아무리 간통을 해도 법에 걸리지 않습니다. 그러면 그 주에서 사는 사람의 양심과 한국에서 사는 사람의 양심은 다를 겁니다. 어디에 기준을 두고 내가 양심껏 살았다고 말할 겁니까? 예를 들어, "애리조나에서 내가 아무리 간통을 해도 법에 안 걸렸으니까 나는 절대 양심의 가책이 없다"고 하는 사람과 한국에서 살면서 간통해서 가책을 받는다는 사람을 나란히 놓고 볼 때 다른 것이 뭐가 있습니까? 아무것도 다른 것이 없습니다.

어디에 기준을 두고 이야기할 겁니까? 인간이 선하냐 악하냐는 참 선이신 하나님의 기준에 맞추었을 때 판단할 수 있는 것이지 인간이 판단할 수 있는 것이 아닙니다. 우리 인간에게 왜 이렇게 마음의 좌절과 불평과 고통이 많을까요? 왜 가지면 가진 대로 불안하고, 가지면 가진 대로 불만일까요? 뭔가 내 자신이 원하는 목적을 달성하고 나면 왜 그렇게 허무하게 느껴집니까? 그 이유가 어디에 있습니까? 우리에게 선이 없기 때문입니다. 우리에게 근본적인 삶의 목적이 없기 때문입니다. 죄로 인해 우리의 마음이 부패했기 때문에 인간에게는 평안이나 만족이 전혀 없습니다.

제가 전도를 가끔 해 보면 이렇게 말하는 사람들이 있습니다. "목사님, 저는 참 행복해요. 불만이 하나도 없어요. 남편도 너무 좋고 경제적으로도 어려움이 전혀 없고 자식들도 얼마나 무럭무럭 잘 자라고 공부도 잘하는지 몰라요." 제가 그런 이야기를 들으면 하품이 자꾸 나오려는 걸 겨우 참습니다. '왜 저 사람이 그런 이야기를 할까?' 하고 생각해 보면 깨닫지를 못하고 어두워서 그런 것입니다.

제가 아는 한 청년이 병원에 가서 진단을 해 보니 암이라고 합니다. 스물아홉 살짜리 엘리트 청년입니다. 똑똑하고 꿈이 가득한 청년인데, 결혼을 앞둔 애인도 있습니다. 그런데 폐암이라는 것입니다. 의사가 그 청년에게는 그 사실을 숨기고, 몸 안에 종기가 있었는데 떼어 냈으니까 얼마 지나면 낫는다고 이야기했습니다. 그래서 병상에 제가 찾아갔을 때 그 청년은 예수를 안 믿었는데 일주일 정도면 퇴원한다고 하면서 얼마나 좋아하는지 모릅니다. 그러면서 앞으로의 자기 계획을 줄줄 이야기합니다.

제가 그 말을 들을 때 그렇게 서글플 수가 없었습니다. 우리도 똑같습니다. 우리는 죄 때문에 죽음을 안고 있는 사람이요, 죄 때문에 하나님의 무서운 심판이 기다리고 있는 사람입니다. 그런데 그 사실을 모르니까 행복한 것 같고 모든 것이 만족스러운 것 같습니다. 그러니 현실에 그저 눈이 어두워서 스스로 만족하고 행복하다고 생각하는 사람들을 보면 참 괴롭습니다. 암을 가지고 있는 줄도 모르고 퇴원한다고 큰소리치는 사람과도 비슷합니다.

인간은 자신을 똑바로 직시할 때 자신의 가치를 알 수 있습니다. 자기를 바로 보지 못할 때는 인간의 가치라는 것이 나타나지 않습니다. 성경 앞에서 하나님의 진단을 받으십시오. 나에게 왜 이렇게 불안이 있습니까? 똑바로 안 되어 있으니까 불안이 있는 것입니다. 내가 왜 이렇게 허무합니까? 서 있어야 될 자리에 서 있지 않기 때문에 허무한 것입니다. 내 마음속이 왜 이렇게 텅텅 비어 있습니까? 가져야 할 것을 가지고 있지 않기 때문에 텅텅 비어 있는 것입니다. 그러니까 무엇이 잘못된 것 아닙니까?

○ ○ ○ ○ ○ ○ ○
## 무가치한 선행

> 그런즉 자랑할 데가 어디냐 있을 수가 없느니라 무슨 법으로냐 행위
> 로냐 아니라 오직 믿음의 법으로니라_롬 3:27

하나님 앞에 우리 인간은 아무 자랑할 것도 없다는 것입니다. 아무것도 자랑할 수 없는 죄인입니다. 혹시 여러분이 지금 "나는 그래도 나쁜 짓 하지 않고 어느 정도 선하게 살았다"고 하는 약간의 긍지, 또 "나는 가난한 사람들도 도와주고 구제를 하고 고아원 사업에도 관계를 하면서 선하게 살려고 노력했다"고 하는 약간의 자기 긍지를 갖고 있을

지 모릅니다. 그러나 이것은 하나님 앞에 아무런 의미가 없습니다. 촛불이 태양 앞에서는 아무 의미가 없는 것입니다. 어두운 밤에나 촛불이 의미가 있는 것이지, 태양이 떠오르면 촛불은 의미가 없습니다.

마찬가지로 하나님이 없는 세계에서는 내가 약간의 선행을 하는 것이 의미가 있는 일이지만, 하나님이라는 존재 앞에서는 내가 죄인으로서 약간 선하게 사는 것은 아무 의미가 없는 것입니다. 아무 의미가 없습니다. 그것을 가지고 천국에 들어가리라고 생각한다면 그것은 큰 오해입니다. 불교에서 말하는 것처럼 스스로 자기 자신이 수양을 하면 석가모니가 된다고 생각하고 그렇게 되면 극락에 들어간다고 생각하는 것은 잘못입니다. 인간에게는 스스로 노력해서 석가모니가 되는 법이 없습니다. 그럴 만한 능력이 없습니다.

그러면 죄가 뭡니까? 하나님이 인정하는 죄를 세 가지로 이야기해 보면, 첫 번째 죄는 우리가 태어날 때부터 갖게 되는 아담의 범죄입니다. 이것을 소위 '원죄'라고 합니다. 인간은 태어날 때부터 죄인으로 타고나는 것입니다. 두 번째 죄는, 이 원죄 때문에 갖게 된 부패한 성품입니다. 인간은 악한 것을 생각하기를 더 좋아하고 하나님보다 자기를 섬기기를 더 좋아하는 부패성을 가지고 있습니다. 이 더러운 마음에서 생겨나는 모든 생각과 모든 행동이 죄입니다. 이것을 '자범죄'라고 합니다. 세 번째 죄는 하나님께서 예수님을 보내셔서 그를 믿으면 용서받는다고 했는데 예수님을 믿지 않는 것입니다. 이것이 세 번째 죄입니다.

어느 환자가 병원에 갔는데 의사가 이런저런 약을 먹으라고 처방을 했습니다. 그런데 그가 돈이 없다고 하니까, 그러면 처방만 해줄 테니 잘 아는 약국에 가서 그 약을 사 가지고 3개월 동안 복용하라고 했습니다. 그런데 그 환자가 집에 돌아와서 어디서 이상한 한의사 말을 듣고는 의사가 말하는 약을 먹지 않고 한의사에게 가서 치료를 받았습니다. 그런데 3개월 후, 그는 완전히 죽을 상태가 되어 다시 그 의사에게 왔습니다. 그를 본 의사가 화가 나겠습니까, 안 나겠습니까? 화가 납니다. "왜 내가 당신에게 처방한 대로 치료받지 않았소? 왜 실천을 안 했습니까?" 하고 그 사람을 나무랄 것입니다. 환자가 의사의 처방을 안 들은 것이 그 의사에게는 환자가 죄를 지은 것이나 마찬가지입니다.

이처럼 하나님께서 우리에게 예수님을 보내서 우리가 예수님을 믿으면 죄 용서를 받고 하나님의 자녀가 된다고 가르쳐 주었는데 사람들이 "예수가 어디 있어?" 하고 믿지 않는 것은, 하나님 앞에 무서운 죄입니다.

우리는 죄 아래 갇혀 있습니다. 우리는 죄 때문에 죽음의 상태에 놓여 있고 죽음을 피할 수가 없게 되어 있습니다. 하나님과 원수가 되어 하나님 앞에 나갈 수가 없습니다. 동시에 우리 자신의 힘으로 선을 행할 수도 없고 하나님을 찾을 수도 없습니다. 그러므로 내가 행하는 어떤 선행이 있다고 해도 그것은 하나님 앞에 전혀 의미를 갖지 못하는 것입니다.

○ ○ ○ ○ ○ ○ ○ ○ ○

## 모든 인간은 세 번 죽는다

우리는 죄인입니다. 그 결과 나는 어떻게 됩니까? 영원한 죽음을 맞이하게 됩니다. 성경은 "한번 죽는 것은 사람에게 정해진 것이요 그 후에는 심판이 있으리니"(히 9:27)라고 말하고 있으며, 또 "죄의 삯은 사망이요 하나님의 은사는 그리스도 예수 우리 주 안에 있는 영생이니라"(롬 6:23)고 합니다.

죽음이라는 것을 흔히들 쉽게 생각하는데, 죽음은 그렇게 쉬운 것이 아닙니다. 사람들은 죽음을 그저 사라지는 것이라고 생각합니다. 촛불을 훅 불면 촛불이 꺼져 버립니다. 그것으로 모든 것이 없어집니다. 그러나 우리의 죽음은 그런 것이 아닙니다.

요즘 죽었다가 살아난 사람들의 이야기를 담은 책이 많이 나옵니다. 교통사고로 병원에서 몇 시간 동안 죽었다가 살아난 사람들의 이야기를 기록한 책들입니다. 그중 《사후생》(On Life after Death)이라는 책은 미국에서 한참 동안 베스트셀러가 되었습니다. 사람이 죽음으로써 끝난다고 생각합니까? 참 바보 같은 생각입니다. 인간은 하나님의 형상을 닮았기 때문에, 하나님이 죽지 않는 것처럼 인간도 죽지 않습니다. 하나님과 인간은 영원불변의 존재입니다. 절대로 인간은 죽지 않습니다.

그러면 성경에서 말하는 죽음이라는 것이 무엇입니까? 성경은 "한번 죽는 것은 사람에게 정해진 것이요 그 후에는 심판이 있으리니"(히 9:27)라고 했는데, 여기에서 한번 죽는 것은 우리 몸이 죽는 육체적인 죽음을 말합니다. 그러면 그다음에 따라오는 심판은 무엇입니까? 이것을 이해하기 위해서는 성경이 말하는 세 가지 죽음을 기억해야 합니다.

제가 미시간에서 미시간 대학을 다니는 교포 대학생들을 데리고 여름에 3, 4일 동안 캠핑을 하면서 성경공부를 한 적이 있습니다. 그때 학생들에게 죽음이라는 것을 가르쳐야 하는데 어떻게 이해시킬까 고민하다가 갑자기 좋은 아이디어가 떠올랐습니다. 마침 큰 나무 밑에서 성경을 가르치고 있었기 때문에 그 나뭇가지 하나를 부러뜨렸습니다. 그리고 학생들에게 "이 가지가 살았어요, 죽었어요?" 하고 물었습니다. 한쪽에서는 아직 파랗기 때문에 살았다고 하고 한쪽에서는 꺾

였기 때문에 죽었다고 합니다.

둘 다 맞는 대답입니다. 그래서 제가 그 가지를 들고 죽음이라는 것을 설명했습니다. 성경에는 영적 죽음이라는 것이 있습니다. 영적으로 죽었다는 말입니다. 영적 죽음이란 우리를 만드신 하나님, 생명의 원천이 되신 하나님과의 관계가 끊어져 버리는 것을 말합니다. 마치 나뭇가지가 나무 몸통에서 꺾여져 나온 상태와 같습니다. 예수님을 안 믿는 사람들은 지금 모두 영적 죽음에 처해 있습니다. 하나님과 완전히 끊어진 것입니다.

이처럼 가지가 나무에서 끊어져 나왔지만 얼마 동안은 살 수 있을 것입니다. 한 일주일 정도는 파랗게 살아 있겠죠. 사람들도 하나님과 완전히 관계가 끊어진 상태로 세상에 태어나지만 한 7, 80년은 삽니다. 그래서 사람들은 하나님과의 관계가 끊어져서 영적 죽음을 당한 상태지만 육신이 살아 있으니까 살아 있는 것으로 생각합니다. 7, 80년 사는 것이 전부라고 생각한다는 말입니다. 이 나뭇가지로 보면, 나뭇가지가 나무에서 꺾였지만 며칠 동안 파랗게 살아 있는 것을 이 나무의 생명 전부라고 생각한다는 말입니다.

그러나 며칠이 지난 후에는 어떻게 됩니까? 완전히 노랗게 말라 버립니다. 마찬가지로 인간이 7, 80년 살면 쭈글쭈글해져서 마침내 죽게 됩니다. 그것을 육신의 죽음이라고 합니다. "한번 죽는 것은 사람에게 정해진 것이요"라고 할 때 한번 죽는 것은 바로 이 육신의 죽음을 말하는 것입니다.

그런데 또 세 번째 죽음이 있습니다. 이 나뭇가지가 노랗게 말라 버리면 누가 와서 주워 갑니까? 농부가 와서 주워 불에 집어넣습니다. 우리 육신이 죽고 나면 누가 와서 가져가는 줄 압니까? 마귀가 와서 끌고 갑니다. 어디로 갑니까? 하나님께서 죄인을 위해 준비하신 무서운 곳이 있습니다. 그곳을 지옥이라고 하고, 그곳에서 당하는 일을 심판이라고 합니다. "그 후에는 심판이 있으리니"라고 할 때의 심판이 바로 그것입니다. 이곳에 한번 들어가면 영원히 기회를 잃어버립니다. 하나님을 섬기지 않았던 모든 죄의 짐을 짊어지고 영원히 심판받는 곳이기 때문입니다. 이것을 일컬어서 성경은 영원한 죽음이라고 합니다.

우리가 죄 때문에 처해 있는 상황이 어떤 상황입니까? 하나님과 끊어진 영적 죽음의 상태요, 언젠가는 내 눈앞에 다가올 육신의 죽음을 면치 못하는 상태요, 그대로 있다가는 영원히 멸망당하는 지옥의 심판을 맞게 될 상태입니다. 이 사실을 한번 진지하게 생각해 봤습니까?

그러면 나의 가장 절실한 문제가 무엇입니까? 하나님의 구원입니다. 나는 구원받아야 합니다. 가만히 있다가는 영원히 망합니다. 고린도후서 6장 2절을 보면 "보라 지금은 은혜받을 만한 때요 보라 지금은 구원의 날이로다"라고 합니다. 우리의 운명, 우리 앞에 있는 심판이 너무나 무서운 것이기 때문에 하나님이 우리를 불쌍히 여기셔서 빨리 구원받으라고 말씀합니다. 예수님을 믿고 구원받으라고 합니다.

> 여호와께서 말씀하시되 오라 우리가 서로 변론하자 너희의 죄가 주홍 같을지라도 눈과 같이 희어질 것이요 진홍같이 붉을지라도 양털 같이 희게 되리라_사 1:18

하나님이 부르고 계십니다. 죄를 용서받고 영원한 영생을 얻도록 예수님을 믿으라고 하나님이 부르고 계십니다. 만약에 이 하나님의 부르심에 응답하지 못하면 나 자신이 스스로 멸망을 자초하는 미련한 사람이 되어 버립니다.

지금이 기회입니다. 시저 보르기와라는 사람이 마지막 임종 때 한 말이 있습니다. "나는 일생 동안 다른 것은 다 준비했는데 막상 임종을 앞에 놓고 보니 죽음의 준비를 전혀 하지 않았다는 것을 알게 되었다. 아, 나는 준비 없이 죽는구나."

비참한 이야기입니다. 미루지 마십시오. 하나님께서 이 시간 여러분에게 이 메시지를 듣게 하시고, 우리의 추한 영적인 형편을 성경 말씀으로 제시하셨습니다. 여러분이 눈을 뜨고 이 사실을 진정으로 받아들인다면 '내가 가만히 있으면 안 되겠구나' 하는 것을 각자가 느낄 것입니다. 그럴 때 우리가 가는 길은 하나뿐입니다. 우리를 위해 십자가에 돌아가시고 삼 일 만에 살아나신 예수 그리스도를 믿는 길밖에는 없습니다. 하나님께서는 우리가 살 수 있는 길을 그 길 하나밖에 주시지 않았습니다.

# 3

## 정말
## 일까요?

우리가 할 일은 예수님의 머리 위에 손을 얹고
"주여, 나는 죄인입니다. 나의 모든 죄를 이 예수님께 다 맡깁니다"라고 하는 것뿐입니다.
내가 할 일은 내 죄를 예수님의 머리에 뒤집어씌우는 것밖에 없습니다.
그 한 가지 일을 할 뿐입니다. 이것이 십자가의 죽음입니다.

요한복음 3:16

하나님이 세상을 이처럼 사랑하사 독생자를 주셨으니 이는 그를 믿는 자마다 멸망하지 않고 영생을 얻게 하려 하심이라

정말
일까요?

자칭 구원자라는 인물들은 많이 있습니다. 또 그 가운데 몇 사람은 세계적인 종교의 창시자로 성공을 거두었습니다. 사람들은 흔히 예수님도 이런 성인(聖人) 가운데 한 사람으로 생각하고 있습니다. 그러나 예수님은 전혀 다른 분입니다. 그가 하나님이시라는 것과 그만이 유일한 인류의 구원자가 되신다는 사실 때문에 타의 모방을 불허하는 독특한 면을 가진 분입니다.

## 참 하나님, 참 사람

예수님은 하나님입니다. 성경은 "그가 태초에 하나님과 함께 계셨고"(요 1:2)라고 말합니다. 예수님께서 이 세상 만물이 시작되기 전부터 계셨고, 이 세상 만물이 시작되는 순간에 하나님과 함께 계셨다는 것입니다. 예수님은 하나님입니다. 요한복음 14장 9절을 보면, "나를 본 자는 아버지를 보았거늘 어찌하여 아버지를 보이라 하느냐"는 말씀이 나옵니다. 예수님을 3년이나 따라다니면서 배웠던 열두 제자 중에 빌립이라는 사람이 있었는데, 예수님이 십자가에 못 박히기 직전에 예수님이 떠나신다고 하니까 그가 "예수님, 그러면 우리에게 하나님 아버지를 보여 주고 가십시오"(요 14:8 참조)라고 합니다. 그 말을 들은 예수님이 하신 말씀이 바로 위의 말씀입니다. "나를 본 사람은 하나님을 본 것인데 왜 하나님을 보여 달라고 하느냐?" 하시는 것입니다. 예수님이 바로 하나님이라는 말씀입니다. 예수님은 인간과 만나기 위해서 사람의 몸을 입고 찾아오신 하나님이십니다.

그러므로 예수님을 본 사람은 하나님을 보았고 예수님의 말씀을 들은 사람은 하나님의 말씀을 들었다고 했습니다. 왜 유대인들이 예수님을 십자가에 못 박아 죽였는지 아십니까? 예수님이 자신을 하나님이라고 하니까 하나님을 모독하는 건방진 놈이라고 해서 십자가에 못 박아 죽인 것입니다. 따라서 우리가 예수님이 누구신가를 정말 알고 싶다면 그가 하나님이라는 사실부터 인정해야 합니다.

예수님처럼 이런 말씀을 하신 분이 세상에 없습니다. "네가 나를 보면 하나님을 본 것이 아니냐"고 이 세상 어떤 인간이 말할 수 있겠습니까? 아무도 없습니다. 그만큼 예수님의 말씀은 독특합니다. 그러니 그 말을 듣고 예수님을 하나님으로 인정하고 그 아래 무릎을 꿇고 아예 엎드리든지, 아니면 "이 미친놈아! 너 정신 나갔구나. 귀신 들렸구나" 하고 예수님을 발로 차 버리든지 둘 중의 하나입니다. 중간에 서서 성자니 도덕군자니 하고 적당히 넘어갈 수는 없습니다. 그분은 하나님이십니다.

또한 예수님은 사람입니다. 적당히 사람처럼 보이는 그런 사람이 아닙니다. 진짜 사람입니다.

예수 그리스도께서 육체로 오신 것을 시인하는 영마다 하나님께 속

예수님이 사람의 몸을 입고 참 사람이 되셔서 이 세상에 오셨다는 것을 믿는 사람은 참믿음을 올바로 가진 사람이요, 하나님의 성령의 감동을 받은 사람입니다. 그러나 이것을 믿지 않는 사람은 이단입니다.

기독교 안에서 이단이 어떻다느니, 누가 이단이라느니 하고 떠드는 소리를 많이 들었을 텐데 무엇을 이단이라고 하는가 하면 예수님이 하나님이라는 것을 부정하는 교단, 즉 여호와의 증인이나 통일교 등의 단체들을 이단이라고 합니다. 또 예수님이 사람이라는 것을 부정하는 주장도 이단입니다. 지금은 그런 이단들이 별로 많지 않지만, 옛날에는 많았습니다. 천사처럼 사람 모양을 하고 찾아오신 것이지 진짜 사람이 아니었다고 주장하는 사람들입니다. 이것을 이단이라고 합니다.

예수님은 참 사람입니다. 사람이기는 하지만 죄가 없는 분입니다. 아담의 자손은 다 죄가 있지만 예수님만은 죄가 없습니다. 예수님은 남자와 여자의 관계, 즉 부정모혈(父精母血)이라는 창조의 원칙에 따라 태어나신 분이 아니기 때문입니다. 단지 마리아라는 여성의 몸을 빌려서 성령을 통해 탄생하셨기 때문에, 비록 유대인의 후손으로 태어나긴 했지만 아담의 혈통을 따른 분이 아닙니다. 참 사람으로 태어나긴 했지만 인간의 죄에 오염되신 분이 아니라는 것입니다. 하나님이 인간의 몸을 입고 세상에 오시되, 여인 마리아를 통해서

본문에서 설교자는 예수님을 하나님의 아들로 받아들이는 일이 매우 어려움을 모두 털어놓는다. 여기에 약장수 같은 설교자와 설교 대가의 차이가 있다. 시골 장터에서 팔리는 '만병통치약'과 FDA(미국 식품의약국)가 공인한 유명 제약회사의 약이 어떻게 다른가? 만병통치약은 설명이 필요 없다. 부작용에 대한 사전 경고도 없다. 그야말로 만병통치약이기 때문이다. 그러나 진짜 안전한 약품에는 많은 설명과 주의사항이 따른다. 사람들이 설명 없는, 삼키기만 하면 된다는 약장수의 약보다 까다로운 유의사항을 달고 있는 유명 회사 제품을 더 신뢰하는 이유에서 배울 필요가 있다.

오셨다는 것뿐입니다. 그러므로 예수님께는 죄가 없습니다.

> 그가 우리 죄를 없애려고 나타나신 것을 너희가 아나니 그에게는 죄
> 가 없느니라_요일 3:5

예수님은 하나님입니다. 이 말을 다른 말로 바꾸면 주(主)님입니다. 왕이라는 뜻입니다. 예수님은 하나님이시며 사람으로 이 세상에 오신 분입니다. 왜 사람으로 이 세상에 오셨습니까? 우리를 구원하기 위해 오셨습니다. 할 일 없이 구경하러 오신 것이 아닙니다. 우리를 죄에서 구원해 주시기 위해 친히 인간의 몸을 입고 찾아오신 분입니다.

이 예수님을 하늘에 계신 하나님 아버지가 보냈습니다. 요한복음 8장 42절에 "예수께서 이르시되 하나님이 너희 아버지였으면 너희가 나를 사랑하였으리니 이는 내가 하나님께로부터 나와서 왔음이라 나는 스스로 온 것이 아니요 아버지께서 나를 보내신 것이니라"고 말씀하셨습니다. 하나님이 예수님을 보내신 것입니다.

왜 하나님은 예수님을 이 땅에 보내셨을까요? 왜 예수님은 하늘의 그 영광스런 보좌를 다 포기하고 인간의 몸을 입고 찾아오셨을까요? 왜 말구유에 태어났을까요? 왜 초라한 모습으로 나타나셔서 창녀들의 친구가 되시며 죄인들의 친구가 되어 일생 동안을 사셨을까요? 나를 구원하기 위해서입니다. 여러분들을 너무나 사랑하시기에 영적인 죽음, 육체적인 죽음, 영원한 지옥의 죽음을 당하는 인생들을 보실 때 너무나 가련하고 불쌍해서 직접 구원하러 오신 것입니다.

하나님이 아무리 보아도 인간들 가운데는 구원자가 될 만한 사람이 하나도 없습니다. 이 세상에 태어난 인간치고 한 사람도 죄인 아닌 자가 없기 때문입니다. 죄인이 죄인을 구할 수가 없습니다. 저와 여러분

이 같이 모의를 해서 은행에 가서 금고를 털었다면, 내가 여러분의 죄를 짊어지고 대신 징역을 살 수 없습니다. 나는 어디까지나 내 죄를 짊어지고 징역을 사는 것입니다.

석가모니나 공자가 우리 죄를 대신할 수 없는 것은 그들 역시 분명히 죄인이기 때문입니다. 죄인이 어떻게 다른 죄인의 죄를 짊어집니까? 아무리 찾아보아도 없습니다. 그래서 결국은 하나님 자신이 직접 찾아오시기로 한 것입니다. 인간의 모습을 입고 말구유에서 태어나 33년 동안 목수로 고생을 하며 살다가 드디어 마지막 3년 동안 죄인들에게 예수 믿고 구원받을 수 있는 길을 활짝 열어 놓으신 것입니다. 이렇게 하기 위해서 주님이 찾아오셨습니다.

여러분을 구원하기 위해서 예수님이 찾아오셨습니다. 인간의 몸을 입고 오셨습니다. 세상에 사람의 이 몸뚱이를 입고 사는 것만큼 힘든 것이 없습니다. 조금만 더우면 덥다고 하고, 추우면 춥다고 하고, 배고프면 배고프다, 아프게 하면 아프다, 기분 좋게 안 해 주면 짜증이 난다고 아우성입니다. 인생이 육체를 입고 있기 때문에 당하는 그 어려움을 압니까? 육체라는 것은 괴로운 것입니다. 이 괴로운 육체를 하나님이 친히 입고 찾아오셔서 우리와 똑같이 시험을 당하시고, 우리와 똑같이 굶주림을 당하시고, 떨고 헐벗으며 목마름을 당하신 그 이유가 어디에 있습니까? 여러분을 사랑하시기 때문입니다.

그래서 예수님이 말씀하시기를 "하나님이 세상을 이처럼 사랑하사 독생자를 주셨으니 이는 그를 믿는 자마다 멸망하지 않고 영생을 얻게 하려 하심이라"(요 3:16)고 하셨습니다. 만일 예수님이 우리와 똑같은 죄인이라면 우리의 구원자가 될 수 있을까요? 없습니다.

○ ○ ○ ○ ○ ○ ○ ○ ○
## 저주받은 최악의 형벌

그러면 예수님이 우리를 구원하기 위해 이 세상에 오셔서 구원자로서 무엇을 해 주셨을까요? 첫째는, 십자가에서 죽으셨습니다.

> 친히 나무에 달려 그 몸으로 우리 죄를 담당하셨으니 이는 우리로
> 죄에 대하여 죽고 의에 대하여 살게 하심이라_벧전 2:24

"친히 나무에 달려." 이 말은 예수님이 십자가에 달려 죽으셨다는 뜻입니다. "그 몸으로 우리 죄를 담당하셨으니." 이 말씀은 전부 다 짊어지셨다는 것입니다.

십자가 사건을 아십니까? 유대인들이 예수님을 불법으로 재판하고 유대인들 스스로 예수님을 죽일 권한이 없으니까 로마 제국의 통치자 빌라도의 손을 빌려서 사형선고를 내렸습니다. 그리고 그를 끌고 가 십자가에 못 박아 죽였습니다.

십자가 얼마나 끔찍한 형벌인지 아십니까? 어떤 사람은 십자가에 못을 박아 놓으면 일주일을 견딘다고 합니다. 그래서 일주일 동안 고통 때문에, 갖가지 악담과 욕을 퍼붓고 저주를 하기 때문에 그 말을 듣기 싫어서 사람들이 혀를 자른다고 합니다. 나중에는 파리나 모기 등 갖가지 피를 좋아하는 날벌레들이 입과 코를 전부 막아서 질식해서 죽는다고 합니다. 생각만 해도 끔찍하고 저주스러운 죽음이 이 십자가의 죽음입니다.

왜 이 죽음을 예수 그리스도에게 적용했습니까? 그 배후에는 하나님의 역사가 있습니다. 같은 죽임을 당해도 특히 저주를 받은 죽음이 있는데, 나무에 매달려 죽은 죽음을 저주받은 죽음이라고 합니다. 예

수님이 저주를 받으신 것입니다. 누구의 저주를 대신한 것입니까? 나의 저주입니다. 하나님을 떠나 세상에서 마음대로 죄를 지은 우리의 죄에 대한 저주, 지옥에 가서 받게 될 하나님의 무서운 저주를 예수님이 십자가에서 온통 다 짊어지신 것입니다.

죄가 없는 사람이 죄인 취급을 당하는 것만큼 고통스러운 일이 없습니다. 우리가 만약 돼지우리에서 하룻밤을 자야 한다고 하면 그것만큼 기분 나쁜 일이 없을 겁니다. 돼지 취급을 받는 것 아닙니까? 그런데 죄가 없는 사람이 죄인 취급을 당해 사형선고를 받았다고 생각해 보십시오. 아마 화병(火病)이 나서 사형을 당하기도 전에 지레 죽어버릴 것입니다. 가장 괴로운 일을 주님이 담당하신 것입니다.

우리 죄를 대신 짊어지다 보니 하나님이 죄인인 우리에게 내리려고 하던 심판과 저주를 당하게 되신 것입니다. 그래서 십자가에 못 박히자마자 예수님이 가장 먼저 하신 말씀이 있습니다. "엘리 엘리 라마 사박다니"라고 하셨는데 히브리 말로 "나의 하나님, 나의 하나님, 어찌하여 나를 버리셨나이까"라는 뜻입니다(마 27:46; 막 15:34 참조). 우리 인간의 죄를 그분이 모두 짊어지고 십자가에서 저주를 받으니까 하늘의 해가 어두워져 하나님께서 얼굴을 돌려버릴 정도였습니다. 그러니 예수님은 철저하게 버림을 받은 것입니다.

지옥이라는 것이 무엇입니까? 지옥은 하나님에게서 버림받은 곳입니다. 하나님이 없는 그곳이 지옥입니다. 마치 태양이 없어진 지구와 같습니다. 하나님이 완전히 떠나버린 곳이 바로 지옥인데, 그 지옥의 저주를 십자가에서 예수님이 홀로 당하십니다. 이것이 십자가입니다. 우리가 지옥에서 "오, 하나님! 어찌하여 나를 돌아보지 않습니까?" 하고 영원토록 부르짖을 그 부르짖음을 예수님이 십자가에서 혼자 다 부르짖으신 것입니다. 이것이 십자가의 죽음입니다.

정말일까요?

●

그러면 우리는 무엇을 했습니까? 옛날 구약시대, 즉 예수님이 오시기 전에는 유대 사람들이 성전에 가서 제사를 드렸습니다. 사람들은 자신이 무슨 잘못을 범하면 가장 깨끗한 새끼 양이나 새끼 염소를 끌고 성전에 있는 대제사장에게로 가지고 갑니다. 그리고 대제사장에게 자신의 죄를 고백합니다. 그러면 제사장이 그가 끌고 온 짐승을 성전의 제단 앞에 놓고, 죄지은 사람의 손을 그 짐승의 머리 위에 얹게 했습니다. 그러고는 제사장이 "당신이 지은 죄를 하나님 앞에서 회개하면서 이 짐승에게 죄를 모두 맡긴다고 기도하라"고 합니다. 그러면 이 사람은 죄 없는 짐승의 머리에 손을 얹고 기도하면서 자신의 모든 죄를 짐승에게 다 넘깁니다.

제사장은 죄를 전부 뒤집어쓴 짐승의 목을 잘라서 죽이고 가죽을 벗긴 다음, 피는 제단 주위에 뿌리고 살은 제단 위에 올려서 태웁니다. 이것으로 죄를 지은 사람은 '아, 이제 하나님이 내 죄를 다 용서하셨구나' 하고 집으로 돌아가는 것입니다. 이것이 하나님이 가르쳐 주신 구약의 제사 방법입니다.

그런데 이 제사 방법을 하나님께서 왜 가르쳐 주셨습니까? 장차 하나님의 아들이 오셔서 그 양과 염소의 구실을 할 것을 미리 시청각으로 보여 주신 것입니다. 구약시대의 사람들은 죄를 범할 때마다 짐승을 끌고 성전에 와야 했습니다. 이것이 보통 일이 아닙니다. 그래서 하나님께서 더 완전한 방법을 주셨습니다. 모든 인류가 누구든지 하나님 앞에 와서 "저의 죄를 예수님에게 다 맡깁니다" 하고 고백하면, 일평생의 모든 죄를 다 용서해 주기로 하신 것입니다. 하나님께서 죄 없는 자기 아들을 염소와 양 대신에 내놓은 것입니다.

우리가 할 일은 예수님의 머리 위에 손을 얹고 "주여, 나는 죄인입니다. 나의 모든 죄를 예수님께 다 맡깁니다. 예수님이 나를 위해 십자가에서 내 죄를 다 담당하셨습니다. 주여, 이제 나를 용서해 주시옵소서"라고 하는 것뿐입니다. 그러면 하나님께서 예수님의 십자가 죽음을 보시고 내 죄가 어떤 죄였든지 다 용서해 주십니다. 이것을 위해 주님이 죽으셨습니다. 그러니 내가 할 일이 뭡니까? 내 죄를 예수님의 머리에 뒤집어씌우는 것밖에 없습니다. 저나 여러분이나 다른 어떤 일도 한 것이 없습니다. 그 한 가지 일을 할 뿐입니다. 이것이 십자가의 죽음입니다.

"죄의 삯은 사망이요"(롬 6:23)라고 했습니다. 그 사망을 예수님이 십자가에서 대신 당해 주셨습니다. 십자가는 지옥의 축소판입니다. 여섯 시간 동안 달려 있다가 운명하셨지만, 그 여섯 시간은 지옥의 영원한 삶을 축소한 한 순간입니다. 우리 모두의 죄를 그분이 다 담당하셨습니다. "피 흘림이 없은즉 사함이 없느니라"(히 9:22)고 했습니다. 참 중요한 말씀입니다. 하나님이 만들어 놓으신 공식입니다. 피를 흘리지 않고는 절대로 죄를 용서받지 못한다는 것입니다. 구약에서 피는 생명을 말하는 것입니다. 그러므로 죄 용서를 받기 위해서는 생명을 바쳐야 합니다. 그래서 구약시대에는 염소나 양의 피로 생명을 대신했습니다. 그러나 그것이 불완전한 것이었기 때문에 하나님께서 예수 그리스도의 피를 통해 인류의 죄를 완전히 씻기로 작정하신 것입니다.

## 나를 위한 2천 년 전의 죽음

그런데 예수님이 사람으로 오신 것을 부인하는 이단이 있습니다. 예수님이 사람으로 오신 것이 아니라고 주장한다면 그것은 십자가를 부인하는 것입니다. 만약에 사람이 아닌데 십자가에 매달려서 피를 줄

줄 흘리면서 고통받았다면 이것은 하나님이 쇼를 해서 사람들을 속였다는 이야기밖에 안 됩니다. 그러므로 예수님이 사람이 아니라고 부인하는 것은 이단 중의 이단입니다. 예수님은 분명히 우리 몸과 똑같은 몸을 입고 오셨습니다. 그래서 십자가에서 우리 죄를 대신 담당했을 때에도 우리가 상상할 수 없는 고통과 괴로움을 전부 다 당하셨습니다. 이것은 진실한 죽음입니다. 하나님의 아들이 바로 여러분을 위해서 죽으셨습니다.

그런데 어쩌면 마음속에 회의가 일어나는 분들도 있을지 모릅니다. '아니 2천 년 전의 이야기인데 내가 무슨 관계가 있냐?' 그러나 그렇지 않습니다. 아담이 온 인류를 대표해서 하나님과 계약을 맺었는데 그가 죄를 지었으므로 나도 같이 죄인이 된 것처럼, 예수님도 2천 년 전에 십자가에 못 박혀 돌아가셨지만 인류를 대표해서 죽은 것이기 때문에 예수님이 죽은 것은 곧 내가 죽은 것이 됩니다. 그러므로 예수님이 인류의 죄를 다 용서하셨다면 그것은 나의 죄도 용서하신다는 것입니다. 그러므로 예수님이 2천 년 전에 죽으신 죽음이지만 그것은 나를 위한 죽음입니다. 그것을 믿어야 합니다.

> 그가 찔림은 우리의 허물 때문이요 그가 상함은 우리의 죄악 때문이
> 라 그가 징계를 받으므로 우리는 평화를 누리고 그가 채찍에 맞으므
> 로 우리는 나음을 받았도다_사 53:5

우리의 가슴을 뭉클하게 하는 말씀입니다. "예수님이 십자가에서 못 박혀 찔림은 나 자신이 잘못한 허물을 인함이요." 이 말씀에서 '우리'라는 말 대신에 '나'라는 말로 바꾸어서 다시 한번 읽어 보십시오. 진실한 마음으로 읽어 보십시오. 여러분이 깨닫지 못하기 때문에 실

감이 안 나는 것이지 믿음이 있어서 받아들이기만 하면 눈물 없이 읽을 수 없는 말씀이 바로 이 말씀입니다.

내가 무엇이길래 하나님의 아들이 나 대신 죽는다는 말입니까? 나 같은 존재, 이 하루살이 같은 존재가 무슨 가치가 있어서 하나님의 아들이 내 죄를 대신 짊어지고 죽으신다는 것입니까? 혹시 여러분의 마음속에 죄책감을 느끼고 있는 일이 있습니까? 요한복음 8장에 보면 성적으로 부정한 짓을 하다가 잡혀 온 여자의 이야기가 나옵니다. 현장에서 잡혔으니 입을 뗄 수가 없습니다. 그래서 아무 말 못하고 끌려왔습니다. 유대 사람들의 법대로 한다면 그런 사람은 동네 광장에다 세워 놓고 사람들이 둘러서서 돌멩이로 쳐서 죽입니다.

그런데 사람들이 그 여자를 예수님에게 끌고 와서 "이 여자가 간음하다가 잡혔는데 이 사람을 돌로 쳐 죽일까요, 어떻게 할까요?" 하고 묻습니다. 그때 예수님이 어떻게 대답했는지 아십니까? "너희 중에 죄 없는 자가 먼저 돌로 치라"(7절)고 말씀하셨습니다. 그 말 한마디에 돌을 들고 있던 사람들이 자기도 모르게 돌을 툭툭 떨어트리고는 돌아서서 도망쳤습니다.

누구나 자신을 돌이켜 보면 들키지만 않았을 뿐이지 다 육체적으로, 혹은 마음으로 얼마나 많은 더러운 일을 했는지 모릅니다. 그러니 어떻게 감히 돌을 들고 칩니까? 그러자 주님께서 혼자 서 있는 여자를 보고 "너를 죄인이라고 하며 돌로 쳐 죽이겠다는 사람들이 다 어디 갔느냐?" 하고 물으십니다. 이 여자는 "주여, 다 가 버리고 없습니다" 하였습니다. 그러자 예수님은 "그래, 나도 너를 죄인이라고 말하지 않겠다. 나도 너의 죄를 다 용서해 주겠다. 그러니 다시는 나쁜 짓을 하지 말아라"라고 말씀하셨습니다(9-11절 참조).

그 여자가 돌아갈 때 어떤 표정을 하고 돌아갔을까요? 얼마나 마음이 벅차서 돌아갔을까요? 하나님의 아들이 용서해 준다고 하면 그것으로 끝나는 것입니다. 얼마나 기막힌 일입니까? 예수님의 십자가를 앞에 놓고 "주님, 나를 위해서 십자가에 대신 돌아가신 것을 제가 믿습니다. 내 죄를 주께서 다 짊어지셨으니 이제 나를 용서해 주시옵소서"라고 기도하면 하나님이 그 기도를 들으시고 "오냐, 내가 네 믿음을 보고 다 용서해 주마" 하십니다. 이것을 여러분이 믿을 때 가슴에 환한 빛이 들어옵니다. 지금까지 남편 모르게 범했던 죄, 부인 모르게 범했던 죄, 사람들 모르게 범했던 죄, 마음속의 갖가지 더러운 생각들, 이것 때문에 은근히 가책받고 고통받던 사람이 예수님 앞에 나와서 십자가를 발견하면 벅찬 감격이 밀려옵니다.

예수 그리스도가 그 십자가에서 내 모든 죄를 다 담당하셨다는 것을 알게 되고, 하나님이 그 십자가 때문에 나를 용서해 주신다고 선언하는 음성을 듣게 되면 모든 죄의 가책이 눈 녹듯이 사라지고 "하나님, 감사합니다" 하고 고백하게 됩니다. 그래서 "그가 징계를 받으므로 내가 평화를 누린다"고 말씀하는 것입니다.

죄를 가슴에 안고 있는 사람에게는 평화가 없습니다. 예수님만이 우리에게 죄 용서함을 받은 자의 평화를 주십니다. 뿐만 아니라 예수 그리스도가 나 대신 채찍에 맞아 상하셨기 때문에 죄로 인해 상처 입은 마음, 죄로 인해 찔리고 더럽혀진 내 양심들이 전부 나음을 받고 치료를 받습니다. 주님이 여러분에게 이 선물을 주시려고 지금 이 자리에 서 계십니다.

나를 가장 사랑하는 분이 누구입니까? 사람의 사랑은 한계가 있습니다. 남편이 나를 아무리 사랑한다고 해도 손가락 하나 잘라 주기도 어렵습니다. 그런데 예수님은 나 하나를 구원하기 위해서 십자가에서 그렇게 끔찍한 죽임을 당하셨습니다. 여러분이 이것을 진실로 믿는다면 그 예수님 앞에 꿇어 엎드려 감격의 눈물을 흘리지 않을 수가 없습니다. 지금까지 몰랐던 예수 그리스도가 나를 위해서 십자가에서 죽으시고 나 같은 것을 죄에서 구원하셨다는 사실을 발견하자마자, 그 사실이 너무나 감격스럽게 가슴에 와 닿기 때문에 예수님 이야기만 하면 눈물이 납니다.

이와 같은 예수님의 완전한 사랑을 내가 받아서 만족했을 때 드디어 다른 사람을 완전하게 사랑할 수 있습니다. 자기에게 공허감이 있고 욕구불만이 있는 사람은 남을 진실로 사랑하지 못합니다. 내가 사랑을 듬뿍 받았을 때 남을 사랑할 수 있는 것입니다. 그리고 나를 진정으로 사랑하는 분이 계시다는 것을 알 때, 그리고 그 포근한 사랑에 마음껏 쉴 수 있는 사람이 되었을 때 남편이나 아내도 진정으로 사랑할 수 있습니다. 또 나를 미워하는 원수까지도 사랑할 수 있는 마음이 생기는 것입니다. 그러므로 예수님을 통해 사랑을 발견하지 못한 사람은 모두 조건적인 사랑, 이기주의적인 사랑, 본성적인 사랑을 할 수 있을 뿐 진짜 사랑은 못합니다.

예수님을 마음에 영접하면 나를 위해 십자가에서 죽으신 그 사랑이 강물처럼 쏟아져 들어옵니다. 지금까지 구멍이 나 있던 내 마음에 시원한 하늘의 강물이 가득 찹니다. 하나님의 의의 태양빛이 은빛처럼 반짝이면서 내 가슴속에 놀라운 하늘의 찬송이 울려 퍼집니다. 이것이 크리스천의 마음입니다. 이렇게 될 때에 다른 사람을 사랑할 수 있고 덮어 줄 수 있으며, 그를 대신해 희생할 수 있습니다.

## 예수님에게는 무덤이 없다

그런데 만약에 예수님이 십자가에 못 박혀 죽으셔서 그냥 무덤만 하나 남겨 놓고 가셨다면, 그분이 스스로 자신이 하나님이라고 했던 말은 모두 새빨간 거짓말이 되었을 것입니다. 하나님이 왜 죽습니까? 예수님은 참 사람이지만 또 참 하나님이기 때문에 비록 우리 죄를 위해서 대신 죽어 주셨지만, 죽음이 하나님의 아들을 감당할 수는 없었습니다. 예수님은 죽음의 권세를 이기고 살아나셨습니다. 사도행전 3장 15절을 보면, "(너희가) 생명의 주를 죽였도다 그러나 하나님이 죽은 자 가운데서 그를 살리셨으니 우리가 이 일에 증인이라"고 합니다. 예수 그리스도는 죽음을 이기고 살아나셨습니다.

여러분이 크리스천이 되느냐, 안 되느냐는 여기에서 판가름이 납니다. 크리스천이 아닌 사람들도 예수라는 분이 십자가에서 죽었다는 사실은 역사적으로 너무나 분명하니까 믿습니다. 그것마저 부인한다면 그건 무식한 사람입니다.

그런데 어디에서 크리스천과 비 크리스천으로 갈라지는가 하면, 크리스천은 예수님이 삼 일 만에 살아나신 하나님의 아들이라고 믿지만 크리스천이 아닌 사람들은 그것이 거짓말이라며 믿지 않는 것입니다. 그러므로 여러분이 예수님이 삼 일 만에 살아나셨다는 것을 마음에 확증할 수만 있다면 이제 크리스천이 되는 것입니다. 제가 그것을 여러분에게 설득시킬 자신은 하나도 없습니다. 그러나 설득시킬 수 있는 분이 한 분 계십니다. 성령님입니다. 성령님께서 여러분의 마음에 빛을 비추어 주시면 '아, 그럴 수 있구나' 하고 믿게 됩니다.

> 본문은 정말 중요한 실존적 사건들은 입증의 대상이 아니라 믿음의 대상이라는 점에 대해 설교자가 깊이 고민한 흔적을 가지고 있다.

제가 어떤 큰 집회에 가서 설교를 한 일이 있는데, 그때 어느 신문사의 편집부에 있는 간부 한 분이 "예수님이 부활하셨다는 과학적인 증거를 대 달라"고 질문을 했습니다. 그때 제가 이렇게 말했습니다. "과학적인 설명은 하나님께서 우리에게 주시지 않았습니다. 단지 과학적인 증거만 주셨습니다. 아무리 거짓말 같은 일이라도 세 사람 내지 네 사람이 직접 보았다고 하면 그것은 과학적인 증명이 필요 없는 일이라고 믿어야 됩니다." 그렇지 않습니까?

성경에 보면 예수님이 부활하셨다는 사실이 너무나 과학적으로 잘 증거되어 있습니다.

한두 사람이 아닙니다. 열 명, 백 명도 아니고 오백 명입니다. 이 사람들이 부활하신 예수님을 만나고 나서 성경에 그 사실을 증거하고 있습니다. 심지어 예수님을 십자가에 못 박아 죽인 대제사장들이나 유대인들이 예수님이 부활하신 것을 부인하지 못해서 나중에 예수님의 무덤을 지켰던 군인들에게 뇌물을 주어 입을 막았다는 이야기가 있습니다.

우리 교회에는 남자분들이 새벽 5시에 모여서 제자훈련이라는 성경공부를 합니다. 그런데 요즘 그 공부의 주제가 바로 부활입니다. 그런데 그 가운데 실제로 부활을 잘 못 믿는 분들이 있습니다. 어떤 분들은 믿는다고 하면서도 마음에 확신이 안 들어 절절매기도 합니다.

그래서 그분들에게 제가 부활이라는 것을 증거하기 위해 성경에 있는 말을 전부 끌어냈습니다. 그리고 그것들을 비교해서 차이점을 말해 보라고 했습니다. 그랬더니 마태복음에는 천사가 한 사람만 나타났다고 했는데 마가복음에서는 천사가 두 사람이 나온다고도 하고, 누가복음에는 돌이 굴러졌다고 했는데 또 다른 곳에 보면 돌이 굴러내린 것을 보았다고도 하고 조금씩 차이가 있다고 대답합니다. 그런데 한 가지 동일한 것은 예수님이 무덤에 계시지 않았다는 것과 그들이 예수님을 만났다는 것입니다.

정말일까요?

●

313

그래서 제가 그 성경공부반에 있는 분들 중 판사인 한 분에게 물었습니다. "만약 조세형이 도둑질한 사건을 당신이 맡았는데 조세형이 진짜 물방울 다이아몬드를 훔치는 것을 봤다는 증인 네 사람이 생겼다고 합시다. 그런데 그 네 명의 증인들을 법정에 불렀는데 가만히 이야기를 들어 보니 한 사람은 조세형이 파란 옷을 입었다고 하는가 하면 또 다른 사람은 조세형이 윗도리는 파란색이었지만 바지는 까만색이었다고 하고 조금씩 맞지를 않습니다. 그런데 네 사람이 한 가지 일치하는 것은 그 사람이 틀림없이 물방울 다이아몬드를 들고 나오는 것을 봤다는 것이라면, 그 네 사람의 증인을 받아들이겠습니까?" 그러자 이 판사가 "약간 차이가 있지만 도둑질하는 걸 봤다고 하는 사람들을 증인으로 받아들이겠습니다. 만약 조금의 차이도 없이 네 사람이 다 똑같이 진술한다면 이것은 오히려 사전에 모의한 것일 수 있습니다" 하고 말했습니다.

여러분이 성경을 한번 자세히 보십시오. 괜히 성경 한 장도 안 읽고서 막연히 생각만으로 '아, 그건 말도 안돼. 믿을 수가 없어' 하지 말고, 관심이 있으면 성경을 한번 보십시오. 영국에 린드 허스트 경이라는 분이 있었는데 법무부장관과 검찰총장을 지냈고 케임브리지 대학교 총장까지 하신 분입니다. 법조계 최고의 권위자였습니다. 그런데 이 사람이 세상을 떠난 후에 그 책상 위에서 쪽지 하나가 발견됐는데, 거기에 이렇게 적혀 있었습니다.

"나는 법관으로서 증거라는 것에 대해 잘 아는 사람이다. 진짜 증거가 어떤 것이고 가짜 증거가 어떤 것인지 잘 아는 사람인데, 내가 성경에 있는 예수님의 부활 사건을 하나하나 검토해 보니까 이것이야말로 너무나 완벽한 증거를 가지고 있다. 그러므로 이 세계가 존속하는 이상 예수님의 부활에 대한 증거는 절대로 무너지지 않을 것이다."

〈벤허〉라는 영화을 본 적 있습니까? 저는 다섯 번을 봤습니다. 제가 어릴 때 대한극장에서 그 영화가 처음 개봉됐는데, 거짓말 조금 보태서 사람들이 한 1km나 줄을 섰습니다. 그런데 그 영화의 주제가 무엇입니까? 복수를 하려고 칼을 들고 날뛰던 사람이 예수 그리스도를 만나자마자 그 손에서 칼이 떠나고 원수를 사랑으로 받아 주었다는 것이 그 주제입니다.

이 영화의 대본을 써서 노벨문학상을 받았던 루 월리스(Lew Wallace, 1827–1905)란 사람은 처음에는 크리스천이 아니었습니다. 그는 군인이자 변호사였습니다. 그런데 그가 예수님을 믿는 사람들을 가만히 보니 아니꼽기 짝이 없었습니다. 거짓말 같은 것을 믿고 있는 것입니다. 그래서 '크리스천이라는 사람들이 저렇게 속고 있는데 내가 연구를 좀 해서 예수의 부활이 거짓말이라는 것을 증명해 보여야겠다'고 생각하고는 그의 친구 잉거솔(Robert G. Ingersoll, 1833–1899)과 둘이서 유럽과 미국에 있는 도서관을 찾아다니면서 예수님의 부활이 거짓말이라는 것을 확증할 수 있는 자료들을 전부 모아가지고 논문을 쓰기 시작했습니다.

누구나 알고 있는 '벤허'의 작가 월리스가 어떻게 해서 그리스도인이 되었는지 소개함으로써 성경이 얼마나 믿을 만한 하나님의 말씀인가를 알리고 있다. 광고학에서는 이렇게 신빙성 있는 사람, 사회 명사, 유명인을 내세워 상품을 추천하게 하는 기법을 가리켜 '증언 방식'(testimony)이라고 하는데, 광고하고자 하는 제품과 증언자의 이미지가 적절하게 결합될 경우 큰 효과를 낸다. 설교자는 "성경은 하나님 말씀이오. 믿으시오" 하고 강요하는 것이 아니라 벤허의 작가를 내세워 선포의 효과를 극대화한다.

그런데 성경에 대한 반박 논문을 쓰려면 무엇을 가장 많이 읽어야 합니까? 성경을 제일 많이 읽어야 합니다. 그런데 성경을 읽으면 읽을수록 진실이라는 생각이 드는 것입니다. 그래서 그가 '아, 내가 도무지 이 진실을 거짓말이라고 할 자신이 없구나' 하고 펜대를 집어던지고 무릎을 꿇었습니다. 그리고 하나님 앞에 "주여, 예수님은 나의 구주입니다. 나의 구원자입니다"라고 고백했습니다. 이렇게 그가 크리스천이 되어 쓴 작품이 바로 《벤허》(*Benhur : A Tale of the Christ*)입니다.

## 예수님이 주시는 선물을 받자

예수님이 승천하실 때를 기록한 말씀인 마가복음 16장 19절을 보면, "주 예수께서 말씀을 마치신 후에 하늘로 올려지사 하나님 우편에 앉으시니라"고 합니다. 예수님은 지금 하늘에 계십니다. 그리고 장차 이 세상을 심판하기 위해 오실 것입니다. 예수님은 우리와 함께 계시는 하나님이시며 또한 구원자이십니다. 사도행전 2장 36절 말씀을 보면 "너희가 십자가에 못 박은 이 예수를 하나님이 주와 그리스도가 되게 하셨느니라"고 합니다.

여기서 주라는 말은 하나님이란 말이고, 그리스도라는 말은 구원자라는 말입니다. "주와 그리스도가 되게 하셨느니라"는 말은 예수 그리스도가 인류를 위해서 십자가에 죽으시고 삼 일 만에 살아나심으로써 이제는 전 인류의 구원자가 되셨다는 것입니다. 누구나 다 예수님을 찾아와서 "주님, 나는 주님을 믿습니다" 하고 고백하기만 하면 모든 죄를 다 용서해 주시고 우리를 하나님의 나라로 인도하시는 구원자가 되셨다는 것입니다.

그런데 우리가 예수님을 믿을 때 예수님이 우리에게 주시는 선물이 또 있습니다. 첫 번째로, 내 모든 죄를 다 용서해 주신다는 것입니다. 과거의 죄와 현재의 죄, 그리고 미래의 죄를 다 용서받습니다.

두 번째로, 하나님과 우리가 과거에는 원수 관계였는데, 그 원수 관계가 완전히 종식되고 하나님을 '아버지'라고 부를 수 있는 관계가 됩니다. 그래서 나에게 어려운 일이 있으면 밤중도 좋고, 새벽도 좋고 아무 때나 가서 "하나님 아버지, 좀 도와주세요"라고 할 수 있게 되었습니다. 사람은 자기의 사랑하는 자녀라고 해도 한참 자고 있는데 밤중에 깨우면 짜증스럽습니다. 그러나 하나님은 그렇지 않습니다. 새벽에 찾아오든 밤중에 찾아오든 "아버지!" 하고 부르면 누구나 다 받아들이고 그 기도를 들어주십니다.

세 번째로, 우리가 또 얻은 것은 영원한 나라입니다. 영생입니다. 장차 지옥에 가는 것이 아니라 하나님 나라에 가게 되는 것입니다. 저와 여러분이 만약에 지금 당장이라도 이 세상을 떠난다면 마귀가 와서 데리고 갈까요, 천사가 와서 데리고 갈까요? 마귀가 와서 데리고 가기를 원하는 분이 있습니까? 예수 믿는 사람은 천사가 와서 우리를 하나님 앞으로 데리고 갑니다.

그런데 우리가 하나님 앞에 갈 때, 우리를 반기면서 "아, 누구누구 왔습니다" 하고 하나님 앞에 소개해 줄 분이 계십니다. 그분이 바로 하나님 우편에 계시는 예수님입니다. 생각만 해도 춤을 추도록 좋습니다. 그래서 크리스천들이 가난해도 좋고 어떤 때는 남에게 욕을 먹어도 좋고 죽게 되어도 웃으면서 죽는 것입니다. 예수님을 통해 하나님이 우리 아버지가 되셨기 때문에 우리가 이 험한 세상을 살 동안 하나님은 우리를 돌보아 주시고 우리를 인도해 주십니다. 참 기가 막힌 은혜입니다.

그러므로 예수님은 나의 유일한 구원자입니다. "내가 곧 길이요 진리요 생명이니 나로 말미암지 않고는 아버지께로 올 자가 없느니라"(요 14:6)고 했습니다. "아버지께로 올 자가 없다"는 말은 '하나님 나라에 들어갈 수 없다, 구원받을 수 없다'는 말입니다. 예수님으로 말미암지 않고는 구원받을 수 없다는 것입니다.

설교자는 불신자들을 황당하게 만드는 것인지 알면서도, 기독교의 유일성(uniqueness)에 관한 주장을 애써 감추거나 숨기려고 하지 않는다. 오히려 이 독단이 사람에게 얼마나 유익한 것인지 집중 공략한다.

정말일까요?

다른 이로써는 구원을 받을 수 없나니 천하 사람 중에 구원을 받을
만한 다른 이름을 우리에게 주신 일이 없음이라_행 4:12

하나님은 예수 외에는 우리가 구원받을 수 있는 길을 전혀 주시지
않았습니다. 이런 면에서 기독교는 대단히 독단적인 성격이 있습니
다. 여러분 중에도 '도대체 기독교의 그 독단적인 이야기 때문에 늘 비
위가 상해!'라고 생각하는 사람이 있을 것입니다.

모든 종교가 다 하나라고 주장하는 사람들을 보면 참 고상한 것 같
고 인격자 같고 좋아 보입니다. 그러나 만약에 의사가 죽을 환자를 앞
에 놓고 의사들끼리 의논하면서 한 사람이 "배를 쨉시다" 하면 다른 의
사들이 "그것도 좋지요" 하고, 또 한 사람이 "주사만 놓읍시다" 하면
다들 "아, 그것도 좋지요"라고 한다면 그 의사들은 사람 죽이는 의사
입니다.

우리가 죽고 사는 문제가 걸려 있는데 불교도 좋고 이슬람교도 좋
다고 하면 정신 나간 소리가 아니겠습니까? 기독교는 굉장히 독단적
입니다. 진리는 하나이기 때문입니다. 하나님께서 우리 인간이 구원
받을 수 있는 길을 하나만 열어 주셨다고 했습니다. 예수님을 믿지 않
는 사람들이 볼 때는 굉장히 편협한 것처럼 보일지도 모르지만, 참 진
리를 발견한 사람은 절대 타협하지 않습니다. 예수 외에는 우리에게
구원의 길이 없습니다. 그리스도는 우리의 구원자입니다. 그분을 여
러분의 마음에 영접하고 사망의 몸에서 해방되어 하나님 나라에 들어
가는 하나님의 백성이 되길 바랍니다.

# 4

## 사필귀정의 날

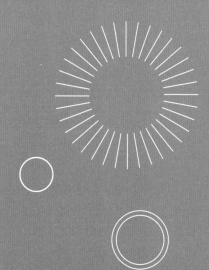

남편과 아내가 갈라지는 비극을 겪지 맙시다.
부모와 자식이 갈라지는 비극을 겪지 맙시다.
사랑하는 친구들이 서로 갈라지는 비극을 겪지 맙시다.
예수님만이 길이요 진리요 생명입니다.

로마서 13:1-14

1 각 사람은 위에 있는 권세들에게 복종하라 권세는 하나님으로부터 나지 않음이 없나니 모든 권세는 다 하나님께서 정하신 바라 2 그러므로 권세를 거스르는 자는 하나님의 명을 거스름이니 거스르는 자들은 심판을 자취하리라 3 다스리는 자들은 선한 일에 대하여 두려움이 되지 않고 악한 일에 대하여 되나니 네가 권세를 두려워하지 아니하려느냐 선을 행하라 그리하면 그에게 칭찬을 받으리라 4 그는 하나님의 사역자가 되어 네게 선을 베푸는 자니라 그러나 네가 악을 행하거든 두려워하라 그가 공연히 칼을 가지지 아니하였으니 곧 하나님의 사역자가 되어 악을 행하는 자에게 진노하심을 따라 보응하는 자니라 5 그러므로 복종하지 아니할 수 없으니 진노 때문에 할 것이 아니라 양심을 따라 할 것이라 6 너희가 조세를 바치는 것도 이로 말미암음이라 그들이 하나님의 일꾼이 되어 바로 이 일에 항상 힘쓰느니라 7 모든 자에게 줄 것을 주되 조세를 받을 자에게 조세를 바치고 관세를 받을 자에게 관세를 바치고 두려워할 자를 두려워하며 존경할 자를 존경하라 8 피차 사랑의 빚 외에는 아무에게든지 아무 빚도 지지 말라 남을 사랑하는 자는 율법을 다 이루었느니라 9 간음하지 말라, 살인하지 말라, 도둑질하지 말라, 탐내지 말라 한 것과 그 외에 다른 계명이 있을지라도 네 이웃을 네 자신과 같이 사랑하라 하신 그 말씀 가운데 다 들었느니라 10 사랑은 이웃에게 악을 행하지 아니하나니 그러므로 사랑은 율법의 완성이니라 11 또한 너희가 이 시기를 알거니와 자다가 깰 때가 벌써 되었으니 이는 이제 우리의 구원이 처음 믿을 때보다 가까웠음이라 12 밤이 깊고 낮이 가까웠으니 그러므로 우리가 어둠의 일을 벗고 빛의 갑옷을 입자 13 낮에와 같이 단정히 행하고 방탕하거나 술 취하지 말며 음란하거나 호색하지 말며 다투거나 시기하지 말고 14 오직 주 예수 그리스도로 옷 입고 정욕을 위하여 육신의 일을 도모하지 말라

# 사필귀정의
# 날

사람들은 죽음을 의식하지 않고 살아가는 자유가 어떤 것인지 모르고 있습니다. 그만큼 죽음의 공포는 위력이 대단해서 늘 우리를 지배하고 있습니다. 한편 세계 인류는 지금이라도 무언가 금방 터질 것 같은 위기 속에 살고 있습니다. 역사는 이제 막다른 골목에 다다랐습니다. 이것은 아무도 부인할 수 없는 현실입니다.

그럼에도 대부분의 사람들은 할 수만 있으면 무관심 속에서 그날그날을 즐기려는 쾌락주의자로 전락해 가고 있습니다. 이것은 정신적으로나 영적으로 병든 세대에서만 볼 수 있는 죽음 기피증입니다. 그러나 우리 생명과 역사의 주인이신 하나님은 카운트다운(countdown)을 하는 긴박감을 가지고 우리 모두에게 경고하고 계십니다.

## 종말에 대해 듣기 싫어하는 사람들에게

종말관에는 세 가지 요소가 담겨 있습니다. 개인의 종말에 관한 것과 이 우주만물의 종말에 관한 것, 그리고 예수님의 재림에 관한 것입니다. 세상 사람들이 죽음에 대한 무관심 때문에 죽어 간다는 말은 죽음에 대해 관심을 갖지 않는 것처럼 자기 자신을 가장하기 때문에 결국 그것이 멸망을 부른다는 뜻입니다. 죽음에 대해 무관심한 대부분의 사람들은 이 세상에 종말이 왔다느니 예수님이 재림한다느니 하는 이야기를 굉장히 듣기 싫어합니다. 일반적인 경향입니다.

그래서 로스앤젤레스의 경우만 해도 이 세계의 종말에 관해 강하게 설교하는 척 스미스(Chuck Smith, 1927-2013) 같은 목사님의 설교는 텔레비전에 방영되지 못합니다. 텔레비전 프로를 만들어 가지고 가도 중계소의 심사에서 통과되지 않습니다. 그런 설교는 세상 사람들이 들으려고 하지 않기 때문입니다. 그러나 여러분이 잘 아는 로버트 슐러(Robert Schuller, 1926-2015) 목사님의 '적극적인 사고방식'과 같은 설교는 몇 년을 연달아 계속 방영해 줍니다. 왜냐하면 그런 내용은 사람들이 듣기 좋아하기 때문입니다. 종말론에 관한 이야기를 하면 사람들은 그를 광신자로 취급하고 저질적인 신앙을 가진 사람으로 생각합니다.

창세기 19장에 보면 소돔과 고모라 지역이 하나님의 심판 앞에 놓였을 때 롯이 자기 사위들을 찾아가서 "하나님께서 지금 이 성을 심판하시니 우리와 함께 이 성을 벗어나자"고 말하지만 그들은 롯을 미친 사람으로 취급하고 비웃었습니다(14절 참조). 바로 이와 같은 반응들이 역시 오늘날 대부분의 사람들이 보이는 반응입니다. 교회에서도 예수님께서 오실 날이 가까웠다는 설교를 많이 한다든지, 사람이 죽은 후 심판받는 문제를 많이 다루면 '그 목사는 광신자야. 지적 수준이 낮아서 이 시대 사람들을 잘 모르고 그런 소리만 하고 있어'라고 생각합니다. 그리고 그런 종말론적 이야기를 많이 하는 사람들은 현실적으로 실패한 사람들이라고 낙인을 찍습니다. "세상에 살맛이 없기 때문에 자꾸 저런 소리를 하는구나. 제대로 어깨를 겨루고 사는 사람이라면 어떻게 저런 소리를 자꾸 할 수가 있겠나?" 흔히들 이렇게 이야기합니다.

만약에 교회가 이런 사람들의 눈치에 민감해서 사람들이 좋아하는 메시지만 전달하는 교회가 된다면, 제가 한 가지 예언하건대 그때는 우리 주변에 가물거리던 등불마저 꺼져 버리는 암흑이 찾아올 것입니다. 그래도 아직 이 심각한 문제에 대해서 말할 수 있는 것은 교회요, 진지하게 설교할 수 있는 사람이 목사입니다. 이런 의미에서 여러분, 지금 이 시간 마음을 열기를 바랍니다.

케임브리지 대학교수였던 C. S. 루이스가 예수님을 믿고 변화된 후 말하기를 "예수님의 재림을 말하거나 세상 종말을 말하는 것은 결코 도피주의가 아니다. 이것은 마땅한 미덕이다. 현실 교회가 능력을 잃어버리는 것은 세상 종말을 경고하는 것과 같은 미래에 대한 설교가 약해지기 때문이다"라고 개탄했습니다. 저는 그의 말에 동의합니다. 역사적으로 볼 때 현실적으로 가장 많이 공헌한 인물들은 대부분 다음 세대, 아니면 그 다음 세대를 위한 일에 깊은 관심을 갖고 많이 생각하던 사람들입니다. 그러나 내일에 대한 깊은 염려와 꿈이 없는 사람은 오늘도 여전히 도피주의 아니면 쾌락주의로 자기를 위해 모든 생을 소비해 버릴 뿐, 어떤 공헌도 하지 못합니다.

현실을 진지하게 살고 싶습니까? 그러면 인생의 종말, 역사의 종말, 예수님의 재림이라는 이 놀라운 내일의 사건에 대해 깊은 관심을 가지고 배워야 합니다. 어쩌면 여러분은 좀 더 관심이 가는 긍정적인 이야기를 듣고 싶었을 겁니다. 그러나 저는 그런 이야기를 하지 않습니다. 오히려 대단히 과격한 이야기를 많이 할 것입니다. 저는 성경에 있는 그대로 이야기하길 원하기 때문입니다.

저는 나팔을 불고 싶습니다. 분명히 말하고 싶습니다. 왜냐하면 우리 앞에 위기가 다가오고 있기 때문입니다. 종말이 위기라는 것이 아닙니다. 준비하고 있지 않은 우리들의 자세가 위기라는 말입니다. 이 세상의 마지막이 비극이라는 것이 아닙니다. 기독교에서는 종말을 절대로 비극이라고 말하지 않습니다.

종말은 비극이 아닙니다. 오히려 종말을 비극으로 만드는 것은 나 자신입니다. 준비하지 않는 나 자신, 무관심한 나 자신입니다.

## 누가 죽음을 예측할 수 있을까?

개인의 죽음과 심판은 누구에게나 예고 없이 찾아온다고 합니다. "한 번 죽는 것은 사람에게 정해진 것이요 그 후에는 심판이 있으리니"(히 9:27)라고 했습니다. 주님의 말씀입니다. 다시 한번 음미해 보십시오. 인간에게는 두 번의 죽음이 있습니다. 첫 번째 죽음은 내 육신이 죽는 것입니다. 이것은 누구나 다 긍정합니다. 어느 때에든 죽긴 죽겠지 하고 다 긍정합니다. 이 육신이 죽는 문제가 오늘날 얼마나 심각한지 모릅니다.

시편 저자는 '사람들이 홍수처럼 쓸려나간다'고 했는데, 도대체 사람들이 어떻게 쓸려가길래 홍수처럼 매일 쓸려나간다고 했을까요? 저도 '하나님의 말씀은 일점 일획의 거짓말이 없다고 하는데, 과장을 해도 보통이 아니구나. 홍수처럼 쓸려가다니…' 하고 생각했는데 얼마 전 통계를 보고 그 말씀이 진리라는 것을 알게 되었습니다. 세계적으로 볼 때 하루에 죽는 사람이 130만 명이라고 합니다. 1초에 20명씩 죽어 갑니다. 대구와 같은 도시 하나가 쓸려나가는 것입니다. 얼마나 많은 사람이 죽어 갑니까? 계속 계속 죽어 갑니다. 누구도 피할 수 없는 죽음입니다.

그런데 우리가 죽음의 문제를 놓고 빠지기 쉬운 어리석음이 두 가지가 있습니다. 하나는, 준비하지 않고 살면서 '나중에 적당할 때 준비하게 되겠지' 하는 막연한 생각을 가지고 죽음을 기다린다는 것입니다. 이것이야말로 어리석은 생각입니다. 전도를 하다 보면 사람들의 대답이 이렇습니다. 특히 점잖은 남자분들이 "전 지금 굉장히 바쁜데 좀 있다가 예수 믿죠"라고 하거나 아니면 "젊었을 때 좀 뛰고, 나중에 은퇴하고 나서 생각해 보겠습니다"라고 합니다. 좀 더 약삭빠른 사람은 "죽기 5분 전이면 충분합니다"라고까지 합니다.

이런 사람들에게 저는 "네, 알겠습니다" 하고 더 이상 말하지 않습니다만 참 불쌍하게 생각합니다. 그걸 알아야 합니다. 그 사람이 어떤 직책에 있든지, 어떤 명예와 권력을 누리든지 저는 그 사람을 참 불쌍하게 봅니다. 어리석은 사람입니다. 누가 죽음을 예측하겠습니까? 5분 전에 준비하고 간다고요? 죽음이라는 것이 얼마나 덧없이 찾아오는가를 저는 제 사랑하는 스승을 통해서 뼈저리게 느낀 적이 있습니다.

제가 공부할 때 저를 가르치셨던 후크마(Anthony A. Hoekema, 1913-1988) 박사님 부부가 한국을 방문하셨을 때입니다. 부부가 함께 하얏트호텔에서 여장을 풀고 계실 때 제가 찾아뵙고 박사님과 사모님과 함께 즐거운 시간을 보냈습니다. 박사님은 65세였는데도 얼마나 건강하신지, 그리고 얼마나 장래에 대한 꿈이 많으신지 지금 당신은 이러이러한 책을 쓰고 있다고 하시고 또 그 책을 쓰고 나면 또 이런 책을 쓰겠다고 하시면서 당신의 계획과 포부를 제게 이야기해 주셨습니다. 박사님은 안색이 퍽 좋아 보이고 행복해 보였습니다. 또 얼마나 믿음도 좋은 분인지 모릅니다.

그러나 믿음이 좋건 안 좋건, 예수를 믿건 안 믿건, 죽음은 누구에게나 하나님이 정하신 때에 찾아옵니다. 박사님이 바로 그다음 날 한국을 떠나 아들이 선교사로 일하고 있는 일본으로 갔습니다. 그리고 아들과 만나서 후지산으로 관광을 갔는데 관광을 하다가 발을 헛디뎌서 그만 세상을 떠나시고 말았습니다.

제가 그 소식을 들은 후에, 박사님이 호텔에서 저를 물끄러미 쳐다보시던 모습과 해 주시던 말씀이 자꾸 생각나면서 '정말 인생이 무엇인가?' 하는 생각이 들었습니다. 그 박사님은 늘 죽음을 준비하며 생활하신 분이기 때문에 하나님 나라에 가면 만날 수 있는 분이니까 괜찮지만, 우리가 지금 죽어서 하나님 앞에 간다면 무슨 말을 할 수 있을까요? 많은 사람들이 죽음을 전혀 준비하지 않고, 막연하게 생각합니다. 이것이야말로 죽음에 대한 치명적인 과오입니다.

또 한 가지 사람들에게 어리석은 점이 있습니다. 성경은 "한번 죽는 것은 사람에게 정해진 것이요 그 후에는 심판이 있으리니"(히 9:27)라고 말합니다. 우리 육체가 한번 죽는 데서 끝났으면 좋겠는데, 죽으면 다 없어진다고 생각했으면 좋겠는데 하나님은 절대 그렇게 말씀하시지 않고 '그 후에는'이라고 하십니다. 이것은 하나님만이 하실 수 있는 말씀입니다. 어떤 인간도 이렇게 말할 자격이 없습니다.

하나님이 말씀하시기를 "그 후에는 심판이 있으리니"라고 하셨습니다. 이 말씀을 부정할 수 있는 권위를 가진 사람이 있습니까? 이 말이 틀렸다고 부정할 수 있는 사람이 있습니까? 하나님과 토론할 자신이 있는 사람이 있다면 그렇게 해 보십시오. 인간이 죽은 후에 하나님이 준비하신 심판이 있다는 것을 아니라고 말할 만큼 용기 있는 사람은 말해 보십시오.

어떤 사람도 그만한 권위를 갖지 못합니다. 그러면서도 계속 그 말씀을 부정합니다. "그까짓 것 교회에서나 하는 소리지"라고 합니다. 하지만 이 문제는 그렇게 단순한 것이 아닙니다. 단순하게 다룰 문제가 따로 있습니다. 많은 사람들이 죽음 이후 심판의 문제에 대해서는 준비를 안 합니다.

## 2천 년 전 예언된 종말

역사의 종말은 이제 눈앞에 다가왔습니다. 이 얼마나 심각한 말입니까? 만물의 마지막이 가까웠다는 것입니다. 온 우주가 마지막 숨가쁜 고비를 넘어가고 있습니다. 이제는 하나님이 작정하신 카운트다운에서 제로(0)가 다가오고 있는 것입니다.

> 그러므로 너희 마음의 허리를 동이고 근신하여 예수 그리스도께서
> 나타나실 때에 너희에게 가져다 주실 은혜를 온전히 바랄지어다
> _벧전 1:13

성경에 보면 예수님이 세계 종말에 대해 참 기가 막히게 비유하신 사건이 하나 있습니다. 사람들이 종말에 대해 잘 안 믿습니다. 도대체 바른 소리를 하면 잘 안 듣는 것이 인간입니다. 그래서 아무리 세계 종말이 가까웠다고 말을 해도 사람들은 거부하고 믿지 않으려고 합니다. 그래서 주님이 한 가지 뒤집어엎지 못하도록 못을 박아 놓은 것이 있습니다. 바로 예루살렘 멸망입니다.

마태복음 23-25장을 한번 읽어 보십시오. 주님께서 세계 종말을 이야기하실 때 한 가지 덧붙여서 이야기하신 것이 있습니다. 그것은

예루살렘의 종말입니다. 주님이 말씀하신 그 당시를 기준으로 해서 약 37년 후에 일어날 예루살렘 종말을 주님이 예언하고 있습니다. 그때가 되면 어떤 일들이 예루살렘에서 일어날 것인지 주님께서 환하게 가르쳐 주셨습니다. 그리고 그 어려운 환난과 핍박을 어떻게 피해야 하는지 그 방법까지 가르쳐 주셨습니다.

그런데 그 말씀을 하시는 동시에 이 세계의 종말에 대해 예언합니다. 온 우주가 어떻게 망하게 되며, 그때 예수 그리스도가 어떻게 임하셔서 이 세상 역사를 마무리하실 것인가를 말씀하시는 것입니다. 그래서 성경을 보면 어느 것이 예루살렘 종말을 말씀하시는 것인지 잘 구별되지 않습니다.

그런데 주님께서 예언하신 대로 예루살렘은 주후 70년에 비참하게 함락되었습니다. 예루살렘을 바라보며 우시던 예수님의 그 말씀 그대로 임신한 여자를 데려다가 그 배를 칼로 가르는 끔찍한 일들이 일어났습니다. 어머니가 자식을 잡아먹으며 강한 자가 약한 자를 잡아먹는 비극적인 사태가 3년 동안 포위된 예루살렘 성에서 일어났습니다. 주님이 예언한 그대로 성취된 것입니다.

즉, 예수님은 이렇게 말씀하시는 것입니다. "내가 세상 종말에 대해 아무리 예언을 해도 너희들이 믿지 않았다. 그러나 예루살렘을 보라. 내가 예언한 대로 예루살렘이 함락되지 않았느냐? 그것처럼 내가 예언한 세상 종말도 반드시 올 것이다." 그러므로 성경을 진지하게 읽는 사람들은 이런 종말의 문제를 히죽히죽 웃어넘길 수가 없습니다.

이 세상에 종말이 가까웠다는 증거는 성경에 수없이 많은데 가장 먼저 들 수 있는 것은 아마 도덕적 타락일 것입니다. 이것은 망국의 징조입니다. 말세에 고통하는 때가 이르면 사람들이 세 가지 우상을 갖는다고 했습니다. 첫째는 자기를 사랑하고, 둘째는 돈을 사랑하고, 셋째는 쾌락을 하나님보다 더 사랑하는 것입니다.

솔직히 이 세 가지를 빼면 우리가 하는 것이 무엇이 있습니까? 세상이 마지막 고비에 들어가면 갈수록 많은 사람들은 이 세 가지 우상을 가지고 몸부림치다가 결국은 자기 자신이 자신을 찌르는 고통을 당합니다. 자기를 사랑하는 사람은 남을 찔러 고통을 줍니다. 돈을 사랑하는 사람은 자기도 찌르고 남도 찌르는 고통을 줍니다. 또 쾌락을 추구하는 사람은 자기만 망하는 것이 아니라 옆의 사람까지 같이 망하도록 끌고 들어갑니다. 그러므로 이 세 가지 우상을 가지고 인생이 전부인 것처럼 생을 살아가는 그 시대야말로 고통하는 때인 것입니다. 바로 지금입니다. 바로 내일이며, 모레일 것입니다. 걷잡을 수 없는 무서운 타락의 시대가 우리 앞에 와 있습니다.

자애(自愛), 물애(物愛), 낙애(樂愛)를 빼놓으면 우리가 하는 게 뭐 있느냐는 물음이 매우 도전적이다. 채석장에서 쓸 만한 돌을 얻기 위해서는 드릴로 바위에 구멍을 뚫어 그 안에 폭약을 설치하고 폭파한다. 그러지 않고 바위 표면에 폭약을 설치하면 겉면만 그을릴 뿐 바위는 부서지지 않는다. 설교자는 불신자들의 마음에 복음의 다이너마이트를 장착하기 위해 "솔직히 이 세 가지를 빼놓으면 우리가 하는 것이 무엇이 있습니까?" 하고 구멍을 뚫기 시작한다. "여러분이 하는 것이 무엇이 있습니까?"가 아니라 '우리'임에 주목하라.

## 세계 종말을 예고하는 증거들

이 세상에 종말이 가까웠음을 알리는 또 하나의 증거는, 거짓 선지자들의 출현입니다. 빌리 그레이엄 목사님은 이것을 다음과 같이 말했습니다.

"오늘날 많은 사람들이 홍수처럼 교회로 몰려간다. 그리고 홍수처럼 교회에서 밀려나온다. 대부분의 사람들이 중생받지 못한 위선적인 크리스천들, 명목적인 크리스천들이다. 이러한 수많은 사람들이 교회로 몰려들어갔다가 몰려나온다. 이 때문에 대형 교회가 생기고 물량주의가 만연해지면서 큰 교회를 선호하는 경향이 커진다. 그러나 그 가운데서 중생받은 사람이 몇이나 되겠는가? 대부분의 사람들은 사람들이 많이 불어나니까 관심을 가지고 그 교회로 몰려가지만, 자신들이 세워 놓은 기준 안에서 자신들의 비위를 맞춰 주는 좋은 이야기를 해 주는 목사를 좋아하고, 자신들의 아픈 곳을 찌르는 교회는 찾아가지 않으며, 자기들의 약한 곳을 집어내는 목사는 목사처럼 보지 않고 바른말 하는 사람은 미련한 자로 취급한다. 그래서 많은 위선자들이 교회로 몰려갔다."

여기에 등장하는 것이 거짓 선지자들입니다. 이단 박태선이 교회 밖에서 나온 줄 압니까? 교회 안의 장로였습니다. 문선명도 교회 안에서 나온 사람입니다. 교회에서 그런 사람들이 왜 나옵니까? 영적으로 중생받지 못하고 인간적으로 신앙생활하는 사람들이 교회에 있기 때문입니다. 마귀가 그런 사람들을 잡아 줍니다. 마귀의 역사입니다.

거짓 선지자들은 제대로 신앙생활 하지 않는 사람들의 귀에 영합하는 어떤 메시지를 가지고 다가갑니다. 전통적으로 하나님의 말씀을 가지고 설교하는 목사님과는 다르게 접근합니다. 그래서 많은 사람들이 '야, 그것 참 신비스럽다' 하고 빨려들어갑니다. 주님은 이미 그런 사실을 예언하고 있습니다.

때가 이르리니 사람이 바른 교훈을 받지 아니하며 귀가 가려워서 자기의 사욕을 따를 스승을 많이 두고 또 그 귀를 진리에서 돌이켜 허탄한 이야기를 따르리라_ 딤후 4:3-4

또 종말이 가까운 증거 중의 하나는, 전 세계에 복음이 점점 더 많이 전해져 정착되어 가고 있다는 것입니다. 이제는 97%에 다다른 세계 인구가 자기 나라 말로 된 성경을 갖고 있습니다. 또 온 세계에 그리스도의 이름이 전파되지 않은 곳이 드물 만큼 세계 선교가 거의 막바지에 이르고 있습니다. 주님이 말씀하시길 "이 천국 복음이 모든 민족에게 증언되기 위하여 온 세상에 전파되리니 그제야 끝이 오리라"(마 24:14)고 하셨습니다. 과거에는 매스컴이 발달하지 않아서 복음이 어느 정도 증거(증언)됐는지 잘 몰랐지만 이제는 눈앞에 손금을 보듯이 모든 데이터를 가지고 분석하고 있습니다. 이제 거의 온 세계에 복음이 전파되었습니다.

또 다른 종말의 증거는, 세계 파멸의 위기가 목전에 도사리고 있다는 것입니다. 앞으로 일어날 전쟁을 무슨 수로 막을 수 있겠습니까? 유엔(UN) 본부에 있는 유엔 헌장에는 이런 말이 나옵니다. "우리들은 다음 세대를 전쟁으로부터 구할 것을 결심하면서 유엔을 조직한다." 그러나 오늘날 유엔의 이 말을 믿을 수 있다고 생각하는 사람은 한 사람도 없습니다. 어떤 미치광이가 나와서 어떤 발작을 할지 전혀 알지 못하는 세계입니다.

만약 히틀러 같은 인간이 또 다시 나타나 발작을 하기라도 하면 전세계가 한순간에 성경의 예언대로 불 속에서 종말을 고하는 것입니다. 이런 현실을 앞에 놓고도 종말에 대한 이야기는 교회에서만 하는 것으로 받아들여서는 안 됩니다. 절대 가볍게 넘겨서는 안 됩니다.

세상의 심판자이신 예수 그리스도의 재림이 임박했습니다. 성경 말씀에 "잠시 잠깐 후면 오실 이가 오시리니 지체하지 아니하시리라"(히 10:37)고 했습니다. 예수님이 세상을 떠나 승천하실 때도 "이 예수는 하늘로 가심을 본 그대로 오시리라"(행 1:11)고 하셨고, 성경 제일 마지막 장 끝 부분에는 "내가 진실로 속히 오리라"(계 22:20)고 약속하셨습니다. 그 외에도 다시 오신다고 말씀하신 부분은 신약성경 218장 가운데 318번이 나올 정도로 아주 많습니다. 신약성경 가운데 20분의 1의 내용이 예수님이 다시 오시는 것과 관련된 이야기입니다.

예수님의 재림과 세계 종말은 한 가지입니다. '예수님이 재림하시니까 종말이 온다, 세계 종말이 되었으니까 예수님이 재림하신다.' 이것은 나눌 수 없는 한 가지 사건의 양면입니다. 저는 예수님께서 거짓말을 하신다고 생각하지 않습니다. 만약에 예수님이 거짓말을 하는 분이라면 저는 당장 교회를 사임하고 나가겠습니다. 그리고 목사 노릇도 안 하겠습니다. 차라리 어릴 때 꿈처럼 내 적성에 맞는 대로 중학교 교사를 하면서 과수원이나 하겠습니다.

그러나 제가 목사를 영광스럽게 생각하고 지금도 이렇게 여러분들에게 하나님의 말씀을 전하는 이유가 있습니다. 우리 주님은 거짓말 하지 않으십니다. 반드시 오십니다. 바로 눈앞에 반드시 오고 계십니다. 미국의 목사님들은 심지어 "우리 당대에 우리 주님이 오실지 모른다. 오실 확률이 대단히 높다"고 말합니다. 저는 제가 살아 있을 때 예수님이 오실 건지, 아닌지에 대한 확신은 없습니다. 그러나 분명히 아는 것은 그날이 눈앞에 다가왔다는 것입니다.

○ ○ ○ ○ ○ ○ ○
## 죽음을 준비하라

그날이 오면 인류는 마침내 양분됩니다. 한 부류는 찬양의 소리를 높여 예수님을 열렬히 환영할 것이고, 또 한 부류는 너무나 두려운 공포에 휩싸여 통곡할 것입니다. 남자와 여자가 갈리는 것이 아닙니다. 빈부가 갈리는 것이 아닙니다. 동양과 서양이 갈리는 것이 아닙니다. 민

주주의와 공산주의가 갈리는 것이 아닙니다. 그날이 되면 하나님의 자녀와 마귀의 자녀가 따로 갈립니다. 하나님의 백성이 따로 섭니다. 영원한 멸망에 들어갈 사람들이 따로 섭니다. 누구도 막지 못합니다. 누구도 이 갈라지는 것을 막지 못합니다.

교회 다니지 않는 남편 여러분, 여러분의 부인들이 왜 이렇게 야단인지 아세요? 만약 사랑하는 아내가 예수님이 가까이 오신 것을 믿고 있는 신자라고 합시다. 그리고 세상의 역사가 얼마 남지 않았다는 긴박감을 갖고 있는 신자라고 합시다. 그리고 성경을 펴서 날마다 그 사실을 확인하는 신자라고 합시다. 그럴 때 남편을 보는 눈이 어떻겠습니까? 만

교회에 열성인 아내를 둔 남편들이라면 한 번쯤은 불평을 늘어놓았을 것이다. 그런데 설교자는 왜 아내들이 교회만 가면 집에 돌아올 줄 몰랐는지 시원하게 해명하고 있다. 아내들의 '예수 바람'이 결국 자기 잘되라고 노심초사 마음 쓰고 공들인 사전 작업이라는 말을 듣고 불쾌해할 남편은 없다. 결국 설교자는 초대받은 불신 남편을 향해 이젠 더 이상 불편해하지 말라는 메시지를 던지고 있는 셈이다.

약에 우리가 한 이불 밑에서 잠을 자다가도 갑자기 주님이 오시면 주님이 말씀하신 대로 한 사람은 데려감을 당하고 한 사람은 남을 테니, 아무리 사랑하는 부부 사이라도 결국은 나눠지고 맙니다. 이런 사실을 아는 부인의 눈에 비친 남편의 모습이 어떻겠습니까? 아무리 세상에서 똑똑하고 모든 분야의 경쟁에서 지지 않는 자랑스런 내 남편이라고 할지라도 이와 같은 심각한 문제를 앞에 놓고 남편을 볼 때 얼마나 초라해 보이겠습니까? 정말 눈물이 나지 않겠습니까? 그것이 바로 자기 남편을 어떻게 해서든지 예수님 믿게 하려는 부인들의 간절함입니다.

그럼에도 사람들은 이와 같은 종말을 준비하려는 생각조차 하지 않고 있습니다. 참 미련합니다. 죽음을 단순히 무(無)로 끝나는 것으로 생각하는 사람은 자신을 동물로 생각하는 것과 다를 바 없습니다. 무식한 자기기만입니다. 하나님은 이런 사람들을 바보라고 부릅니다.

여러분은 자기기만의 몽롱한 잠에서 한시바삐 깨어나야 합니다. 깨어서 준비해야 합니다.

그러면 어떻게 준비해야 할까요? 첫 번째로, 무엇보다도 예수님을 믿어야 합니다. "오직 의인은 믿음으로 말미암아 살리라"(롬 1:17)라고 했습니다. 예수 그리스도를 믿음으로 말미암아 삽니다. 예수를 누구라고 믿습니까? 하나님의 아들이요 나의 구원자라고 믿는 것입니다. 그분이 나의 죄를 대신해서 십자가에 죽으셨습니다. 그리고 삼 일 만에 다시 살아나셔서 죽음을 이기고 사탄의 권세의 속박을 풀고 우리를 구원해서 아름다운 하나님의 자리에 앉히는 놀라운 구원자가 되셨기 때문에 우리가 이 사실을 믿는 것입니다.

이것이 믿음입니다. 여러분이 죽음을 앞두었다고 가정해 봅시다. 누구를 붙드시겠습니까? 하나님께서 여러분을 불쌍히 여기셔서 죽기 전에 준비할 수 있는 충분한 여유를 주신다고 합시다. 어떻게 하시겠습니까? 우리 교회에 오랫동안 투병하다가 암으로 돌아가신 분이 있습니다. 그분이 병상에서 돌아가시기 한 달 전에 예수를 믿었습니다. 한마디로 대쪽 같은 분입니다. 바늘로 찔러도 피 한 방울 안 나올 정도로 냉정하고 이지적이며, 눈빛만 봐도 그냥 얼어버릴 정도로 아주 예리한 분입니다.

그런 분에게 예수님이 들어갈 자리가 어디 있겠습니까? 병상에서 그분이 예수를 믿을 때 굉장한 투쟁이 있었습니다. 우리 교회의 한 목사님과 얼마나 부딪혔는지 모릅니다. 그러나 그분이 마지막에 하나님의 말씀 한마디에 거꾸러졌습니다. 그다음부터 한 달 동안 암을 가지고 살면서도 너무나 달라졌습니다. 그렇게 똑똑한 분이었지만 막상 막바지에 이르니까 붙들 사람이 아무도 없었습니다. 오직 예수 그리스도를 붙들고 나서야 사람이 완전히 변화되었습니다. 그래서 제가 가서 병상에서 세례를 주었습니다.

그분이 그 여윈 몸으로 일어나 앉아서 "목사님, 제가 고백하겠습니다" 하더니 어찌나 진지하게 하나님 앞에 기도를 드리는지, 도저히 믿은 지 한 달도 안 된 분이라고는 볼 수 없을 정도였습니다. 그리고 세례를 받은 후 다시 누워서 하는 말이 "저는 죽음을 두려워하지 않습니다. 저는 죽으면 하나님 나라에 들어갈 것을 확신합니다. 우리 주님이 나를 붙들어 주실 줄 확실히 믿습니다" 하는 것입니다. 그러고는 그 병상에 찾아오는 자기 형제들이나 친구들에게 예수님을 믿으라고 계속 권합니다.

내게 종말이 임했을 때 누구를 믿겠습니까? 또한 이 세상의 마지막 종말이 온다면 누구를 믿겠습니까? 예수님은 이 세상을 심판하실 최후의 왕이십니다. 장차 올 영원한 나라의 왕에게 입을 맞추십시오. 쓸데없는 인간의 발등에, 쾌락의 손등에 입맞추지 말고 영원한 나라의 왕이신 주님을 믿으시기 바랍니다.

이 세상 종말 때에 우리가 의지할 분은 예수 그리스도밖에 없습니다. 믿음은 선택입니다. 세상이냐 하늘나라냐를 선택하는 것입니다. 나 자신이냐 예수냐를 선택하는 것입니다. 지금 이 순간 선택하십시오. 예수님을 선택하십시오.

또 교회를 나오기는 하지만 아직까지 예수를 바로 믿지 못하고 있는 분들도 있을 것입니다. 지금은 여러분들 가운데 누가 진짜 신자인지 아닌지 잘 모릅니다. 마치 두 사람을 따라가는 개가 누구네 집 개인지 모르는 것처럼 알 수가 없습니다. 하지만 길이 갈릴 때, 한 사람이 이리 가고 한 사람이 저리 가면 개는 누구를 따라갑니까? 자기 주인을 따라갑니다. 그러면 '아, 저 개는 저 사람 개구나' 하고 금방 압니다.

지금은 적당히 섞여 살아가는 것 같지만, 이 세상 종말이 점점 다가 오고 나중에 우리의 종말도 다가옵니다. 예수님의 재림이 임박해지면 적당히 양편에 발을 걸치고 살 수가 없습니다. 기로에 서서 선택해야 합니다. 바로 지금입니다. 이것이 믿음입니다. 여러분은 누구를 선택했습니까? 예수, 오직 주님을 선택하셔야 합니다.

또한 우리는 세상의 유행대로 살지 말아야 합니다. "노아의 때와 같이 인자의 임함도 그러하리라"(마 24:37)고 했습니다. 홍수 전에 노아가 방주에 들어가기 전날까지 사람들은 먹고 마시고 장가들고 시집가고 있으면서도 홍수가 나서 그들을 다 멸할 때까지 깨닫지 못하고 있었습니다. 홍수가 나서 자기들의 생명이 끊어질 때까지 깨닫지 못했다니 얼마나 캄캄한 사람들입니까? 그런데 예수님이 오실 때에도 이와 같은 현상이 일어난다는 것입니다.

사람들이 먹고 마시는 것이 잘못이 아닙니다. 시집가고 장가드는 것이 잘못이 아닙니다. 하나님이 주신 축복입니다. 우리들은 마땅히 이런 것들을 얼마든지 취하며 살 수 있습니다. 그러나 주님께서 여기서 지적하시는 것은 사람들이 그와 같은 쾌락주의, 물질주의, 세속주의에 완전히 빠져서 자기 눈앞에 다가오는 운명에 대해서는 눈을 뜨지 못했다는 것입니다. 또 노아 시대 사람들이 노아를 통해서 홍수가 온다는 경고를 120년 동안 귀가 아프게 들었지만 전혀 그 말을 진실로 받아들이지 않았다는 그 우매함과 불신앙, 이것을 주님이 나무라고 계십니다.

오늘도 여러분이 먹고사는 것을 주님이 못하게 하시는 것이 아닙니다. 우리 예수 믿는 사람은 이 세상에서 지도자가 되어야 합니다. 우리는 누구보다 더 열심히 일해야 합니다. 우리는 사회적 입장에서도 다른 사람들을 도와야 합니다. 주님이 그것을 원하십니다. 그러나 이것 때문에 세속에 완전히 빠져서 예수님의 재림이 가까웠다는 것을 귓등으로 듣고 정신을 차리지 않는다면, 바로 노아 시대 사람들이 저지른 어리석음을 반복하는 것입니다. 그러므로 깨어 있어야 합니다.

## 우리에게 소망이 있는 이유

영적으로 항상 깨어 있어야 합니다. 예수님은 우리에게 "허리에 띠를 띠고 등불을 켜고 서 있으라"(눅 12:35)고 했습니다. 마치 주인이 혼인집에서 돌아와 문을 두드리면 곧 열어 주기 위해 서 있는 사람과 같이 되라고 했습니다. 열 처녀 비유를 아십니까? 처음에는 열 처녀가 다 똑같습니다. 처음에는 다 예수님을 믿고, 예수님을 기다리는 사람들이었습니다. 그러나 마지막에 나뉘었습니다. 어떤 사람이 예수님을 만났습니까? 준비 잘한 사람과 깨어 있는 사람입니다. 어떤 사람이 기다렸다가 결국 예수님께 버림받았습니까? 제대로 준비도 못하면서 기다리는 체했던 사람, 그 사람은 나뉘어져 버림받았습니다.

> 또한 너희가 이 시기를 알거니와 자다가 깰 때가 벌써 되었으니 이는 이제 우리의 구원이 처음 믿을 때보다 가까웠음이라 밤이 깊고 낮이 가까웠으니 그러므로 우리가 어둠의 일을 벗고 빛의 갑옷을 입자 낮에와 같이 단정히 행하고 방탕하거나 술 취하지 말며 음란하거나 호색하지 말며 다투거나 시기하지 말고 오직 주 예수 그리스도로 옷 입고 정욕을 위하여 육신의 일을 도모하지 말라_롬 13:11-14

술 취하고 방탕하며 음란하고 호색하며 다투거나 시기하는 모든 일들이 잠든 가운데 있는 어둠의 일입니다. 이 모든 것을 다 그만두자는 말입니다. 유명한 성자 어거스틴은 복음을 듣고 크게 깨달아 변화 받은 후에, 불법적으로 남모르게 약혼했던 여자와의 관계를 다 청산했습니다. 더러운 2, 30대의 생활을 청산했습니다. 그리고 그는 주님이 오시는 그날을 예비하는 데 자신의 생애를 바쳤습니다.

갑작스런 사고를 당해 죽음을 맞는 사람들처럼 조금만 잘못하면 우리도 갑자기 종말을 맞이할 수 있습니다. KAL기를 타고 가던 사람들이 정신없이 잠자고 있을 때, 또 정신없이 다른 생각에 빠져 있을 때, 그들은 갑작스레 마지막을 맞았습니다. 오늘의 세계 종말도 그와 같이 우리에게 덮칠 것입니다. 또한 주님의 재림도 갑자기 우리에게 덮칠 것입니다. 어떻게 준비하겠습니까?

본문에서 설교자는 청중들이 풍부한 재화와 세련된 문화의 보호막 속에서 아쉬움 없이 두려움 없이 지내는 것 같은 인생이지만 사실은 공황(恐惶)의 공포에 시달리는 사람들임을 꿰뚫어 보며 복음으로 그들을 초대한다. 이처럼 설교자에게는 불신자인 청중들의 삶과 심리를 꿰뚫어 보는 눈이 있어야 한다.

아이젠하워(Dwight Eisenhower, 1890-1969) 대통령이 미국의 대통령 재임 기간 중 덴버에 잠시 들렀을 때 재미있는 에피소드를 겪었습니다. 그 덴버에는 콜 헨리라는 6살 먹은 아이가 암에 걸려 사형선고를 받고 있었습니다. 그런데 이 아이가 소원이 하나 있었습니다. 대통령을 만나 손을 한 번 잡아 보는 것이었습니다. 아이가 좀 별난 아이였나 봅니다. 그것이 기자들에게 알려져서 그 덴버에 있는 지역신문에 실렸는데, 마침 그 도시를 방문 중이던 아이젠하워가 그 기사를 읽게 되었습니다.

대통령이 비서들과 의논한 후 아무런 예고도 없이 그 콜 헨리의 집을 방문했습니다. 이른 아침 헨리의 아버지가 나와 보니, 대통령이 자기 집 앞에 와 있습니다. 자기는 잠옷 바람입니다. 세수도 안 하고 수염도 깎지 않은 상태입니다. 그런데 대통령이 갑자기 오신 것입니다. 엉겁결에 자기 아들과 대통령을 만나게 해 주었더니 대통령이 그 아들을 데리고 나가 대통령 차도 구경시켜 주고, 격려도 해 주고는 들여

보냈습니다. 그런데 이 일이 있은 후로 이 아이의 아버지의 마음에는 언제나 걸리는 것이 하나 있었습니다. '내가 좀 더 빨리 일어나 옷을 입고 있었더라면 그 모양으로 만나지는 않았을 텐데' 하는 것입니다.

오늘 이 세상을 사는 사람들 중에 그 꼴이 될 사람들이 많습니다. 우리 주님이 갑자기 우리 눈앞에 서 계실 때, 아니면 죽음이 내 눈앞에 갑자기 다가와 섰을 때 나는 아직 옷도 입지 않고 잠에 취해 있었다고 한다면 그 부끄러움과 비극을 어떻게 표현할 수 있겠습니까?

세상의 종말이라든지 예수님의 재림이 절대로 우울한 이야기가 아닙니다. 저는 이것을 분명히 하고 싶습니다. 이것은 분명히 낙관론입니다. 지구의 수평선을 보십시오. 여러분의 시력이 미치는 곳까지 역사의 수평선을 보세요. 어느 것 하나 뚫려 있는 것이 있습니까? 다 캄캄한 구름으로 덮여 있습니다. 이 지구의 땅 덩어리 안에 우리의 희망이 될 무엇이 있습니까? 우리의 비전이 될 그 무엇이 있습니까? 정치입니까? 예술입니까? 교육입니까? 과학입니까?

그 무엇이 우리에게 소망을 주며 비전을 줍니까? 만약에 예수님이 다시 오셔서 새 하늘과 새 땅을 창조하시고 우리 영혼을 그 아름다운 나라로 인도하시고, 죄인을 죄인대로 심판하시며 하나님을 믿는 거룩한 성도는 거룩한 대로 대하시는 내일의 비전이 없다면, 오늘날 우리가 살 이유가 어디에 있습니까? 무엇을 보고 살아야 합니까?

살아서 일도 다 모르는데 죽어서 일을 어떻게 알겠느냐는 식의 공맹(孔孟) 사상에 물든 지식인들은 기독교의 종말론을 '순진한 소시민들 등치고 배 만져 주는 얕은 수법'으로 간주한다. 그런데 본문에서 설교자는 불신자들에게 결코 무시할 수 없는 메시지를 던지고 있다. 종말이 낙관이라는 것이다. 이런 논리의 반전, 상식 뒤집기, 의표 찌르기를 통해 불신자들을 결신의 순간으로 몰고 가는 정교한 과정을 본다.

예전에, 로스앤젤레스에 계시는 임동선 목사님이 중국에 있는 교포들을 잠깐 만난 후에 우리 교회에 오셔서 한 번 설교를 하신 적이 있습니다. 그때 그분이 믿음 좋은 할머니 이야기를 잠깐 해 주셨습니다.

주름살투성이인 그 할머니는 임동선 목사님의 손을 잡고 눈물을 흘리면서 "목사님, 예수님은 언제 오시죠?"라고 하셨다고 합니다. 그분에게는 주님이 오시는 것만이 소망이었습니다.

우리의 주위를 한번 보십시오. 도덕도 없고, 가치 기준도 없고, 제 마음대로 인생을 향유하면서 남을 괴롭히는 많은 사람들이 있습니다. 대한민국만이 아닙니다. 그 사람들을 바라보는 우리의 눈은 어떻습니까? 예수님이 오셔서 악인을 심판하시는 심판의 날이 있다고 믿기 때문에 그래도 우리는 그들이 주는 아픔을 참습니다. 의롭게 살려고 하는 자는 직장에서 쫓겨나고, 남들처럼 그릇된 수단과 방법을 쓰지 않고 선량한 양심만 가지고 사는 자는 진급도 안 됩니다. 이와 같이 의로운 자들이 고통과 외로움 속에서 살아야 하는데 만약 주님의 재림이 없다면 이들은 무슨 소망을 가지고 살아야 합니까?

결혼하자마자 남편과 사별하고 어린 자식들을 데리고 살아야 하는 주부, 이 세상 사람들이 누리는 즐거움을 다 놓치고 살아야 하는 불쌍한 여자들, 그 사람들이 이 세상을 보고 어떤 꿈을 꾸어야 하는 겁니까?

예수님이 오신다는 것은 낙관론입니다. 우리에게 푸른 꿈을 안겨줍니다. 우리에게 그 앞날의 소망이 있기 때문에 오늘을 사는 가치가 있고 오늘을 사는 이유가 있습니다. 어려운 일을 당해도 참을 수 있습니다. 우겨쌈을 당하고 짓밟힘을 당해도, 다른 사람이 보기에는 망하는 것같이 보여도, 처절한 상황에 빠져도 웃음을 잃지 않고 다시 일어나 감사하며 주님을 찾는 곳에는 주님이 오시는 그 아름다운 미래가 있기 때문에, 그 아름다운 비전이 있기 때문에, 우리는 그날그날을 이기고 사는 것입니다. 만약 주님의 재림이 없다면 누가 이 세상의 왕자입니까? 누가 이 세상의 영웅입니까? 마음대로 세상의 쾌락을 향유하다가 죽는 인간이 최고의 인간입니다.

예수님을 믿지 않는다면 왜 거룩하게 살려고 합니까? 왜 도덕적으로 살려고 합니까? 왜 자신이 하고 싶은 것을 다 하지 못하고 삽니까? 무엇 때문에 그렇습니까? 예수님의 재림이 없다면 그것은 어리석은 짓입니다. 마음대로 해야죠.

여러분, 예수님을 믿으시기 바랍니다. 이것만이 우리의 해답입니다. 예수 믿고 구원받으시기 바랍니다. 주님이 오시는 그날도 우리는 두려워하지 않을 것입니다. 내 앞에 죽음이 와도 우리는 두려워하지 않을 것입니다. 온 천지가 공포에 휩싸여도 우리는 그 속에서 주님에게 닻을 내리고 주님이 마지막으로 주시는 축복을 기다릴 것입니다. 예수 믿고 이 세상을 사십시오. 마지막 기회입니다. 예수 믿고 여러분의 가정에 행복을 끌어들이세요.

부부 사이에 지금까지 해결하지 못하고 있는 부분을 주님의 십자가를 통해서 해결하십시오. 아직까지 마음에 결단하지 못했던 분들, 지금 이 시간 결단하고 예수님을 믿으십시오. 하나님의 자녀가 되어서 남은 인생을 주의 영광을 위해 살다가 저 찬란한 천사들의 모습과 같이 구름을 타고 주님이 오시는 그날, 우리 다같이 종려나무 가지를 손에 들고 호산나 찬송하면서 영원한 나라로 인도함을 받는 축복을 누립시다.

남편과 아내가 갈라지는 비극을 겪지 맙시다. 부모와 자식이 갈라지는 비극을 겪지 맙시다. 사랑하는 친구들이 서로 갈라지는 비극을 겪지 맙시다. 예수님만이 길이요 진리요 생명입니다. 그분을 보십시오. 여러분의 삶이 달라질 것입니다. 하나님의 복이 항상 여러분과 함께하시기를 빕니다.

국제제자훈련원은 건강한 교회를 꿈꾸는 목회의 동반자로서 제자 삼는 사역을 중심으로
성경적 목회 모델을 제시함으로 세계 교회를 섬기는 전문 사역 기관입니다.

옥한흠 전집 주제 **04**

전도 프리칭

**초 판 1쇄 인쇄**  2021년 9월 10일
**초 판 1쇄 발행**  2021년 9월 20일

**지은이**  옥한흠
**디자인**  참디자인 (02.3216.1085)

**펴낸이**  오정현
**펴낸곳**  국제제자훈련원
**등 록**  제2013-000170호 (2013년 9월 25일)
**주 소**  서울시 서초구 효령로68길 98 (서초동)
**전 화**  02.3489.4300
**팩 스**  02.3489.4329
**이메일**  dmipress@sarang.org

**ISBN**  978-89-5731-839-3 04230
　　　　　978-89-5731-835-5 04230(세트)

* 책값은 뒷 표지에 있습니다. 잘못된 책은 구입하신 곳에서 교환해드립니다.